河北省智库研究项目

河北省重点高端智库省社科院"京津冀协同发展研究中心"成果

开启 中国北方湾区时代

西渤海大湾区发展研究

陈　璐◎著

中国财经出版传媒集团

经济科学出版社

Economic Science Press

图书在版编目（CIP）数据

开启中国北方湾区时代：西渤海大湾区发展研究/
陈璐著 . -- 北京：经济科学出版社，2022.5
ISBN 978 - 7 - 5218 - 3646 - 2

Ⅰ.①开… Ⅱ.①陈… Ⅲ.①经济区 - 区域经济合作
- 研究 - 北方地区 Ⅳ.①F127

中国版本图书馆 CIP 数据核字（2022）第 070934 号

责任编辑：崔新艳
责任校对：齐　杰
责任印制：范　艳

开启中国北方湾区时代：西渤海大湾区发展研究
陈　璐　著
经济科学出版社出版、发行　新华书店经销
社址：北京市海淀区阜成路甲 28 号　邮编：100142
经管中心电话：010 - 88191335　发行部电话：010 - 88191522
网址：www. esp. com. cn
电子邮箱：espcxy@ 126. com
天猫网店：经济科学出版社旗舰店
网址：http：//jjkxcbs. tmall. com
北京季蜂印刷有限公司印装
710×1000　16 开　13. 75 印张　230000 字
2022 年 5 月第 1 版　2022 年 5 月第 1 次印刷
ISBN 978 - 7 - 5218 - 3646 - 2　定价：65. 00 元
（图书出现印装问题，本社负责调换。电话：010 - 88191510）
（版权所有　侵权必究　打击盗版　举报热线：010 - 88191661
QQ：2242791300　营销中心电话：010 - 88191537
电子邮箱：dbts@ esp. com. cn）

前　言

当前的中国，沉着应对百年变局和世纪疫情，顺利实现了第一个百年奋斗目标，并开启向第二个百年奋斗目标进军的新征程，取得了世人有目共睹的伟大成就。中国特色社会主义进入新时代，中国经济由高速增长阶段转向高质量发展阶段，但是，发展的不平衡、不充分的矛盾已成为新时代必须破解的主要矛盾，尤其是地区之间的发展落差更凸显了矛盾。从全国区域协调发展的大棋局看，南方与北方地区、大都市圈与非都市圈地区的经济社会落差越来越大，且这种趋势还在不断加剧，如果不尽快扭转这个局面，地区发展之间的"马太效应"就非常有可能显现，这不仅不利于新时代推动共同富裕战略目标的实现，而且还存在北方地区难以跨越中等收入陷阱的重大风险。所以，如何从国家战略部署上促进北方地区重塑发展动力与活力、真正走上高质量发展之路，是新时代进军第二个百年目标新征程中亟待攻克的难点问题。与此同时，我们也应看到，世界经济地理分布中经济发达地区的育成规律显示，以湾区经济为地理形态的世界经济科技引擎由 18 世纪的大西洋西岸向 21 世纪的太平洋西岸缓慢推进，正在逐步实现新老更替。而太平洋西岸能够肩负全球化时代世界经济科技引擎的湾区，只有中国沿海地区最为合适。

如果我们从全国空间开发重点布局来看，目前全国区域空间战略新一轮布局形态比较像一只"雄鹰"，头部为长三角，躯干为长江经济带，南翼为福建海峡西岸经济区、粤港澳大湾区、广西北部湾经济区、海南自贸港（区）；北翼为山东新旧动能转换综合试验区、京津冀协同发展、辽宁沿海经济带，"雄鹰"的腾飞路线就是"一带一路"。但是从北翼看，布局并不完善，"京津冀协同发展"是国家区域协调发展的重大战略，在新时期、新形势下，这一国家战略在京津冀区域布局方面缺少一个体现新时代特征、适应新变局需要的湾区开放战略抓手来承载。为此，笔者率先提出"西渤海大湾区"（简称"大湾区"）这一湾区名称，作为新时代京津冀协同发展国家战略纵深推进中区域开放发展的新载体，肩负起新时代赋予的历史使命。

笔者期望通过本书的撰写，尝试对西渤海大湾区发展的基本图景进行勾勒，并从时代背景、历史使命、战略定位、总体目标、战略路径等方面开展初步的探讨。本书提出的观点、结论或建议等有不少来源于近几年在相关领域中本人承担并撰写的课题报告，在本书研究撰写的过程中，也广泛听取了有关专家学者的意见和建议，获得了河北省社科工作办、河北省社科院等相关部门和领导的大力支持，在此一并表示感谢。受理论水平、经验积累和调研局限等因素的影响，有的观点、判断和建议难免有不当之处，敬请广大读者批评指正。

目　录

第一章

湾区的相关理论
与国际经验借鉴

湾区是大陆与海洋的连接区，是内陆文明与海洋文明贯通融合的焦点区域。综观世界地理分布，在自然地理区位优势较为明显的河口和海湾区域，往往形成经济地理优势区域，由此又产生出"湾区经济"的概念。因此，"湾区"这一概念在理论界逐步同化成一种经济空间概念，被广泛应用于体现经济、社会、城市、文化、生态、科技等人类社会发展重要领域发展水平的地理空间概念。纵观全球经济发展进程，最发达的区域往往集中于湾区。湾区以其较强的产业带动能力、财富集聚功能以及资源配置手段，成为引领全球技术变革、带动世界经济发展的重要增长极和核心动力源头。准确把握湾区发展的内涵特征和共性经验，对于新时代我国调整布局湾区战略，引领北方跨越式发展，形成南北呼应、共进互补的区域协调发展新格局具有重要历史意义。

第一节　湾区和湾区经济的内涵特征

一、湾区与湾区经济的概念内涵

（一）湾区的概念内涵

从自然地理角度看，湾区是指由一个海湾或者相连的若干个海湾、港湾、邻近岛屿共同组成的区域。

从经济地理角度看，湾区是一种重要的滨海经济地理形态，是当今国际经济版图中的突出亮点，是世界先进滨海城市经济区域的显著标志。

在应用中"湾区"这一概念自然地理属性与经济地理属性混杂，但从约定俗成的表述上看，往往趋向于按照空间尺度划分来确定湾区的属性。

大尺度的湾区概念：往往是海湾，湾区海面面积较大，多为 100 万平方公里以上，区域内可能包含很多中型或小型的海湾，往往以毗邻国家的名字命名，如：墨西哥湾、孟加拉湾、几内亚湾、大澳大利亚湾等，这类湾区趋向于自然地理的属性。

中尺度的湾区概念：往往也是海湾，湾区海面面积比大尺度要小很多，在 10 万 ~ 50 万平方公里范围内，也可能是大尺度湾区中的一部分，基本上是以毗邻国家（区域）或所属海洋的名称命名，如泰国湾、渤海湾、奥涅加湾、波斯湾、亚丁湾等，这种尺度的湾区面积仍然较大，往往跨多个国家或行政区域，因此更趋向于自然地理的属性，经济地理上的板块特征并不明显，以此为名称表达经济属性较为少见。

小尺度的湾区概念：不仅有海湾，也有江河湖湾，往往在 10 万平方公里以内，基本上以所属或毗邻城市（行政区）命名，如东京湾、杭州湾、青岛胶州湾、深圳湾、旧金山湾、纽约湾等，这类尺度的湾区概念表达基本上是倾向于经济地理属性的，所代表的区域经济特征明显，是湾区经济的主要承载地。

（二）湾区经济的概念内涵

湾区经济是指由湾区衍生出的经济类型，它是一个区域经济的概念，更是基于地理特征和地域分工的一种承载城市经济、产业集群、科技实力的经济社会活动集合，它涵盖了城市经济、产业经济、生态经济、流通经济、口岸经济、开放经济、科技创新和营商环境等经济属性。

二、湾区经济的功能特征

湾区经济不仅是在有限的湾区内的经济活动，而且是借助湾区的龙头作用，与周边腹地经济互动，与海外经济、文化等要素互动而形成的经济发展模式，其功能特征可以总结如下。

（一）　依托陆海联通的重要"分岔口"构筑国内外经济循环的港口群

湾区具有良好的避风和天然岸线优势，是陆海联系的重要"分岔口"，适合港口群、铁路线、水运航线、公路网建设，通过实现物流周转等物流链完整运作，促进国内外经济循环。国际一流湾区都是凭借"分岔口"优势，形成连接国内外市场的重要枢纽和参与国际分工的桥头堡。比如，美国东海岸以纽约为核心的大湾区，就是形成了以纽约、新泽西、纽瓦克等港口城市为主的港口群，通过港口群实现与全球的产品互换，由此带动制造业、贸易和一般服务业的发展。

（二）　依托"抱湾""连河"的广阔腹地形成交易成本低廉的产业群

湾区具有向海的内环型陆地，且大多是陆地的大河冲积平原，从地理特征看，具有"抱湾""连河"的特征，这种优越的地理空间较易形成以湾区为圆心向周围区域辐射发展的内陆腹地，由于交通网络的便捷和物流成本的低廉，以临港源头型产业为龙头，较易形成向腹地扩散的配套产业群，从而逐步形成较大范围的产业集聚区。如东京大湾区、旧金山湾区等，就是形成了以湾区的高端产业或重化工业为龙头、以腹地的生产加工产业为配套的大范围的产业集群区。

（三）　依托区域文化融合和高度开放打造协调发展的城市群

湾区拥有较为狭长的圆形海岸线，依托高度便捷互联互通的物流和客运运输网络，促使湾区内城市及周边的城市群产生一种远远大于一般城市群的向心力，通过产业之间的配套协作，形成了城市群中不同城市的较为合理的产业分工合作，从而推动了区域文化融合和城市间高度开放，发展成为港腹互动、协调发展的城市群。比如，东京湾城市群，就是围绕东京这个核心，推动了横滨、川崎、千叶、横须贺等几个大中城市与东京的融合协调发展，从而发展成为一体化的湾区城市群。

（四）　依托便捷的要素集散功能汇集各类创新要素

湾区得天独厚的"海陆"交汇的自然地理形态和海陆共生的生态系统、

与腹地紧密的生产生活联系、高度稠密的交通网络、经济繁荣的城市群等，使湾区具备了很强的优质要素集聚扩散功能，港口之间、城市之间、港产城之间物流、信息流、资金流、人才流等汇集扩散便捷高效，逐步形成全球优质要素资源配置的核心区域。比如，美国旧金山湾区利用自然地理优势和生态优势，集聚了大量高校和高端人才，发挥硅谷的龙头作用，形成了包容性极强的移民文化，汇集全球各种优质创新要素，成为全球创新中心，从而引领世界高科技发展。

第二节　世界主要湾区发展演进的共性特征及经验启示

当今世界级主要大湾区通常都是依托世界级港口群，发挥湾区广阔腹地优势，培育出强大发达的港腹互动型产业集群，从而形成具有世界影响的、经济结构开放、资源配置能力高效、集聚外溢功能强大、国际交往网络发达的城市连绵区。纵观世界湾区发展演进历程，目前知名的海湾有几千个，但真正意义上的标志性湾区经济却只有三个，即纽约大湾区、旧金山大湾区和东京大湾区。我们从三个世界成功湾区经济中概括总结出一些共性特征，并收获一些有益的启示。

一、世界标志性湾区发展历程及共性特征

（一）发展历程

1. 纽约大湾区

纽约大湾区（简称"纽约湾区"），地处美国东北部，陆地面积 2.15 万平方公里，由 31 个县组成，人口达 6 500 万人，占美国总人口的 20%。湾区的重要城市包括纽约市、纽瓦克市和新泽西市，其中纽约市是纽约湾区的中心和美国第一大都市，也是世界上就业密度最高和公交系统最繁忙的城市，平均每年的旅客流量近 3 000 万人次。另外，纽约港为美国第一大商港，由此铸就了纽约湾区作为国际航运中心的地位。与此同时，纽约湾区设有 58 所大学，其

中纽约大学与哥伦比亚大学为世界著名大学。作为国际湾区之首,纽约湾区不仅贡献了美国 GDP 的 3%,而且还是世界金融的核心枢纽与商业中心,除全球 500 强企业有 40% 在此落地外,纽约市的曼哈顿中城是世界上最大的 CBD 及摩天大楼集中地,不仅蜚声全球的华尔街横卧于此,同时还聚集着 100 多家国际著名的银行与保险公司的总部。①

纽约大湾区的发展历程主要表现为三个阶段。第一阶段,轻工业发展阶段。这一阶段起始于 19 世纪中期,随着欧洲大量移民的迁入,纽约的轻工制造业快速发展,由于其在港口区位、技术革新以及政策导向等在当时的世界具有比较优势,以劳动密集型、资本密集型的轻工业为主,成就了制糖业、出版业和服装业的大发展。第二阶段,工业化完成阶段。由于 1914 年巴拿马运河开通,纽约港的吞吐量大规模提升,纽约"以港带产兴城"的战略全面实施,二战的爆发极大地促进了纽约的就业,二战后欧洲移民大规模涌入,使得纽约人口到 20 世纪 30 年代超过 1 000 万人,随着城市劳动力成本、商务成本的上升,制造业开始从市区迁移,服务业开始繁荣,纽约成为全球最强城市。第三阶段,知识经济主导阶段。20 世纪 70 年代,随着制造业撤离市区,以知识经济为主导的高端服务业开始占领"舞台中心"位置,金融保险、专业服务、国际贸易、传媒、科技研发等高端服务业快速崛起,极大地提升了湾区城市的集聚和辐射能力。这一时期,纽约大湾区迅速发展成为全球之首,其经济发展呈现出以知识经济、金融经济为主要导向的结构特征。

2. 旧金山大湾区

旧金山大湾区(简称"旧金山湾区")陆地面积 1.8 万平方公里,由 9 个县覆盖而成,总人口超 700 万人。湾区最著名的城市包括旧金山市、奥克兰市和圣何塞市,其中旧金山是中心城市。众所熟知的硅谷位于圣何塞市,尽管该地区人口不到全国的 1%,却创造了美国 GDP 的 5%。旧金山湾区是当今世界上最卓越的知识密集型经济、高科技产业开发区,是世界级技术创新之都。旧金山湾区不仅驻扎着 30 多家私人创业基金机构,而且全美国超过 40% 的风险资本集中于此,撬动着技术与产业的扩张,最终孕育出谷歌、苹果、脸书与英特尔等全球知名企业。除了资本的巨大催生功能外,科技创新也是旧金山湾区经济增长的强大引擎。目前,旧金山湾区拥有斯坦福、加州伯克

---

① 张锐. 湾区经济的建设经验与启示 [J]. 中国国情国力, 2017 (5): 31 – 34.

利等20多所著名大学，还分布着航天、能源研究中心等高端技术研发机构，引领全球20多种产业发展潮流。尤其是，旧金山湾区虽然已经成为美国高科技产业集中地区，但其依然保留着多丘陵的海岸线、海湾森林山脉和广袤原野，这种优美的自然生态与极具包容的创新文化相映照，构成了吸引和留住全球顶级人才的关键。①

旧金山大湾区的发展历程，主要表现为四个阶段。第一阶段，工业化初期和城市发育阶段。这一阶段的时间可从1848年开始的"淘金热"算起，大批华工和一些欧洲人定居在湾区的各个地区开始"淘金"，淘金设备和资金的需求刺激了制造业和金融业的发展，湾区的城市化也开始起步，旧金山成为当时美国西部最大的城市之一，奥克兰和圣保塞两座城市也分别于这一时期建立并得到初步发展。这个时期的湾区发展呈"点状开发"特征。第二阶段，为战争服务的工业化阶段。这一阶段历经两次世界大战，战争客观上促使了湾区国防战备产业、后勤保障产业、军工制造业的发展，尤其是二战期间，湾区的各个城市都走出了经济衰退困境，在湾区东部形成了一条制造业带。第三阶段，服务经济阶段。这一阶段自二战后到20世纪80年代中期，湾区的产业结构发生了变化，湾区城市迅速向后工业化的服务业经济转变，零售业、旅游业、金融业快速增长，传统制造业及临港产业逐步衰落。第四阶段，知识经济阶段。20世纪80年代以后，湾的服务业趋向越发明显，在现代经济的核心部门占据了优势地位。金融业成为湾区最重要产业，金融保险、房地产、投资等部门成为提供就业的"主力军"，恰逢新科技革命浪潮的来临，以信息产业为龙头的新型知识经济结构开始形成，"硅谷"和一大批世界知名高校的崛起使得湾区很快成为美国主要的经济发动机。随着新信息技术的推广，娱乐、时尚、媒体、休闲等产业快速发展；全球优势人才、资本、技术等诸多要素的高度集聚，使湾区创新型经济快速成长，成为全球湾区经济发展的标杆。

3. 东京大湾区

东京大湾区（简称"东京湾区"）陆地面积1.3万平方公里，由"一都三县"即东京都、神奈川县、千叶县和琦玉县组成，人口3 500万人，占日本总人口的26.3%。以东京为中心，东京湾区环绕着横滨、川崎、船桥、千叶四座大城市，同时，东京湾沿岸形成了由横滨港、东京港、千叶港、川崎港、木

---

① 张锐. 湾区经济的建设经验与启示 [J]. 中国国情国力, 2017 (5): 31-34.

更津港、横须贺港六个港口首尾相连的马蹄形港口群，年吞吐量超过 5 亿吨。庞大的港口群带动了东京湾区产业集聚和人口集中，也锻造出日本最大的工业城市群和最大的国际金融中心、交通中心、商贸中心和消费中心。作为日本工业产业最为发达的地带，东京湾集中了钢铁、有色冶金、炼油、石化、机械、电子、汽车和造船等主要工业部门，并形成了京滨、京叶工业区为核心的两大工业地带，工业产值占全国的 40%，GDP 占全国的 26%。特别是在京滨工业带上，不仅集聚了 NEC、佳能、三菱、丰田、索尼、东芝和富士通等世界著名的大企业，而且驻扎着武藏工业大学、横滨国立大学等著名高等学府。东京湾区不仅是全世界 GDP 最高与人口密度最高的湾区，更是世界 500 强集聚程度最高的地区。①

东京大湾区的发展历程主要表现为三个阶段。第一阶段，工业化初期阶段。这一阶段可从明治维新时代算起至二战结束。明治时代，东京湾开始逐步对外开放，并不断吸收西方文明，随着工业的不断发展，出现了沿海的港口联合体及大规模的临港产业，湾区的工业沿着岸线在东京到横滨之间发展，形成京滨工业带，逐步建成世界上最大的工业联合体，但二战中被破坏严重，经济萧条。第二阶段，工业转型与工业高速拓展阶段。这一阶段可从二战结束后到20 世纪 80 年代。二战后，日本工业迅速进入恢复期，伴随着新的技术革命时代来临，湾区的技术不断革新，新产业、新业态陆续涌现，以家电、电子、汽车为代表的制造业得到迅猛发展，并建成了大批连接湾区内部城市和对外交往的海陆空交通设施体系，以机械、家电等为代表的加工制造业逐步外迁，进而形成了京滨、京叶两大产业聚集带。京滨产业带开始布局钢铁、石化等重化工业；东京城区则逐渐转变为以对外贸易、金融服务、精密机械、高新技术为主的高附加值、高成长性的服务性产业集聚区。第三阶段，20 世纪 90 年代至今。这一时期，湾区逐步发展成为日本教育和科研机构高度密集的地区，各大公司的总部及研发机构、著名高校几乎都在东京，京滨工业区开始逐步转变为以创新经济为主的知识技术密集型产业区，湾区也逐步成为亚洲乃至世界最重要的科技创新"引擎"之一。

（二）共性特征

从世界级标志性大湾区的发展历程可以总结出几点共性特征。

---

① 张锐. 湾区经济的建设经验与启示 [J]. 中国国情国力, 2017 (5)：31 – 34.

1. 遵循"以港促产、以产立城"和"港口经济—工业经济—服务经济—创新经济"演进路径

世界三大湾区的发展轨迹都是基于"以港促产、以产立城"的发展路径，其经济增长的演进遵循港口经济、工业经济、服务经济和创新经济的动力模式，从外生增长动力源逐步转型过渡到内生增长动力源，依靠要素投入获得增长红利的空间越来越小，创新作为内生增长源泉必然成为经济增长的主要动力。在湾区发展之初，港口是湾区发展的主要突破口，但是随着湾区的持续发展，港口的作用趋于下降，工业经济和服务经济的作用越来越突出。在产业积累到一定量级时，可持续发展开始依靠创新驱动。20世纪80年代以来，新技术、新业态和新经济迅速发展，三大湾区都抓住了产业发展机遇，汇集了最优质的要素资源，发展成为全球创新经济的引擎。

2. 形成了"以核牵点"的空间布局网络

世界三大湾区都是依托世界级大都市与港口群，发挥地理空间优势，背靠湾区广阔腹地，逐步形成以世界级大都市为核心，以港口群和腹地次中心城市为节点的紧密联系的区域空间网络。湾区的核心大都市与湾区周边腹地城市、港口城市之间形成一体化的竞争板块，共同参与全球竞争。

3. 引领了世界科技发展和产业结构升级

科学技术的创新和引领是湾区发展的根本动力。纵观发展历程，世界三大湾区都十分重视通过制定合理的政策体系激发科技创新和产业升级，使湾区拥有强大的虹吸效应，集中了大量的高等院校和科技研发机构，形成了高度发达的金融创投体系、活跃的创业创新机制和高效的产学研成果转化率，吸引各地各种高端要素向湾区集聚，营造了港腹互动一体的产业优化升级、结构优化演进的环境，促成了制造业经济步入知识密集型经济的发展阶段。

4. 展现了开放包容与区域协同的依存体系

世界三大湾区都展现了开放包容和协同发展的共性特征。对全球资源要素配置、产业交往、多元结构、国际联系等的开放包容孕育了产业群、城市群的分工协作和协同发展，避免了城市间、港口间无序竞争，形成了不同区域鲜明的职能分工体系，提升了城市群巨大的整体效应和竞争能力。

5. 大规模集聚人口和企业形成了富有活力的大都市圈

纵观湾区发展历程，出现大量人力资源和产业要素的集聚是一个显著的共

性特征。由于形成了"以核牵点"的空间布局网络，培育了开放包容和分工协作的依存体系，建立了世界规模的产业中心，实现了产业在湾区内的联动、错位发展的格局，所以，湾区能够大规模集聚包括世界顶尖人才在内的各类人力资源，招引各类创新型、服务型企业入区，从而形成一个生机勃勃、活力十足的大都市圈。

二、经验启示

从世界三大标志性湾区经济发展演进历程和共性特征分析，可以提炼出以下经验启示。

（一）　顺应新潮流新形势，走出适合自己发展阶段的路径

世界三大湾区发展崛起的轨迹表明了一个经验，即适应自身发展阶段，顺应时代潮流大势，走出适合自己特点的路径才能获得成功。比如，纽约湾区是结合自身交通、教育、文化、金融等方面的优势选择并制定适合自身发展的政策及战略规划，并从整体上实施城市创新运动，通过多年的发展，逐步形成了金融创新和服务创新的全球"灯塔"；旧金山湾区是顺应美国西部开发的大势，抢抓互联网经济潮流的兴起机遇，通过建立众多高校吸引高端人才，发展知识密集型产业集群，形成完善的区域创新体系，成为全球科技创新的"领跑者"；东京湾区则是以二战后复兴为背景，抓住了日本国内百废待兴和世界电子信息产业崭露头角的机遇，大规模发展适合自己国情的重化工业和电子信息产业，从而走上世界舞台中央。

借鉴世界湾区经济崛起的成功经验，我国湾区发展可以得到如下启示：一是必须立足自身的发展阶段，客观分析生产力基础和资源禀赋，选择适合国情的发展路径；二是必须顺应政治经济科技发展新形势；三大湾区加速崛起时期，均是二战后经济全球化加速时期，也是第三次工业革命和知识经济的爆发时期，这对于选择正确的路径至关重要。

（二）　构建完善协调、相互支撑的"四网"才能使湾区产生全球性优质要素集聚效应

世界三大湾区的发展经验表明，必须依托完善的市场网络、交通网络、产

业网络和信息网络共同支撑，才能使湾区的产业集聚和城市群体产生高质量的全球竞争力。三大湾区都高度重视交通基础设施、信息基础设施与市场网络、产业网络的联结，构建了多层次多元化的全球市场链、产业链、信息链和物流链，将产地资源、汇集的要素与引领世界的高科技企业联结在一起，促进了经济、环境和社会的可持续协调发展，助推了湾区的崛起。

借鉴世界湾区经济崛起的成功经验，我国湾区发展可以得到如下启示：一是必须将湾区及其腹地作为一个整体性区域参加世界竞争，需要统筹布局交通、产业、信息和市场要素，在顶层设计时必须高度重视；二是必须要依托市场网络、交通网络、产业网络和信息网络等"四网"规划布局，构建起适应可持续发展要求的制造、服务和生活环境，能否招引高科技企业群体的入驻往往决定着湾区崛起的成败。

（三） 锻造与市场相结合的体制政策制度供给链，增强区域的全球竞争力

世界三大湾区另一个成功经验表明，体制机制与政策制度的不断创新、激活市场机制充分发挥作用的政府行为，对于湾区的崛起必不可少。比如，东京湾区积极发挥政府规划整治的效用，颁布一系列规划和开发实施计划，通过制定促进开发的政策法规来推进工业化和现代化；纽约湾区不仅重视规划的作用，而且在面临制造业衰落的危机时，通过制度和政策的创新，及时引导产业结构升级，最终实现纽约湾区的复兴和繁荣。

借鉴世界湾区经济崛起的成功经验，我国湾区发展可以得到如下启示：一是必须根据实际情况统筹区域规划和产业促进政策，推进建立有利于科技创新的制度体系，促使湾区内的企业和科研机构不断适应发展趋势，形成其他地区难以复制的价值链和创新链优势；二是必须创造良好的有利于市场机制发挥的体制机制环境，通过有效有力的政府行为改善市场环境，重视知识产权的保护和人才创新价值的实现。

第二章

西渤海大湾区提出的战略价值、核心视角和顶层设计

湾区经济已经成为经济全球化时代改变世界经济科技格局和运行方式的经济形态，是全球化时代新的经济科技竞争与合作的关键载体，是世界经济增长的驱动引擎，是科技创新的聚集高地，是新的思想智慧交汇创新的发源地。分析世界经济地理分布演进规律，湾区经济的重心正在从北半球大西洋东岸向大西洋西岸再向太平洋东岸再向太平洋西岸逐步推移。21 世纪是以中国为核心的太平洋西岸湾区经济崛起的时间窗口，我国理应抢抓机遇，在东部沿海地区梯次布局发展世界级湾区经济，培育若干全球性核心竞争力的重要极核，为中华民族伟大复兴做出历史性贡献。

第一节　西渤海大湾区提出的战略价值与核心视角

世界级的大湾区不仅是一个国家财富与高端要素的聚集地，而且是一个国家整体经济科技实力的重要体现，湾区经济的竞争已经演变为国家间的竞争。在国际政治经济复杂多变的新形势下，在新科技革命和工业革命的冲击下，我

国的湾区战略布局更应适应新时代的要求，以全球视野和国家战略全局视角进一步完善和强化。

一、西渤海大湾区提出的时代背景和战略价值

（一） 两个循环新发展格局下全国湾区战略被赋予的新使命

当前，我国正处在百年未有之大变局。以习近平同志为核心的党中央指出，经济形势仍然复杂严峻，不稳定性不确定性较大，我们遇到的很多问题是中长期的，必须从持久战的角度加以认识，加快形成以国内大循环为主体、国内国际双循环相互促进的新发展格局。① 这是党中央基于国内外形势做出的我国未来中长期发展的重大战略部署。

两个循环新发展格局下我们必须认清全国湾区战略面临的新形势以及被赋予的时代新使命。

从国际环境看，全国湾区战略的实施必须能够应对错综复杂的国际环境变化。21 世纪以来，新一轮科技革命和产业变革加速发展，世界贸易和产业分工格局发生重大调整，国际力量对比呈现趋势性变迁。2008 年国际金融危机后，全球市场收缩，世界经济陷入持续低迷，国际经济大循环动能弱化。近年来，西方主要国家民粹主义盛行、贸易保护主义抬头，经济全球化遭遇逆流。以美国为首的西方国家对中国科技创新的围剿进一步加剧，在科技链、产业链上与中国脱钩的企图进一步显现。新冠肺炎疫情影响广泛深远，逆全球化趋势更加明显，全球产业链、供应链面临重大冲击，风险加大。面对外部环境变化带来的新矛盾新挑战，必须顺势而为，调整全国湾区发展战略路径，在努力打通国际循环的同时，进一步畅通国内大循环，提升经济发展的自主性、可持续性，增强韧性，探索走出一条世界级大湾区崛起的新路。

从国内发展阶段看，全国湾区战略必须伴随我国经济发展阶段变化而主动调整。经济发展是螺旋式上升的过程，也是分阶段的。不同阶段对应不同的需求结构、产业结构、技术体系和关联方式，要求发展方式与时俱进。改革开放以后的相当长时间内，我国人均收入水平较低，我们发挥劳动力等要素低成本优势，抓住经济全球化的重要机遇，充分利用国际分工机会，形成市场和资源

---

① 中共中央政治局召开会议分析研究当前经济形势和经济工作［N］. 人民日报，2020 – 07 – 31.

"两头在外"发展模式，参与国际经济大循环，推动了经济高速增长，人民生活从温饱不足到全面小康。经过长期努力，我国人均国内生产总值超过1万美元，需求结构和生产函数发生重大变化，生产体系内部循环不畅和供求脱节现象显现，"卡脖子"问题突出，结构转换复杂性上升。解决这一矛盾，要求发展转向更多依靠创新驱动，不断提高供给质量和水平，推动高质量发展。这是大国经济发展的关口，全国湾区战略的布局实施要能够主动适应发展阶段的变化，推动经济科技攻坚克难，符合新发展格局要求。

从区域协调和平衡性来看，全国湾区战略的布局和实施必须能够破解区域发展不协调不平衡的主要矛盾。当前，我国经济社会发展"南强北弱"的态势已经形成，且越来越严重，如果未来5～10年，北南双方经济实力在全国的份额达到2∶8，全国区域发展将出现"马太效应"，具有活力的高素质人口、创新要素、其他各类资源等都将进一步加速流入南方，北方经济社会发展愈加艰难。因此，全国湾区战略的部署和实施必须努力破解南北发展差距加大的难点问题，进一步完善和优化湾区战略布局。

（二） 西渤海大湾区提出的时代背景和战略价值

两个循环新发展格局下全国湾区战略与"一带一路"倡议是相互衔接、互助互动的。从目前看，全国区域空间战略新一轮布局形态像一只"雄鹰"，头部为长三角，躯干为长江经济带；南翼为福建海峡西岸经济区、粤港澳大湾区、广西北部湾经济区、海南自贸港（区）；北翼为山东新旧动能转换综合试验区、京津冀协同发展、辽宁沿海经济带；"雄鹰"的腾飞路线就是"一带一路"。但是从北翼看，布局并不完善，京津冀协同发展是国家区域协调发展的重大战略，在新时期、新形势下，这一国家战略在京津冀区域布局方面缺乏一个体现新时代特征、适应新变局需要的湾区开放战略载体来承载。为此，笔者率先提出"西渤海大湾区"这一湾区名称，作为京津冀地区新时代湾区战略的新载体。

西渤海大湾区的地理范围包括京津冀三省市全域（2个直辖市＋11个设区市＋1个新区），包含200个县级行政区，陆地面积为21.8万平方公里，2019年常住人口为1.13亿人。其中又可划分为核心层和协同层，核心层指渤海湾西岸沿线的行政区及其紧密关联区，包括北京市、天津市及河北省的秦皇岛、唐山、沧州、雄安新区、廊坊5个城市，协同层指上述沿海港口城市的直接腹地和北京、雄安的周边腹地，包括张家口、承德、衡水、保定、石家庄、邢台、邯郸等 7 个城市。

从地理范围看，西渤海大湾区与京津冀协同发展国家战略的所辖范围一致，那么，两者的区别和联系又是怎样的呢？

第一，西渤海大湾区战略构想就是站位于国家湾区战略全局，将京津冀地区定位于以国内大循环为主体的北方关键支点和国内国际双循环融通的战略焦点区域，而提出的北方适应新时代新要求的战略构想。它是京津冀协同发展国家战略的具体实施抓手。

第二，西渤海大湾区是在京津冀协同发展国家战略框架下，以聚焦世界级湾区经济崛起为主线，贯穿产业链群、港口布局、城市群体、科技创新、自贸开放、设施体系、生态环境、投资消费、开发园区、文化支撑、体制改革、政策创新等领域的完整系统发展战略体系。它必须是在京津冀协同发展国家战略中"非北京功能疏解""弥补京津冀发展落差"等宏观战略目标的要求和指引下才能完成。

第三，京津冀协同发展国家战略是覆盖京津冀地区的国家上位战略，西渤海大湾区是在国家上位战略中的一个侧面着力点，是一个中位的战略部署。

那么，提出建设西渤海大湾区的战略价值是什么呢？我们可以从以下三个方面来定义。

1. 全球视野中完善世界级湾区发展战略的关键突破

成功的世界级大湾区地理位置大体在北半球北纬 30 度至 45 度之间，我国符合此位置的大湾区有长三角地区和京津冀地区，长三角地区已经发育出世界级湾区经济，而京津冀地区还未形成实质上的世界级湾区经济，我国北方湾区战略缺乏支撑全局的战略支点，为此，顺应世界级大湾区发展规律，在北半球太平洋西岸培育起一个对标国际顶尖湾区、拥有比肩世界级标杆湾区的能力和水平的世界级新湾区，是全球湾区战略布局的关键突破。

2. 国家全局视野中平衡南北落差的战略突破

我国南北经济发展的落差正演变为全面发展的落差，不仅仅表现在经济实力、活力和竞争力上，而且也延伸至改革开放、社会发展、城市建设、民生福利、生活环境等方方面面，北方地区迫切需要从国家战略全局着眼谋划推动重大开放创新载体，以新载体为基本单元，从体制机制、政策制度、思想观念、治理模式等全方位推动变革，为此，西渤海大湾区建设是国家全局视野中提升北方地区发展水平、缩小南北地区落差的战略突破。

3. 时代发展视野中满足新时代要求、引领时代潮流的根本性突破

世界级湾区的发展面临新全球化时代，国内湾区的发展面临着构建两个循环新发展格局的新时期，新时代、新时期要求新变局，以往的世界级大湾区发展的传统路径和模式在新时代、新时期是否适用，是否需要调整和变化，是否需要开创出新模式和新路径，这些问题都需要在实践中逐步探索和回答。西渤海大湾区的提出并推进实施，就是顺应时代潮流并引领新时代湾区建设的重大战略部署，在新时代改变我国在全球化分工格局中的地位、培育全球新的经济优势、开放优势和创新优势等方面，其肩负着根本性突破的历史使命。

二、西渤海大湾区建设需把握的核心视角

准确把握西渤海大湾区建设的核心视角和重大问题，做好新时代大湾区理论创新铺垫，对于加快发展世界一流湾区经济、更好地服务国家伟大复兴目标具有重要意义。

（一）以新发展理念引领湾区高质量发展

西渤海大湾区的建设必须坚持新发展理念推动经济社会高质量发展，必须推动思想大解放。解放思想必须要统一思想，而且是在新的认识基础上统一思想，用新思想破除落后认知，用新理念凝聚高质量共识。因此，以新发展理念引领湾区发展，首先要用习近平新时代中国特色社会主义思想统一认识，凝聚共识，把人们的思想从与新时代新思想不适应、不合拍、不一致的地方转变过来。当前，西渤海大湾区的发展仍然存在着过去在高速增长阶段形成的思维方式、认识观念，有些思想观念仍然需要长期坚持，而有一些过去习以为常的观念、行之有效的做法已不合时宜，甚至成为思想包袱和发展阻碍。比如，"为增长而增长"的 GDP 迷信；满足于跟随模仿、畏惧创新的观念；认为经济搞好了"一好百好"的片面认识；把生态保护看成负担、漠视生态价值的观念；在自己一亩三分地上打转转、不肯开放合作的封闭思维；对"以人民为中心"、发展成果全民共享不重视、不走心、不作为等。思想解放与新时代同步，让新发展理念渗透成为大湾区发展的主旋律，是推动西渤海大湾区高质量发展需要把握的战略着眼点。

（二） 以新发展路径和模式推动湾区跨越式崛起

西渤海大湾区建设必须探索新的发展路径和发展模式，在百年未有之大变局中摆脱对传统现代化的路径依赖。习近平总书记关于当今世界百年未有之大变局的论断，是对当前世界正处于历史性大调整大变革之中的战略判断。大变局对我国经济社会发展带来巨大影响。第一，依靠要素低成本竞争优势嵌入全球经济与产业分工体系的状态将发生根本变化，要素禀赋结构升级为中国在更高层次参与全球分工提供了条件，中国创新力也在不断增强，中国产品、中国服务开始呈现更多的质量效益内涵。第二，西方发达经济体在谋求继续占领全球科技创新制高点、主导新产业革命的基础上，试图收回加工制造环节的"中国外包"以增加就业，未来还企图利用大规模机器人生产方式重新占领价值链中低端环节以拓展利润，推动形成较为完整的本土产业链供应链。第三，新冠肺炎疫情之后，西方国家对中国高科技供应链的围剿预计将会走向极端。通过"断供""禁售""禁止使用"关键技术、关键材料和装备等行政干预行为，阻断我国科技创新进程、阻碍中国成为未来科技革命引领者的图谋也日益明显。置身大变局之中，审视大湾区高质量发展的内在要求，首要一条就是必须根据发展新形势调整迈向现代化的路径和模式，下定决心、下大力气摆脱传统现代化路径依赖。传统现代化的主要动力来自传统工业化，传统工业化模式是不顾资源与环境的成本而实施的工业化，西方国家发展进程基本上都是遵循传统工业化到传统现代化的演进规律。而在新的历史条件下，在百年未有之大变局的影响下，在美国发动的中美"经济与科技脱钩"新形势倒逼下，大湾区建设绝不能选择高污染、高资源消耗和低利润的产业结构，必须摆脱对传统现代化路径依赖，把握工业文明向生态文明、工业革命向数字革命和智能革命演进的大趋势，实现对传统现代化的跨越，在高质量发展轨道上重构生产、生活和生态运行体系，走出一条不同于西方传统现代化路径的新型现代化道路。

（三） 以新型体制机制构建湾区新型治理体系

在百年未有之大变局下，我国现代化进程中一个必须逾越的关口是：在跨越中等收入陷阱进程中破解新时代社会主要矛盾，而西渤海大湾区的建设理应当好全国区域发展体制机制创新的试验田。研究表明，20 世纪 60 年代以来，全球 100 多个中等收入经济体中只有十几个成为高收入经济体。那些最终取得成功的国家和地区，都是在经历高速增长后实现了经济社会发展从量的扩张转向质的提高；那些徘徊不前甚至倒退的国家和地区，就是没有实现这种根本性转向。其中有不少中等收入国家堕入了中等收入陷阱。所谓"中等收入陷阱"是基于对拉丁美洲和东南亚一些国家的观察而提出的概念，许多国家经过一段时间的经济高速增长进入"中高收入国家"这一行列之后，由于经济发展方式、产业结构、创新能力、利益分配、社会发展、政府治理、民族宗教等领域存在严重问题和矛盾冲突，经济发展速度开始下降，长期呈现出国内市场萎缩、产业升级乏力、增长停滞不前、民族主体性削弱、社会治理混乱、腐败现象严重、经济对外依赖性增强等状态，难以超越中等收入区间进入高收入国家行列。2019 年我国人均 GDP 超过 1 万美元，按照世界银行 2015 年的标准，是属于"中高收入国家"（在 4 126 ~ 12 735 美元之间，高于 12 736 美元为高收入国家），同样面临着能否成功跨越中等收入陷阱的考验，其中的关键就在于能否解决这一发展阶段所特有的社会主要矛盾。当前，我国发展进入了新时代，习近平新时代中国特色社会主义思想明确了新时代我国社会主要矛盾是"人民日益增长的美好生活需求和不平衡不充分的发展之间的矛盾"，这涵盖了经济、社会、生态、文化、政府治理、安全、民生幸福等众多领域。因此，在新时代肩负历史使命的西渤海大湾区建设，必须聚焦破解这个发展阶段的社会主要矛盾，着力改革创新各个领域的体制机制，在改革开放领域为破解新时代社会主要矛盾做出新贡献。

（四）　以新旧动能转换夯实湾区可持续发展后劲

西渤海大湾区建设必须能够在构建以国内为主体的大循环和国内国际双循环相互促进的战略格局中巧妙转换发展引擎，培植源源不断的动力。从构建两个循环战略新格局的角度看，大湾区高质量发展需要把握的重要问题有三方面。第一，必须重塑发展动力格局，主动调整发展方式与动能结构，将以往靠依赖外部需求和产业链推动国内增长的模式转换为依靠国内需求增长拉动世界经济增长的新模式，因此，必须坚持供给侧结构性改革这个战略方向，扭住扩大内需这个战略基点，使生产、分配、流通、消费更多依托国内市场，提升供给体系对国内需求的适配性，形成需求牵引供给、供给创造需求的更高水平动态平衡。第二，必须依托扩大内需推动更高层次的对外开放。建立内需体系更需要扩大开放，只有开放才能逐步与世界规则接轨，创造国际化的竞争环境，吸收和利用国际资金、技术、人才等要素资源，倒逼企业提高竞争力，并走向世界，应对全球化逆流以及外部随时可能发生的风险和挑战。第三，把握好新旧动能转换的节奏，促进新经济形成规模优势。一是注重平稳性，不可"一刀切"打掉旧动能。大湾区传统产业的"家底"较大，但这并不是新旧动能转换的包袱，而是强大的优势，其中有不少传统产业都属于旧动能改造升级为新动能的宝贵资源，决不能轻易放弃。二是注重协调性，新旧动能转换不仅仅是传统产业与新兴产业之间的此消彼长，还包含了创新能力、体制机制、营商环境等诸多因素的变化，要防止"单兵冒进"，重视各方的协调配合、统筹推进。三是注重有序性。新经济的培育要具有超前性，要尽可能地在新经济能量释放的"收获期"革除不合时宜的旧动能，或在新经济集聚能量的"发育期"推进旧动能的改造升级，为高质量发展提供可靠支撑。

第二节　西渤海大湾区发展基础、战略功能及其与全国先进湾区的比较

全面分析西渤海大湾区发展的基础条件、战略优势及其与先进湾区的差距，才能更好地制定发展战略思想，做好大湾区的顶层设计。

一、西渤海大湾区发展的基础条件与战略功能

（一）　基础条件

1. 地缘条件

西渤海大湾区东望日本、朝鲜、韩国，位居东北亚中心，辐射亚太经济区，既是我国北方内陆地区与沿海地区的天然结合部，又是通向亚太地区和走向世界的出海口，处于"东来西往、南联北开"的有利位置。境内拥有大小港口十多个，形成了一个大中小相结合的港口群落，货物吞吐量占全国的10%以上。同时，境内还拥有民航机场十多个，已开通国内外航线100余条，以北京为中心的航空干线连接全国及世界各地，航空运输十分发达。此外，铁路、公路网的密度在国内首屈一指，铁路以北京为中心，纵横交错，四通八

达。便捷的交通、特殊的区位是其他任何区域都无法比拟的。

2. 自然资源条件

西渤海大湾区属资源型经济区域，自然资源丰富，且分布相对集中，易于开发利用。其中，能源储量位居全国前列，除现有的华北、冀东油田外，渤海湾也蕴藏着丰富的石油和天然气资源，海陆油田连成一片，原油产量约占全国总产量的30%，是我国石油资源最为丰富的地区。矿产资源种类多，储量大，已探明对国民经济有重要价值的矿产资源达100多种，焦煤和铁矿在全国居重要地位。西渤海大湾区还有丰富的海洋资源，素有"天然鱼池"之称。

3. 工业基础条件

西渤海大湾区工业基础实力雄厚，是中国能源工业、重化工业、装备制造业和高新技术产业基地。目前，西渤海大湾区已经形成以高新技术产业、电子、汽车、机械制造业为主导的产业集群，各具特色的产业带开始逐步形成。北京的汽车、信息、文化创意产业，天津的汽车、IT制造业，河北的钢铁、装备制造业，均在全国占有重要的地位。2019年西渤海大湾区GDP接近8.5万亿元，占全国比重的8.5%。[①]

4. 科技人才条件

西渤海大湾区拥有较强的科技和人才优势，是中国重要的科研开发基地。大湾区拥有的高等院校占全国的20%以上，不仅集中了中国一流水平的科研与教学机构，而且是全国最大的图书资料和科技信息中心，为发展科技产业提供了非常有利的条件。同时，大湾区还是全国科技人才最密集的地区之一，北京、天津、河北三省市各类科技人员数量就占全国的30%。

5. 城市群基础

西渤海大湾区是中国城市密集的三大地区之一，共有城市140多个，占全国总数的1/6，其中还有一批在世界很有名气、在中国占有重要地位的中心城市。这些城市构成中国北方的政治、经济、文化中心，形成了一个多功能的城市群体，在全国北方区域经济中发挥着集聚、辐射、服务和带动作用。

综上所述，从国际上看，西渤海大湾区地处西太平洋沿岸、东北亚的中心地带，是我国对外开放的重要门户之一，也是北方地区进入太平洋走向世界的

---

① 根据《中国统计年鉴2020》中北京、天津、河北三省市GDP总量计算得出。

重要通道，在国际社会越来越重视东北亚地区发展的大背景下，其地缘优势更显突出。从国内范围看，西渤海大湾区地处我国华北、东北、华东和西北四大区的结合部，是我国经济由东向西扩散、由南向北推移的交汇点和连接点，其地缘区位十分重要。从潜在竞争力看，西渤海大湾区作为我国重要的经济区域，是我国城市群、港口群和产业群最为密集的区域之一，其经济腹地涵盖华北、东北、西北和中南，所涉及的人口占全国总人口的近四成，有着厚实的发展基础。

（二） 战略功能

笔者认为，西渤海大湾区在全国经济发展中应有的地位和功能作用应该主要表现在以下四个方面。第一，西渤海大湾区要成为环渤海地区对外开放和参与国际市场竞争的前沿地区之一，成为京津对外辐射、西部内陆腹地"东向开放"、国内外产业转移的立足点和占领华北市场的桥头堡。第二，西渤海大湾区要成为东部沿海地区与中西部部地区之间、东北三省与华东地区之间在生产力布局、经济结构调整、公共产品投资、市场发展方面的分工合作关系与技术经济联系的关键协调区域。要成为推动我国欠发达地区特别是广大中西部和华北、东北地区市场经济发展的凭借与依托力量之一，成为京津核心区向华北地区辐射和产业扩散的连接地。第三，西渤海大湾区要成为中国环渤海地区经济内向一体化与外向一体化发展的焦点及核心增长区域。第四，西渤海大湾区要成为我国东部沿海地带的重要增长极，不仅要聚集越来越多的高新技术产业和优质生产要素，还要在区域发展模式选择、经济管理体制改革、企业发展、地方政府公共产品投资与行政管理体制改革方面积累丰富的经验，成为技术与制度创新及扩散中心地区之一。

二、新发展理念维度下西渤海大湾区与国内先进湾区的比较研究及特征研判[①]

将"创新、协调、绿色、开放、共享"新发展理念作为研究维度展开，客观分析西渤海大湾区经济社会发展特征及其与全国先进湾区的差距，不回避

---

① 本部分的数据来自相关省市各年的统计年鉴，根据年鉴的数据计算得出。考虑到 2020 年、2021 年的疫情影响，很多数据及其增长率有失真状况，故采用 2019 年数据进行测算比较。

问题和矛盾，才能更好地探寻未来推动大湾区高质量发展的有效路径。为了更好地说明问题，针对有些数据指标，我们不以京津冀三省市的平均数来与先进湾区做对比，而是将京津冀三省市分别拆开与先进湾区的省市进行比较研究，这样更能准确地反映西渤海大湾区发展的问题和差距。

（一）　基于创新发展维度的分析：创新能力区域分化严重，总体上仍相对薄弱，与先进湾区水平还有不小差距

创新是大湾区高质量发展的核心动力，包含科技创新和制度创新。西渤海大湾区整体科技创新综合能力长期处于全国中上游，但是，京津冀三地科技创新能力分化巨大。北京位居全国最前沿地位，天津科技创新能力位居中上游水平，河北的科创能力位居全国下游，基础仍相对薄弱，且与全国先进地区的差距还在不断加大；体制机制改革创新水平相对于先进湾区仍然较低，反映"软环境"的制度创新水平在全国总体上处于中游，整体上营商环境美誉度不佳，北京的情况还好，天津与河北思想保守和治理行为方式僵化等都是多年未愈的"顽疾"。从总体上看，以创新驱动发展的能力和水平还未达到新时代的要求。（1）从创新投入方面分析，北京和天津在创新投入强度（研发经费支出占 GDP比重）方面位居全国前茅，但河北省的研发经费投入强度 2019 年为 1.61%，与京津相差近 1 倍，与全国先进湾区的省份相比仍然有 1～3 个百分点的差距。（2）从企业层面看，河北省规模以上工业企业研发经费支出 2019 年为 439 亿元，广东、江苏、浙江等国内先进湾区中省份的数据为河北省的 3～5 倍，且企业技术获取和技术改造总体情况不佳，从 2010 年到 2019 年，引进境外技术经费支出、引进技术消化吸收经费支出和技术改造经费支出这三个指标分别下降了 73%、95%、33%。（3）从创新产出方面分析，河北每万人专利授权数量 2019 年为 0.77 件，浙江、江苏和广东的数据为河北的 5～10 倍。（4）从创新效率方面分析，2019 年河北省每亿元研发经费产生的专利授权量为 9.52件，江苏、广东、浙江等省份的数据为河北的 10 倍以上。[①]（5）从综合能力上分析，《中国区域创新能力评价报告 2010》（中国科技发展战略研究小组、中国科学院大学中国创新创业管理研究中心联合发布）显示，河北 2010 年区域创新能力全国排名为第 18 位，创新能力效用值 26.67，全国第一名是江苏

---

① 本部分数据根据《中国统计年鉴 2020》《河北统计年鉴 2020》相关指标数据测算得来。

（效用值 53.84）；然而，《中国区域创新能力评价报告 2019》显示，2019 年河北排名全国第 20 位，下降了 2 位，创新能力效用值 21.86，广东 2019 年度区域创新能力列全国第一，创新能力效用值达到 59.49。（6）从营商环境分析，京津冀三地营商环境质量差距过大，北京大学等机构发布的《中国省份营商环境评价 2019》的结果显示，河北省营商环境在全国排名第 16 位，位居全国中游，得分与第 1 名北京相距甚远，且河北省内部区域的子环境发展也不均衡，省域本土大型企业或高新企业向省外扩能投资高技术项目的局面仍未根本改观。由此可见，西渤海大湾区整体的人居环境、政务服务、政策激励、企业家精神等与先进湾区有较大差距，经济发展活力不足，创新创业氛围不浓，体制机制改革创新的成效近十年来并没有明显提升。

（二）基于协调发展维度的分析：河北省内部产业、城乡和区域的协调水平提高较快，但湾区内部京津与河北之间发展落差并未缩小，与先进湾区相比仍然是短板

推动大湾区高质量发展，必然要建立在产业、城乡、区域协调发展之上。从产业协调发展分析，北京、天津和河北的三次产业结构比均呈现出"三二一"的次序。北京和天津两个直辖市第三产业占比最高，而河北省的三次产业结构比却令人意外。2010 年至 2019 年，河北三次产业结构比从 12.5∶52.6∶34.9 演进为 10∶38.7∶51.3，形成"三二一"的产业结构，意味着产业结构正在发生质变，向发达型产业结构迈进。但仔细分析演进细节可以发现，一产的比重 9 年来才下降 2.5 个百分点，而二产的比重却下降了 13.9 个百分点，当前河北省的三产占比甚至高于江苏、浙江和广东等发达地区。再从三次产业的就业结构看，2019 年一产的就业比重仍高达 32.4%，这些演进特点与国际经验和现代化演进规律（一产的比重大幅下降、二产微调、三产增长较快）并不相符。从城乡协调发展分析，北京和天津本来就是大都市，它们的城镇化水平当然很高。河北的城镇化水平近年来不断提高，2019 年河北省城镇化水平由 2010 年的 44.5% 提升至 2019 年的 57.6%，9 年提升了近 13.1 个百分点，增长较快，但仍然低于全国平均水平（60.6%）。省域内不同区域城镇化水平仍存在较大差异，其中，城镇化水平最高的石家庄市与最低的衡水市相差 11 个百分点；河北省城乡居民收入比由 2010 年的 2.73∶1 降至 2019 年的 2.32∶1，全国排第 22 位，城乡收入总体差距正在缩小。从区域协调发展分析，西渤海大湾区整体的区域协调发展水平均在提升，其中北京和天津两市内部行政区域协调发展水平日益提升，而河北省人均地区生产总值最高与最低城市的比例从 2010 年的 3.85∶1 降至 2019 年的 3.01∶1，区域协调发展水平也在逐步提高，趋势向好。但是，从京津与河北的区域差距看，地区生产总值、人均地区生产总值、工业生产总值、人均财政收入、全体居民人均可支配收入等主要指标的差距并未缩小，反而有所加大，反映出省级行政区域之间协调发展水平仍然较低。[①]

（三）　基于绿色发展维度的分析：生态环境治理和保护成效显著，但尚未迎来环境库兹涅茨拐点，生态高质量发展总体上处于爬坡过坎的攻坚期

自 2014 年京津冀协同发展国家战略实施以来，京津冀三地加大环境污染治理力度，主要污染物减排效果明显，生态环境恶化的势头得到遏制，其中，承载西渤海大湾区生态环境主要任务的河北省在环境治理与生态建设方面成效显著。统计显示，在大气污染治理方面，2019 年河北省 PM2.5 平均浓度达到 53 微克/立方米，超额实现《河北省打赢蓝天保卫战三年行动方案》的目标任务，空气质量逐年转好。在水污染防治方面，2019 年河北省 74 个地表水国考断面中，达到或优于Ⅲ类断面比例为 52.7%，劣 V 类水体断面大幅下降。[②] 在土壤污染治理方面，开展了土壤污染防治试点示范，建立了全口径涉重金属重点行业企业清单，完成了一大批重金属减排项目。在生态建设方面，城市绿地与园林绿化面积持续增加，雄安新区"千年秀林"项目、再造"三个塞罕坝"、京津风沙源治理等一批区域合作造林绿化工程加快实施，一批环首都国家级森林公园也在加快建设之中。北戴河、南大港、曹妃甸、海兴等重要沿海自然湿地保护与修复正在抓紧推进，实施了部分区域生态补水、湿地修复和退耕还湿，逐步扩大湿地面积。总体分析来看，环境治理和生态建设取得较好成绩，天蓝、地绿、水秀的美丽大湾区正加速呈现。但能源消耗仍处于高位运行状态，对生态环境的改善仍带来较大的压力，开发区、产业园区循环经济与企业清洁生产还处于初级阶段，按国际经验和现代化演进规律看，预计未来河北省人

---

① 数据根据《中国统计年鉴 2020》《河北统计年鉴 2020》相关指标数据测算得来。

② 数据来源于河北省生态环境厅"河北生态环境发布"《河生态环境厅为 74 个国考断面逐个制定保障方案》。

均 GDP 达到 1 万美元时，大湾区整体才有可能迎来环境"库兹涅茨拐点"。

（四）基于开放发展维度的分析：开放型经济整体处于全国中上游，开放深度广度与质量效益提升不快，与先进湾区有不小差距，但潜力巨大、机遇众多，后发优势明显

过去 40 年中国经济发展是在对外开放条件下取得的，未来中国经济实现高质量发展也必须在对外开放升级版的前提下进行。新时代西渤海大湾区高质量发展必须在构建以国内为主体的大循环和国内国际双循环相互促进的战略格局中实现更具时代特点的全方位开放。分析西渤海大湾区对内对外开放的基础条件，从对外贸易方面看，2019 年进出口总额为 40 017 亿元，相当于长三角的 37%、广东省的 56%；从利用外资方面看，截至 2019 年，外商投资企业累计注册登记数为 57 191 家，相当于长三角的 29%，相当于广东省的 32%；外商投资企业投资总额为 10 691 亿美元，相当于长三角的 41%，相当于广东省的 55%。① 由此可见，立足全国看，与国内先进湾区对比，西渤海大湾区整体上底子薄、发展慢的开放弱势地位并没有根本改观，但也要看到，近年来西渤海大湾区增加了不少有利于培树开放竞争优势的重大机遇，比如，定位于全国开放引领先行区的雄安新区规划建设正在全面推进，北京通州城市副中心与廊坊北三县一体化发展将加快推进新一轮对外开放，北京、张家口举办冬奥会以及后奥运效应的发挥将极大地促进对外开放，京津冀三地自贸区筹划合作联盟共同推进对外开放，津冀两地承接北京非首都功能即将进入实质推进阶段，海陆空口岸群和一批海关特殊监管区陆续建设等，都为新时期大湾区加快补齐开放短板提供了有利的条件和契机，为释放开放潜力和红利奠定了坚实的基础。

（五）基于共享发展维度的分析：脱贫攻坚取得决定性胜利，民生保障及社会事业发展的普惠性有所增强，但公共服务均等化水平提升较慢

社会发展成果全民共享是高质量发展的一个重要特征。西渤海大湾区的建设发展必然要以共享发展为基本准则，构建普惠发展、全民共享的基础条件。从脱贫攻坚方面分析，西渤海大湾区已经全面实现脱贫，基本消除绝对贫困。从基本公共服务共享方面分析，2019 年，大湾区内各行政区财政一般

---

① 数据来源于《中国统计年鉴 2020》，根据相关区域数据测算而成。

公共预算支出中在教育支出、社会保障和就业支出、医疗卫生与计划生育支出、城乡社区支出等四项支出占比均超过 50%。教育卫生文化事业等蓬勃发展，普惠性进一步增强，高效便利的公共服务体系逐步形成。公共安全感处于全国较高水平，社会持续和谐稳定，主要刑事案件逐年下降，多年来，大湾区社会治安综合治理绩效和群众安全感满意率位居全国前列。然而，由于河北省财政实力较弱，人均财政收入在全国处于下游地位，与京津相比落差巨大，在大湾区内部公共服务的供给质量差异仍然十分明显，高等教育、医疗卫生、文化体育、社会保障等领域的发展，京津与河北的差距并未明显减小。与长三角、粤港澳等国内先进湾区相比，公共服务均等化的任务仍然十分繁重。

三、西渤海大湾区当前发展态势和水平的总体研判

（一）基于当前宏观发展水平的研判：大湾区总体上步入工业化中后期阶段，部分欠发达地区还处于工业化中期的初级阶段

对一个地区现代化发展水平的判断，直接影响着该地区推动高质量发展的主线和路径选择。现代化理论对一个国家（区域）发展阶段的判断，主要是根据工业化进程标准来划分，主流代表人物有钱纳里、克拉克、霍夫曼、库兹涅茨、科迪、恩格尔等经济学家，他们的理论和判断方法得到广泛认可与采纳。根据主流理论和方法研究分析一个地区的阶段特征，主要包括农业化阶段、工业化初期阶段（内含前、后两个小阶段）、工业化中期阶段（内含前、中、后三个小阶段）、工业化后期阶段（内含前、后两个小阶段）、后工业化阶段等。判断的指标包括人均 GDP（以 1970 年或 1982 年美元价格计算）、城市化率（中心城区人口城市化率）、三次产业结构、第一产业占 GDP 比重、制造业占第一、第二产业比重、霍夫曼系数（轻工业与重工业比例）、恩格尔系数、配第一克拉克定理（第一产业从业人数占全部从业人员比重）等。对于中国当前处于哪个工业化阶段，国内外学术界在研究结论方面存在着差异。一些学者认为，中国在 2015 年就已经步入工业化后期阶段的前半段时期，其主要依据为人均 GDP、城市化率和三次产业结构比，以及第二产业占比逐步下降，服务业占比已成为第一大主力等，并将河北也划入工业化后期阶

段，认为到 2020 年河北也将进入工业化后期的后半段时期，并向发达国家的后工业化阶段迈进；[①] 而笔者认为，前述观点所依据的最关键的两个指标"人均 GDP、城市化率"计算方法出现严重误差，导致研究结论严重高估了中国工业化所处阶段，并将误导经济"脱实向虚"的局面形成。笔者认为，中国总体上正处于工业化中期阶段的后段时期（工业化中后期），理由包括两点。第一，由于 2005 年后的美元大幅贬值，人民币也超发一倍以上，按现有汇率和美元币值计算的人均 GDP 数额不能作为衡量标准。如果按照等价原则，应先把钱纳里确定的工业化阶段划分标准的美元数额按照 1970 年价格折算成黄金重量，再按确定的黄金重量折算成现价美元，并重新确定以现价美元的标准划分工业化阶段。第二，钱纳里等所提出的城市化率划分阶段的标准，其城市化率指标是指中心城区的人口数额占全部人口的比率，而我国计算城市化率存在着因"县改区"等行政区划的调整而将原来县域人口计算成城区人口的现象，这也是有"水分"的。如果按照正确的人均 GDP和城市化率计量方法划分，中国当前应该正处于工业化中期的后半段，即工业化中后期阶段。

2019 年西渤海大湾区人均 GDP 约为 1.15 万美元，[②] 其中，按行政区划分，北京位居全国首位，达到 23 805 美元；天津位居全国第 7 名，达到 13 100美元；而河北省位居全国第 26 位，达到 6 719 美元。由于河北人口超过 7 500万人，土地面积占大湾区面积的 87%，因此，河北发展所处阶段将决定大湾区整体发展所处阶段。2019 年，河北第一产业占 GDP 比重 10% 左右，第二产业占 GDP 比重不足 40%，第三产业占 GDP 比重超过 50%，常住人口城市化率低于 60%，科迪指标为 58% 左右（制造业占第一、第二产业比重在 40% 至60% 之间）[③]。综合上述指标研判，河北总体上正处于工业化中期的后半段（工业化中后期），但仍有一个指标数值出现不匹配的情况：第一产业从业人数占全部从业人员比重高达 32% 左右，远高于第一产业占 GDP 比重 10% 这个标准值，而第三产业从业人员占比仅 35%，又远低于第三产业占 GDP 的比重51.3% 这个标准，如果按上述指标和标准衡量，根据克拉克定理和诺瑟姆模型，显示河北正处于工业化中期的初级阶段，且服务业吸纳就业能力严重不

---

① 参见《中国工业化进程报告 2015》，黄群慧等著，社会科学文献出版社 2016 年版。

② 美元汇率按 1∶6.5 计算。

③ 根据《中国统计年鉴 2020》中北京、天津、河北三省市相关数据计算得出。

足，产业结构远未达到成熟状态，仍需要深刻调整。之所以出现以上标准的判断结论与其他标准的判断结论不一致，究其原因，应是河北省域内部不同地区发展不平衡、产业结构偏离度较大，导致整体上产业结构和就业结构出现与发展阶段不相匹配的情况，但从大多数工业化阶段的划分方法和指标标准来研判，河北总体上还是应该处于工业化中后期阶段。对此要有清醒的认识，切不可高估河北工业化发展阶段，否则会形成过早地"去工业化"或"制造业退出"的错误方针。所以，西渤海大湾区整体应处于工业化中后期阶段，其中，北京已步入工业化后期阶段，而张家口、承德等欠发达地区仍然处于工业化中期的初级阶段。

（二）基于高质量发展的研判：充分认识到西渤海大湾区仍是一个发展中地区，尚未迈入高质量发展阶段，需更加努力、更加精准地按照高质量发展要求推进发展

综合以上分析，我们可以做出三点判断。第一，西渤海大湾区在以往高速发展阶段已经积累了一定的经济基础，但省域之间经济社会发展水平协调性十分不足，生态环境问题仍然较为严重，宜居宜业环境亟须提升，低端产业与传统经济结构仍然僵化固守，新旧经济动能转换面临严峻挑战，从目前发展水平状态看，与已迈入高质量发展阶段的长三角、粤港澳等先进大湾区相距较远。第二，推动高质量发展具有明显的追赶性、艰巨性、双重性和非均衡性。西渤海大湾区作为一个追赶型经济体的角色没有改变，必须继续致力于做大"蛋糕"；当前需要在较低的、极不平衡的发展水平上推动经济转型，任务更加艰巨；现阶段既要增长又要转型、既要讲数量又要求质量，双重任务叠加；必须更加关注重点产业和重点区域，通过非均衡的手段推动协同发展。第三，在现实的条件和中央要求下，西渤海大湾区推进高质量发展必须找准切入点、契合点和平衡点。今后一个时期，必须在经济增长与生态建设之间、传统增长动力与新动能之间、改革创新与安全稳定之间找到理想的切入点、契合点和平衡点，努力推动整体发展由中低速增长阶段转向高质量发展阶段。

第三节　西渤海大湾区发展的顶层设计

研究探讨西渤海大湾区中长期发展的指导方针、战略思想、战略定位和战略路径，必须在深入分析西渤海大湾区的历史使命、现实基础、问题挑战的基础上，充分考虑独特的区域资源优势，抓好国家构建两个循环新发展格局的历史性机遇，积极探索新时代我国对外开放战略的新路径和新模式，聚焦打造全球示范标杆湾区经济的总体目标，构建起面向未来的发展战略框架。

一、战略理念与战略目标

（一）战略理念

面向未来的西渤海大湾区建设发展的战略理念应体现出两条：一是体现"创新、协调、绿色、开放、共享"的新发展理念。二是体现"融入、取舍、灵动"的战略实施理念。

1. 体现"创新、协调、绿色、开放、共享"的新发展理念

"创新"是指体现全面创新。一是从经济形态上形成创新经济。要形成要素围绕创新资源进行配置、创新渗透到经济社会发展各个方面、创新发挥驱动经济增长核心作用的经济形态，要表现出前沿科技、新兴产业、新兴业态、新兴模式的全面引领，形成可持续发展的新格局，形成内生的创新动力与活力。二是从湾区发展上要形成创新文化，要以勇于创新、擅长创新、惯性创新为目标，推动形成鼓励创新、激励创新的社会文化氛围，打造出完善的创新生态体系。"协调"不仅指体现在城乡之间、区域之间、产业之间、人与自然之间的和谐共生与协同共进，而且还包括城市群、港口群、口岸群、港腹之间、开发区之间的资源要素配置的一体化、合作化和协同化。"绿色"是指践行生态文明理念，积极推动生态建设与循环发展、低碳发展和可持续发展相融合，推动碳达峰、碳中和目标下构建基本生态网络和体系。"开放"不仅是指开放型经济和开放包容的体制机制，更为重要的是，要能够体现占据全球经济和科技网络节点、集聚整合高端要素资源、参与重大国际经贸规则协商的能力，以及拥

有较多高度开放与生活便利自由的城市。"共享"是指"以人为本"的未来发展，注重提高"人"的感受度和幸福感，从湾区发展的视角看，一是能更好地汇集高端人才、释放人才潜力、发挥人才潜能；二是能拥有国际一流水准的公共服务和社会事业，有序、高效并符合中国特色的社会治理体系，充满活力、享有尊严、高水平生活保障的民生环境。

2. 体现"融入、取舍、灵动"的战略实施理念

"融入"是指融入时代和国家战略。一是融入新时代，顺应全球化新趋势和数字革命、新工业革命的大潮流，把握好机遇，从容应对挑战。二是融入国家战略，与中国崛起、第二个百年目标有效衔接，在支撑国家战略中谋求更高能级的定位，提升湾区在世界发展格局中的功能与地位。"取舍"是指在地区发展、城市发展和产业发展过程中，要敢于舍得惯性发展路径，要勇于舍去不符合新发展理念的发展目标，要懂得将优势做成强势，善于功能互补、合作共赢，不追求大而全。"灵动"是指发展韧性、弹性，以及灵活调整动态纠错的能力。一是在城市开发、产业发展、资源利用、社会治理等方面要保持一定的弹性、韧性和灵活性，要注重留白、留空、留余地。二是在体制机制构建、城市管理、社会管理、风险防范等方面要形成完善、灵活、高效、便捷的动态响应机制和处理系统，从容应对未来发展遇到的重大挑战。

（二）战略目标

西渤海大湾区建设发展的战略目标可以划分为三个阶段，确立"三步走"的战略目标。

1. 第一步：成长跟随阶段（2022~2030 年）

树立全球视野，对标纽约、旧金山、东京等国际先进湾区和长三角、粤港澳大湾区，立足于增强全球影响力、全球化网络节点功能、全球资源配置功能和服务功能，体现承载国家战略、践行历史使命、融入全球进程、参与全球竞争，集聚高端资源，发挥高端功能，缩小我国南北地区发展落差，在全球湾区层面占据一定功能地位，在新全球化中体现全球资源配置能力，在全国层面代表中国北方参与国际高端竞争。

2. 第二步：并行赶超阶段（2031~2040 年）

大湾区人均收入达到世界发达国家水平，成为中国参与全球竞争的重要载

体，建成与中国实力和国际地位相匹配的世界级先进湾区，形成在部分经济科技领域具有全球定价权和话语权的贸易中心和科技创新中心，发展成为全球信息网络资源配置和智慧城市的亚太前沿阵地，成为带动和辐射中国东北、华北地区的巨大经济引擎，在东北亚携手长三角、粤港澳大湾区超越日本东京湾、韩国首尔湾的发展水平，跻身世界最强湾区之列。

3. 第三步：创新引领阶段（2041~2050 年）

大湾区成为全球创新网络的重要中枢和国际重大科学发展、原创技术和高新科技产业的重要策源地，未来城市群发展最新理念、最新形态、最新发展模式的践行者，成为全球富有文化魅力、和谐多元、彰显民生幸福感的标杆性世界级湾区，成为中国引领世界经济科技文化发展潮流的样板湾区。

二、战略定位与战略路径

（一）战略定位

未来 30 年，西渤海大湾区建设与发展将跨越新中国成立一百周年的时点，站在全球大国博弈和实现中华民族伟大复兴中国梦的视野看，其战略定位应为"全球经济发展和科技创新的强引擎""世界技术革命、产业变革和发展模式创新的先行区""深具魅力、开放包容、社会良治、生态文明的世界级卓越城市群""具有中华文化特质的共同富裕样板区"。

1. 全球经济发展和科技创新的强引擎

伴随着中国在未来 30 年由世界经济科技大国向世界经济科技强国转变，西渤海大湾区在全球范围内对世界经济活动的影响和科技要素的集聚都将发挥举足轻重的作用，并将促使原来的东亚经济分工和科技枢纽功能发生巨大转变，必将逐步形成国际经济、贸易、金融、航运中心区和全球重要的前沿科技创新中心，对推动东亚经济乃至全球经济的发展发挥重要的带动和促进功能。

2. 世界技术革命、产业变革和发展模式创新的先行区

第三次技术革命仍将持续推进发展，新一轮技术革命也将在未来 30 年迎来爆发窗口期，西渤海大湾区作为世界科技的后发追赶者将迎来"弯道超车""换道超车"的广阔空间。新的技术革命将催生新的产业变革和发展模式的创新，未来 30 年，西渤海大湾区将依托北京、天津、雄安新区的科研、人才、

开放和制度优势，在建设国际科创枢纽、国际经济科技合作平台群、国际经济科技交往等方面深入推进，必将成为我国破解"卡脖子"技术难题并引领新科技革命、新产业发展和新模式构建的先行者，必将成为全球顶尖科技创造的动力源头。

3. 深具魅力、开放包容、社会良治、生态文明的世界级卓越城市群

未来30年，西渤海大湾区将通过制度创新、模式创新实现城市群的社会良治、宜居宜业、开放包容，立足城市发展积淀和特殊地域文化基因，顺应未来城市发展潮流和理念，创造出高效且充满活力、繁荣且生态宜人、和谐且深具文化特色的人文社会环境、居住空间环境和自然生态环境，形成富有独特魅力、和谐多元、彰显市民幸福感的标杆性世界级城市群。

4. 具有中华文明特质的共同富裕样板区

中国的现代化是富强、民主、文明、和谐、美丽的全面现代化，是坚持以人民为中心、走共同富裕道路的现代化。未来30年，西渤海大湾区的发展要把中华文明崛起和实现共同富裕摆在更为突出的位置，注重通过改革创新，探索为世界其他地方促进共同富裕、接入融通中华文明探索路径、积累经验、提供示范，并且为推进中国特色的福利国家体系贡献力量。

（二）战略路径

西渤海大湾区未来发展的战略路径要坚持以习近平新时代中国特色社会主义思想为统领，全面落实习近平总书记对京津冀协同发展及三省市工作提出的一系列重要指示要求，牢固树立和落实新发展理念，以全球视野和战略思维，紧扣新时期经济社会发展主要矛盾的变化，把握世界经济和国际湾区发展新趋势，按照高质量发展的要求，进一步促进创新竞进、协同融合、改革开放、转型升级、提质增效、改善民生、优化环境，努力打造世界级湾区的新典范。

1. 在积极融入两个循环新发展格局中构建世界级湾区科创新高地和经济发展强引擎

深度融入以国内大循环为主体、国际国内双循环相互促进的新发展格局是新时代中国湾区高质量发展必须遵循的发展主线。这就需要立足京津冀三地发展实际、围绕主要矛盾和问题找准最关键的"城墙口"发起"总攻"。西渤海大湾区经济和科技发展存在的主要矛盾主要表现为以下四个方面。

第一，从产业产品看。一是大湾区整体产业层次仍偏中低端，价值链掌控能力较弱。对标国内外先进湾区，仍然缺乏具有高增长性、高附加值和具有国际影响力的产业群体，仍然在较大程度上存在对重化工业、房地产业和低附加值劳动密集产业的依赖，制造业主要依赖钢铁、化工、汽车、金属制品、建材等领域。产业融合方面，高端的生产性、生活性服务业发展滞后，制造和服务之间缺乏良性互动。二是产品结构层次仍然处于中低端，产品质量总体水平不高的局面仍未破局。属于低档次、低水平、低价格竞争状况的产品多，高科技含量、高附加值、高市场占有率的名优拳头产品少。三是产业发展强度不高，产业用地模式创新滞后，土地集约利用效率有待提升。地均产出效率、园区亩产效益与先进湾区差距明显。四是当前产业的空间规划与产业承载需求存在较大差距，产城融合度不高。五是京津冀三地之间的产业联结度不高，区域间产业梯度配套体系尚未建立。

第二，从实体经济看。一是实体经济整体发展质量不高，在国内外不利因素双重挑战下，经济效益加速下滑，特别是一些中小企业都遭遇资金流通不畅、订单荒、劳动力和原材料成本上升等发展困境。二是高科技制造业实体经济仍然数量少、规模小，在创新能力、品牌、商业模式、国际化程度等方面存在明显的短板和不足，从资产收益率、企业利润和人均利润等指标看，与先进湾区存在明显差距。三是实体企业素质结构还不适应需求结构的变化，缺少一批具有国际视野和拼搏精神的企业家。

第三，从科技创新看。一是产业创新引领功能弱，核心技术自主率偏低。过分偏重渐进性、改良式创新，产业技术的供给主要依赖外部引进、消化或授权的科技成果转化。二是缺少"引擎性"的研发载体，北京与津冀之间的科技创新合作载体基本上停留在初级阶段，值得期待的雄安新区科技创新载体建设和尖端创新能力还未到发力期。三是大湾区内本土中小企业过于孱弱，对科技成果消化能力不足，难以承担创新主体责任，本土大型国有企业对创新活动投入缺乏动力。四是行政力量对创新市场干预依然较多，公平竞争的市场化创新环境还不完善，创新面临较高的门槛。五是科技创新资源碎片化问题并未根本改善，高等院校和科研机构的科技成果供给与产业、企业需求匹配度不高，"两张皮"现象仍然严重。

第四，从投资消费看。一是投资规模扩张带动效能衰减幅度远高于全国平均水平，投资活动中效率最高、效益最好的民间投资企稳回升较慢，尤其是近年来河北省的民间投资大多保持负增长。二是投资结构转换缓慢，企业创新投入、技术改造投入、先进设备投入、人力资本投资等没有跟上高质量发展的需求。三是消费结构中"刚需消费"占比仍然较大，"消费新秀"产品和代表未来潮流的消费供给跟不上，导致"消费外逃"。以上主要矛盾和问题就是未来大湾区经济发展与科创能力提升的发力点，要始终坚持以供给侧结构改革为主线，应聚焦"产业产品、实体经济、科技创新、投资消费"四个主攻方向，推进质量、效益和动力三大变革，助推湾区经济和科技高质量发展跨上新台阶。

2. 坚持以绿色发展为导向提升生态品质，在破解资源环境瓶颈制约中打造生态文明新高地

西渤海大湾区是全国能源消耗大省和资源环境约束最为严重的地区之一，经济发展和生态建设之间矛盾较为突出，迫切需要探索"绿水青山"和"金山银山"的转化通道，走以生态优先、绿色发展为导向的高质量发展之路。客观分析西渤海大湾区推动绿色发展存在的主要矛盾和问题，主要有以下几个。第一，从污染治理看，大气、水、土壤等生态品质偏差，环境保护仍需加强；垃圾回收利用不足，循环经济发展滞后；绿色发展主要靠政府投入行政力量推进，治理体系并不完善；由于部门分割，产业发展规划与资源环境承载能力及环境容量存在脱节，评价、规划、建设与管理各环节存在脱节；企业缺乏绿色发展转型动力，非政府组织规模有限、影响力不足，公众参与绿色发展管理治理的渠道有限，积极性不高。第二，从能源结构看，基于煤炭消费的发电、供热、供暖等占能源消耗的绝对比重，新能源消耗占比微不足道。第三，从绿色科技看，节能环保、新能源及新材料等绿色技术都属于高新技术，研发成本较高，投入研发力度极其不足，符合国情的成本低、效果好的绿色技术供应严重不足。第四，从市场机制看，与国内外典型地区相比，运用市场机制、社会机制来推动绿色发展非常欠缺，对于国外普遍采用的排污权交易、环境基金、绿色价格机制、绿色信贷、政府绿色采购等经济手段，还未有效推进实施。第五，从平台载体看，国家虽赋予京津冀地区一些大尺度地理范围的"生态建设与保护""资源再利用"等类型区域载体，但还缺乏小尺度有改革创新权利的区域平台来承担先行先试任务，也缺乏通过市场机制促进绿色发展、生态产品价值实现机制等新平台的试验。第六，从城市发展看，目前城市生态发展模式侧重于环境治理和生态保护建设，而在绿色生态空间、生态民生、生态文化、

生态社会等方面的建设还明显不足。未来 30 年，西渤海大湾区应在分析国内外先进湾区成功实现绿色生态发展的经验基础上，围绕生态环境现实基础、经济社会发展需求和绿色转型发展存在的主要矛盾与问题，坚持以绿色发展为导向推进高质量生态文明发展，注重在污染治理、绿色科技、市场机制、平台载体和绿色城市建设等几个主攻方向上持续发力，打造生态宜人、美丽动人、宜居引人的标志性世界级大湾区。

3. 在承接非首都功能疏解中推动大湾区区域、城乡高质量协调发展，打造全国新型城镇化与城乡融合示范湾区

改革开放至今，大湾区城乡不平衡和区域不协调的矛盾逐渐积累，近年来虽然有些缓解，但仍较为突出，总体判断，大湾区还处于"库兹涅茨曲线"理论中拐点的左侧。因此，坚持以协调发展理念加快推动区域和城乡实现高质量协调发展，是解决发展水平不均衡不充分主要矛盾的必然要求。多年来形成的区域和城乡不协调的主要矛盾和短板主要集中在以下几个方面。第一，由于京津在地理空间上分割河北省，行政阻隔和虹吸效应导致一定程度的要素流动的空间阻隔，客观上对城市群合理布局和区域统筹发展带来一些困难。第二，城市群发育中城镇层级构成有明显缺陷，京津两个巨大城市与河北最大城市石家庄之间不论是城市规模、品质还是能级上落差巨大，河北全省缺乏更高能级的大城市来支撑和带动。第三，城乡收入结构和基本公共服务资源配置上有待进一步优化，城乡之间公共服务设施与资源布局的结构性不均衡现象仍比较突出。第四，由于河北是全国唯一一个地貌特点最齐全的省份，地理环境、地域文化上的巨大差异促使区域之间发展不协调成为常态，但与众不同的是，不同类型地貌特点的地区几乎都有欠发达地区。第五，历史上河北省县级行政单元众多，18.8 万平方公里的国土空间上曾达 176 个之多，虽然近十年县改市辖区的不少，但仍有 130 多个县（市）存在"吃饭财政""要饭财政"现象，财力拮据和极端分散客观上对城乡公共事业与公共基础设施投入造成实际困难，优质多元化的公共服务供给严重不足。未来 30 年，推进西渤海大湾区城乡、区域协调发展，要立足现实基础和协调发展需求，紧紧抓住疏解北京非首都功能"牛鼻子"的历史机遇，以高质量建设全国新型城镇化与城乡融合示范区为目标，聚焦空间治理、城镇能级、要素配置、乡村振兴等几个主攻方向，借力承接功能补齐城镇发展短板，依托高质量的新型城镇化带动高水平的区域、城乡协调发展。

4. 坚持以改革开放为引擎优化营商环境，在融入国内国际双循环相互促进的新格局中塑造开放竞争新优势

改革和开放是高质量发展的动力之源，也是大湾区推进高质量发展的活力所在。随着国际国内形势的深刻变化，立足新的历史方位，大湾区在国内国际双循环相互促进的新发展格局中究竟扮演什么角色，取决于改革开放的层次、水平和深度。剖析四十多年来京津冀地区推进改革开放进程中积累的主要矛盾和问题，可以概括为以下几点。第一，对外开放在经济发展全局中长期处于短板地位。北京由于是首都，所以天然具备对外交往和开放功能，但是天津和河北的开放程度仍然不足，尤其是河北省，被认为拥有"沿海地理区位、中部发展水平、西部思想观念"。第二，利用外资的规模不大与质量效益不高并存，外部创新要素和功能实体集聚还没有形成规模效应，体现为在投资贸易便利化改革、营商环境优化方面与先进湾区存在较大差距。第三，区域合作与对内开放新局面还没有完全打开，适应新时期要求的京津冀协同务实合作还有待进一步强化。第四，改革开放平台载体建设相对于先进湾区时序滞后、发展较慢，口岸经济布局不完善。第五，统一开放、竞争有序的市场化改革突破力度较小，各类市场主体的活力不足，土地、资金、人力、人才等关键要素配置机制改革和法治化政府构建等仍有待深化。第六，解放思想、开拓创新仍是新时代党政干部的必修课，新形势下干事创业中思想僵化、畏难畏新、推混躲逃等行为仍时有发生，以新思维改革政府治理体系还有待"破冰"。未来30年，西渤海大湾区要形成开放包容的世界级城市群，必须认清改革开放面临的新形势和主要矛盾，应主要以构建高水平改革开放平台、高层次的外向型经济、高吸引力的营商环境等为主攻方向，系统性打造改革开放的竞争优势。

5. 在共享高质量发展成果中不断增进人民获得感幸福感，以增进民生福祉为依托打造共同富裕新样板

实现高质量发展的根本目的在于让人民群众过上高质量的生活。人民生活高质量是高质量发展的逻辑起点，也是检验高质量发展的试金石，其核心要义在于切实解决群众最关心、最直接、最现实的利益问题，让人民群众的生活更宽裕、更便利、更舒适、更安心、更有尊严，进而实现人的全面发展。剖析西渤海大湾区迈向共同富裕新征程面临的主要矛盾和问题主要可概括为以下几点。第一，京津冀三地经济实力、人民生活水平落差大，京津冀三地当前经济社会发展均进入转型期，经济增长呈现中低水平徘徊，进而影响到居民收入增

长水平，河北与京津的发展落差还在进一步加大，而财政能力的不足也影响了社会弱势群体受益的程度。第二，劳动报酬在 GDP 中占比仍然偏低，2019 年河北省劳动报酬占 GDP 的比重在全国排第 23 位，经济增长并未能完全实现"藏富于民"。第三，公共服务供给不均衡、不充分问题比较突出，教育、医疗、养老、文化等公共服务领域还存在着较为明显的城乡差别、区域差别以及"新二元结构"问题，城市居民之间生活质量存在较大的群体差距。第四，社会事业的发展需要改革创新，尤其是素质教育问题和"看病难、看病贵"问题，社会不公现象时有发生，这些问题到目前为止还没有得到根本性的解决。第五，随着我国进入百年未有之大变局，不确定的风险大大增加，利益格局进入深度调整中，现有的社会治理能力和水平仍然不太适应新形势的需要。未来30 年，西渤海大湾区要围绕社会发展和民生幸福领域面临的主要矛盾和问题，主要以就业优先、社会事业、社会保障、社会治理等为主攻方向，努力走向共同富裕。

6. 坚持以"雄安质量"为引领加快示范带动，在打造高质量发展全国样板中构筑大湾区体制机制新优势

创造"雄安质量"，建设新时代高质量发展全国样板是中央赋予河北雄安新区的国家使命。贯彻落实《河北雄安新区总体规划》及"1＋N"政策，河北省相继出台了《关于创造"雄安质量"的意见》和《关于雄安新区建设新发展理念创新发展示范区的意见》，开启了雄安高质量建设发展的新阶段。立足大湾区看"雄安质量"如何发挥应有的辐射带动效能，应充分发挥雄安新区未来在产业、科技、制度、政策等方面优势，聚焦区域协同、产业联动、科技成果转移转化、改革成果复制推广等方面谋划重点任务和关键举措，释放雄安改革成果的倍增效应，促进体制机制改革与制度政策创新在西渤海大湾区全域"开花结果"，充分发挥雄安新区对周边地区的辐射带动作用，鼓励周边地区积极融入和对接雄安的产业链、创新链、价值链、政策链、制度链。第一，加强雄安新区改革举措和政策集成创新，创建和完善"雄安质量"指标体系、政策体系、标准体系、统计体系、绩效评价及政绩考核体系。深入贯彻实施"1＋N"政策体系，加快土地、住房、投融资、财税、金融、人才、户籍、医疗、社保等方面的体制机制改革创新和先行先试，形成一批示范全国、可复制可推广的改革创新成果。第二，积极部署新时期两个循环发展体制机制新探索。遵循"以国内大循环为主体、国内国际双循环相互促进"的战略部署，

积极融入"一带一路"建设，对标国际高水平经贸规则，解放思想、大胆创新，聚焦贸易投资自由化便利化，探索试验与新时期两个循环相适应的政策制度体系和对外开放新机制，建设一批具有国际竞争力和影响力的开放新载体，营造引领示范全国、体现新时代方向的开放环境，在更高层次当好全国对外开放重要门户。第三，稳妥、有序地复制推广雄安改革成果。分类研究和梳理雄安最新体制机制改革成果，尤其是在保障国家高科技供应链安全、高质量科技经济融合体系创新改革、世界一流品质框架下的公共服务承接供给体系改革创新、"急备并举、制治融通"要求下的治理体系的改革创新等重点领域大胆复制，选择恰当地区开展先行试点，积极稳妥推广改革创新成果。

第三章

西渤海大湾区空间开发体系调整
与世界级城市群演进路径

　　西渤海大湾区地理范围内，特大型城市、大城市、中小城市众多，传统意义上的首都圈和以大城市为核心的城市圈层也形成了一定的规模。然而，当前京津冀协同发展国家战略的强力实施，作为疏解北京非首都功能集中承载地的雄安新区的横空出世，以及未来依托重点中小城市和功能区发育形成的"微中心"加快建设发展，不仅对西渤海大湾区内部的都市圈发育和拓展方向产生影响，而且将对大湾区的城市能级、城市品位、城市功能分工调整等产生重要影响。

第一节　西渤海大湾区世界级
城市群空间格局演进①

　　以往对京津冀地区城市空间结构和都市圈发育方面的学术研究较多，但是将雄安新区的规划建设放在西渤海大湾区整体发展格局中的探讨并不多，本节将深入研究雄安新区未来发展建成副省级以上城市的背景下，西渤海大湾区内

---

① 本部分内容和观点参见或引自：陈璐. 雄安新区设立背景下河北加快推进与京津协同发展的新战略与新思路，京津冀协同发展报告2018［M］. 北京：社会科学文献出版社，2018：1–15.

38

部都市圈层的调整变化及其演进形成世界级城市群的趋势特征。

一、西渤海大湾区空间结构"新三板"格局

从世界级城市群发展演进的规律看，建成区面积超过 5 万平方公里的世界级城市群内部均是多板块（城市圈）的，并不是单一板块。比如，美国大西洋沿岸城市群面积约为 13.8 万平方公里，城市群建成区面积超过 8.4 万平方公里，其中可分为华盛顿城市圈、费城城市圈、纽约城市圈（大湾区）和波士顿城市圈等四个核心板块；我国国土面积为 21 万平方公里的长三角城市群发育出 6.5 万平方公里的建成区面积，其中也划分为上海—苏锡常城市圈、南京城市圈、杭州—宁波城市圈等三大核心板块。而西渤海大湾区城市群的国土面积 21.7 万平方公里，可发育空间为 12.5 万平方公里，但目前只发育出城市建成区面积 2.5 万平方公里，可以说，京津冀城市群还远没有达到世界级城市群的规模和水平。但是，按照发展规律看，未来大湾区世界级城市群建成区面积肯定要超过 5 万平方公里，理应不会是单一城市圈板块，必然会形成多个城市圈板块的格局。而雄安新区的规划建设，就将起到促使未来大湾区世界级城市群形成"新的三个板块"的合理格局。一是雄安新区规划建设标志着大湾区世界级城市群的最大内核板块"京津雄"城市圈的确立，北京城市副中心搬往北京通州区，将带动通州区周边的河北廊坊市的北三县（三河、香河、大厂）与通州区一体化联动发展，未来北三县将形成通州区向外辐射拓展的核心腹地。北京市、天津市和雄安新区将连为一体成为我国北方经济、科技、金融、开放的核心地区，这将是京津冀世界级城市群的核心引擎。二是雄安新区的规划建设对唐山市发挥河北省沿海产业引擎作用形成了重大利好，同时对原石家庄城市圈的辐射范围和发展指向产生较大影响，将不可避免地促使"石家庄城市圈"和"唐山城市圈"两大板块的崛起。三是保定市受"京津雄"核心圈和石家庄城市圈的共同影响，被两大板块分割，平原地区的县城将逐步与两大板块连为一体，形成都市连绵带，然而保定市区虽然近几年拉开城市框架，但未来受雄安新区 350 万人口规模的挤压，城市首位度和人口规模均将受到限制。但是，保定可借助与雄安新区毗邻的优势，推动形成环雄安科创产业高地，保定城区也极有可能通过打造雄安科技研发成果转化大本营，吸引创新人才要素的集聚，建设成为雄安的科技创新外溢的桥头堡。四是衡水市将享受

"京雄衡商"高铁大动脉打通后带来的区位交通红利，转变为与北京、雄安通勤距离最佳的落脚点，未来将能够有效集聚北京疏解出的非首都功能和雄安外溢科创要素，逐步形成较大规模的集聚效应，从而建设成为西渤海大湾区中南部腹地的重要节点城市。

二、"新三板"城市圈战略定位新变化

综上所述，未来西渤海大湾区将会形成"京津雄"城市圈板块、石家庄城市圈板块和唐山城市圈板块三个板块。三个板块的发展必须以世界级大湾区崛起为视角，统筹考虑新发展格局下城市圈发展演进的特点，结合当地发展基础和区情，主动承担应肩负的历史使命，科学规划未来30年发展的战略定位。

"京津雄"城市圈板块：将主要包含北京、天津、雄安新区、廊坊、保定中部和北部、沧州、张家口大部分地区、承德部分地区等。未来该板块将坚持全球视野、国际标准，推动北京、天津和雄安新区各自的优势发挥和功能互补，打造科教领先、人才富集、环境优美、创新典范、城市记忆与现代产业交融、地域特色与时代风尚结合的大都市圈。其战略定位应为：中国世界级大湾区科创经济核心引擎；中国金融创新和制度创新策源中心；中国北方世界级城市群"金三角"共同富裕示范区；我国尖端科技产业供应链安全保障基地；全国总部经济集聚区；全国生态文明建设样板区。

石家庄城市圈板块：主要包括石家庄市、保定南部、衡水、邢台和邯郸市，发展指向将以冀中南为主，向东、向南延伸，向北发展将受到雄安新区辐射的抑制。未来该板块将加快建设以石家庄为核心的现代化都市圈，加强都市圈内人口流动、交通连接、产业协作、生态共治、制度联动创新，打造大湾区发展的重要增长极。其战略定位应为：西渤海大湾区港腹一体化联动发展示范区；中国北方城乡统筹发展与新时代乡村振兴示范区；新时代开放经济与贸易创新示范区；中国北方迈向共同富裕新征程的综合改革试验区；全国生态文明建设重要实践区。

唐山城市圈板块：主要包含唐山、秦皇岛及承德中南部地区，由于雄安新区的规划建设，雄安新区周边地区基本上不能存在大规模的重化工业，离雄安较近的北京燕山石化基地因水源、油源等供给问题和生态环境影响因素，未来将极有可能搬迁至唐山曹妃甸，这将极大利好唐山城市圈板块的崛起。未来该

板块将适应全国发展新阶段的规律特征，创新资源配置方式、要素集聚方式和推动经济发展的方式，在全国范围内树立新时期以传统重化工业城市为核心、推动自身转变发展方式的同时带动周边地区调整经济结构的新范式，引领大湾区东部地区转型发展，在新业态发展、新动能培育、城市改造更新等方面发挥示范效应。其战略定位应为：世界级大湾区海洋经济发展新典范；我国新一代重化工业基地和原材料安全保障基地；中国北方先进制造业新兴增长极；大湾区滨海都市连绵带；新型工业化与生态文明建设统筹发展示范区。

三、西渤海大湾区空间开发演进中新平台载体的塑造

中共中央国务院 2015 年发布了《京津冀协同发展规划纲要》，2017 年，京津冀三省市又出台了《关于加强京津冀产业转移承接重点平台建设的意见》，明确指明了协同发展的"2＋4＋N"的承载平台体系。其中"2"就是指集中承载地即雄安新区和北京通州城市副中心，"4"是指 4 大战略功能承载区，即天津滨海新区、曹妃甸区、新机场临空经济区和张承生态功能区，"N"是指 N 个产业园区和功能疏解微中心。这些既定的承载平台载体实质上就是西渤海大湾区建设发展的支撑平台载体，然而，笔者认为，除了以上承载平台体系以外，由于雄安新区的开发建设和北京、张家口承办冬奥会，在其特殊的功能定位及即将出台的各类规划的影响下，西渤海大湾区还应考虑建设"7R＋2C＋1G"新的承载平台与载体，即海河七水轴线带、环白洋淀特色小镇带和集聚国际创新要素的软平台群。

海河七水轴线带（7 River Belt）。在承办冬奥和雄安新区绿色、生态、低碳、宜居发展理念的倒逼下，在白洋淀生态环境全面治理及亲水景观开发布局的契机中，在山西省积极融入京津冀协同发展和一系列保障雄安新区用水的补水工程实施的背景下，河北应抢抓这几个历史性机遇，将境内海河流域的主要河流水系中的永定河水系（桑干河、洋河）、大清河水系（唐河、拒马河）、子牙河水系（滹沱河、滏阳河）和途径沧州、衡水的大运河打捆规划建设"七水轴线带"。将七条河流沿线区域作为生态轴、文化轴、经济轴和社会轴来打造，谋划和推动"七水共治"生态环境建设行动，并与沿岸的产业集群培育、水生态治理与保护、水环境景观塑造、美丽乡村建设等统筹规划，全力整治主要河流水环境和两岸经济社会发展环境，不仅要彻底改变原有的"污、

乱、臭"的环境面貌，而且还要将七条河流轴线打造成为招引集聚项目、人才和创新要素的高端产业发展轴、对外开放窗口轴、人文社会和谐轴、文化旅游景观轴。

两个圈层的环白洋淀特色小镇带（2 Circle）。雄安新区规划建设中白洋淀的水域恢复、生态建设与开发利用是决定新区成败的关键因素。这不仅是关系到白洋淀湿地保护、生态环境优化的问题，也关系到白洋淀及周边区域的农村发展与村民致富问题。雄安新区建设的一个基本原则就是，绝不以消灭农村和农民为代价换取一座现代化新城。如何处理好农村与农民问题，是雄安新区建设的最大难点，也是决定雄安新区是否能够成为城乡统筹示范和实现"四个自信"的关键所在。所以，在《白洋淀生态环境治理与保护规划》批准实施后，河北需要考虑如何围绕雄安新区核心区和白洋淀，因地制宜地谋划和催生符合雄安新区定位、充满活力和魅力的特色小镇带（圈）。笔者认为，环白洋淀特色小镇带（圈）应根据不同区位特征谋划出几个圈层。一是雄安新区白洋淀内圈层。这一圈层谋划和规划发展的特色小镇主要特征应是以"静态"为表征，"安静、安逸"为主要特征，其产业属性表现为不集聚大量外来临时性人口的特色高端高新产业或文化创意产业，比如，虚拟经济类特色小镇、金融或高技术研发类小镇。二是雄安新区白洋淀外围圈层。这一圈层地处雄安新区边界区及其毗邻区（沧州、保定、廊坊等与雄安接壤区），谋划和规划发展的特色小镇应以历史经典类小镇、文化休闲旅游类小镇、制造业或商贸市场类小镇为主。其以"动态"为表征，以吸引和集聚外来人口创业和消费为主要目的。不同圈层的特色小镇呈现出"越靠近核心，创新要素越集聚，产业越高端，越控制人口量；越靠近边界，生产要素越集聚，产业越倾向制造业和中低端服务业，越吸引人口进驻"的"内静外动""内高外低""内紧外松"的特点，从根本上杜绝出现环雄安贫困带和环雄安污染带。

国际国内创新要素集聚的软平台群（1 Group）。雄安新区规划建设中一个重点任务就是高端高新产业发展，其中促进投资贸易便利化、打造国际要素集聚区是关键要义。因此，借力雄安新区的"金字招牌"，可以打造覆盖全国、面向国际的创新要素集聚平台群体。一是打造国际金融要素集聚区，建立起"国际贸易金融数据结算服务中心"。二是打造国际猎头公司集聚区，建立起"国际高端人才要素信息数据交流平台"。三是打造国际电子商务产业要素集聚区，建立起"国际电商大数据交易平台与运营分析中心"。四是抢抓未来全国政务电子信息化和全覆盖联网的契机，建立起"国家电子政务大数据平台"，发挥灾备、电子数据运营管理交换中心的作用。五是建立雄安证券交易所，承担"战略性新兴产业板块"和未来新板块的公司上市业务。六是建立全国知识产权（技术股权）交易所，建立全国最高知识产权法院。七是依托雄安新区承载国家各类金融总部的搬迁，并促成新建立的民营银行或互联网银行总部落户，探索在雄安新区建立"中国科技银行"或"中国科技型中小企业发展银行"总部。

四、新时代西渤海大湾区城市品质更新与活力挖掘

雄安新区的规划建设将体现国际最新城市建设理念、国家最高城市建设标准和最先进的科技应用水平。从大湾区城市发展的演进趋势看，除了北京和天津两市将瞄准世界典范城市目标持续用力发展以外，由于雄安新区强力带动效应和承办冬奥的倒逼压力，河北省大中小各类城市都将进入全面提升城市品质的阶段。"以人为本、集约高效、绿色低碳、传承文脉"等发展理念将深入城市发展的主线，整治城市各类污染、增强城市发展能级、重塑城市发展活力、打造城市崭新名片，将成为西渤海大湾区尤其是河北省的城市新一轮发展的重点和亮点。具体来说，应主要在以下五个方面推进城市功能再造，提升城市品质。

一是再造体现"四新经济"新动能集聚的载体功能。加快谋划一批以新技术、新产业、新业态、新模式为代表的"四新经济"发展载体，集聚功能性机构，示范引领整个城市发展方向，打造最具活力、最有实力、最具竞争力的经济功能区块（街区、园区、小镇）。

二是再造体现人文关怀和城市魅力与活力的公共活动功能。借助雄安新区建设魅力新城的契机，加快改造和提升河北省各个设区市和重点县城的公共活动功能，建设一批示范性的优质公共服务活动中心或开放空间，使其成为市民亲近自然、享受生活的好去处，增强城市的公共服务设施质量，提高公共开放功能的品质。公共空间建设要以不拘泥于当地传统历史文化，最好将地域传统文化与现代文化创新相融合，设计创意一批广场、公园和慢行空间，按照不同主题的特点，开发不同档次、不同层次、不同尺度、不同类型的公共开放空间，并配套商务休闲及文艺娱乐的服务功能，形成格局完善、规划统筹、兼具

区位特色的公共交流空间。

三是再造体现区域竞争力的文旅休闲功能。重新规划目前各城区内文化旅游休闲的功能区，尤其是张家口、邯郸、保定、承德、秦皇岛等文化旅游的重点城市，要有打造世界级旅游精品区块的气魄，充分利用滨水滨海和傍山傍湖的自然地理优势，将历史建筑、工业遗存、民俗文化、文艺表演、主题节庆与自然景观强力融合和资源整合，聘请世界顶级文旅设计单位，对标世界一流城区旅游区域，打造世界级文化旅游休闲精品功能区。

四是再造体现推动城市空间创新的文化创意功能。大力推动城市文化创意产业发展，依托传统产业的遗址遗存改造与再利用，将艺术、工业设计、时尚等领域的文化创意做活做实，每个城市均应打造几个中外流行文化、时尚文化的交流场所，不定期常态化举办各种多功能秀场、时尚品牌发布等大型文化活动，展现高端大气的品位。注重历史文化与时尚文化的衔接与融合，整体策划整个城市的公共环境设计，注入传统文化与时尚文化的艺术内涵，提升城市标识、地标性设施、街道、公共空间等的艺术设计，形成具有人文关怀、令人舒适、难以忘怀的城市品位。

五是再造体现历史文脉和城市形象的生态景观功能。以历史文化建筑、新型创意文化空间、城市水环境系统为依托，以增强城市可读性和特色魅力为目标，大力构建体现地域历史文化和富有时代精神的城市生态空间景观体系，规划建设风格不同、品位各异、能够展现延伸历史脉络、符合功能定位和"绿色、低碳、智能"理念的建筑群、标志物及城市名片，使其成为营销和展示城市形象的独特靓丽的窗口与门户。

第二节　雄安新区打造新时代大湾区社会主义现代化典范城市

2017 年 4 月 1 日，中共中央、国务院宣布设立河北雄安新区。雄安新区的设立，开始兑现国家出台的《京津冀协同发展规划纲要》中规划的集中承载地的开发建设。虽然各界对集中承载地的设立早有预料，但对设立河北雄安新区的重大意义及其在国家区域发展战略格局中的地位与定性之高显然估计不足。从全局看，河北雄安新区的"横空出世"及其蕴含的深刻内涵将对整个西渤海大湾区和京津冀世界级城市群建设带来巨大影响，尤其是对河北进一步调整、优化与京津协同发展的战略思路方面都将起到积极的推动作用。

一、雄安新区"千年大计"的真正内涵及其对京津冀世界级城市群与西渤海大湾区发展进程的影响[①]

（一）雄安新区"千年大计"真正内涵

雄安新区设立以来，其"国家大事、千年大计"的定性在全国产生了不小的震动，我国第一次在官方正式文件中所说的雄安新区的"千年大计"到底如何理解？由此产生了许多疑虑和误解。有人认为，北京倒退千年才是幽州，千年来作为"首都"曾几经沉浮，一个小小的雄安新区，就算以最高标准、最新理念建设，还不算是"首都"，顶多算是个"副都"，又怎样能延续千年？还有人认为，当今世界，所有大城市都不过是一二百年之间发展崛起的，而且目前已经出现了诸多城市问题，雄安新区即便有最好的政策支持，也不太可能延续一千年之久。笔者认为，这是对雄安新区"千年大计"认知的误区，这种误区的产生，其根源在于将出发点放在了城市建设与发展的固化形态上，即把雄安新区作为一个城市载体，思考其城市形态的"保鲜"时间是否能延续一千年。要正确理解"千年大计"这一定性，必须按照习近平总书记所说的，要从大历史观出发来认知。雄安新区"千年大计"的真正内涵并不在于城市建设及发展的水平或面貌是否够得上延续千年的"标杆"，也不在于雄安新区在一千年之间是否能持续地、不偏离地保持"副都"的定位，而在于雄安新区作为全国大棋局中的"棋眼"，将会探索、开创并促成一种新型的未来城市治理模式，这种模式将引领中国未来近千年的发展。下面笔者将从中国历史发展长河中国家治理体制框架的演进过程出发，详细阐释这一观点。

我们首先对中国历史进程中国家治理体制框架变化的演进进行考察分析（见图 3-1）。（1）西周于公元前 1046 年灭商后，开始实施"分封制"，开启了我国古代封建社会新的国家治理模式，一直到秦始皇于公元前 221 年统一中国后开始实施"郡县制"，这一时期持续 800 年左右。从国家治理模式的角度

---

①　本部分内容和观点参见或引自：陈璐. 雄安新区设立背景下河北加快推进与京津协同发展的新战略与新思路，京津冀协同发展报告 2018［M］. 北京：社会科学文献出版社，2018：1-15.

看，"郡县制"相对于"分封制"来说，有了较大的改革。（2）秦公元前221年统一中国后开始实施"郡县制"，到隋朝于公元581年统一中国后开始推行"三省六部制＋郡县制"，这一时期持续了800年左右。在"郡县制"的基础上构建了"三省六部制"，这对于国家治理体制来说，又发生了一次大的改革。（3）从隋朝于公元581年建立后开始推行"三省六部制＋郡县制"，到元朝于公元1279年建立后废除尚书省和门下省，保留中书省与枢密院、御史台分掌政、军、监察三权，地方实行"行省制"，开创了中国划省而治的先河。明朝建立后于1380年杀掉丞相，废中书省，废除了一千多年的"三省制"和丞相制度，六部直接对皇帝负责，设内阁和三司，废除"行省制度"，但仍然延续"省"一级行政单元，只是管理省的部门发生了变化。这一时期如果按照元朝设立"行省"、中国地方划省而治算起700年左右，如果按照明朝废除"三省"及丞相制度、设三司和内阁等大的改革措施算起，延续了800年左右。（4）元、明时期国家治理体制大的改革后演进为"内阁＋六部＋三司＋省郡县制"。虽然清代设立了军机处等改良部门，但基本上是延续了元明时期的国家治理框架结构，一直到目前为止，中国的国家行政治理体制大体上延续了"内阁＋六部＋三司＋省郡县制"的框架结构，虽然名称上有很大变化，治理部门也有调整、增减和完善，但基本上框架结构并未有大的改变。这一时期已经存续了700多年。

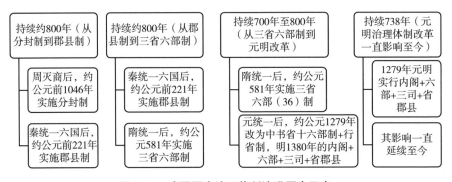

图3-1　我国国家治理体制演进历史示意

资料来源：笔者自制。

从以上我国国家治理模式的历史演进中可以得出一个规律，即每一次国家治理模式大的改革来临，其间隔时限大体上在七八百年左右。而当前的国家治理体制框架已经延续了 700 多年，从治理体制改革规律上看，似乎到了快要发生大的国家治理体制变革的时候了，然而，下一步中国国家治理体制和模式将如何变化，才能持续引领并影响下一轮近千年的发展？笔者认为，下一轮国家治理体制和模式的变革将是打破当前地方分治的省、市、县治理体制框架，改为以城市群（大、中、小）为基本行政单元的地方治理体制，理由如下。

第一，当前省、市、县地方分治的行政区域边界并不是经济、社会、文化等自然交往发展形成的，而是人为地按照主观意志划分的。这种地方分治的区域管理状态，难以避免行政区域间对发展要素的恶性竞争，难以促进区域之间和谐共进，并人为地抑制了本应形成的更紧密的不同城市之间的"分工抱团"属性。所以，从内因看，地方治理体制迫切需要改革。

第二，科学技术的不断进步，未来人工智能的大规模应用，农村发展的改革以及农民转化为市民的步伐将进一步加速，行政管理的对象将演变为大中小城市，未来承载人口的平台载体将发生本质的变化，以不同等级、不同特色、不同功能作用的城市及其群体将成为人口承载的主要平台。从外因看，科技、经济、社会、文化等发展的合力结果将倒逼地方治理体制的改革。

第三，从改革开放 40 多年的区域发展格局看，虽然多年来地方行政区域的竞争激烈，但我国区域发展格局仍然逐渐形成了大城市群、中小城市群等明显的轮廓，比如，大城市群中长三角城市群、珠三角城市群、"京津冀"城市群等，中等城市群有大郑州城市群、大武汉城市群、"长株潭"城市群等。区域发展格局演进的大趋势也说明了规律难以阻挡，地方治理体制非常有必要适应未来发展趋势展开探索。

综上所述，笔者认为，未来国家对地方治理体制框架的改革将由当前的省、市、县层层分治的体制转变为跨行政区的城市群治理体制，将完全按照城市群发展规律和城市群内部紧密分工的程度来确定城市群的行政边界，自元代以来的"地方划省而治"的体制将取消。而这一变革将催生全新的城市管理体制、经济管理体制和社会管理体制，引领我国下一轮近千年的经济社会发展。因此，雄安新区就是这个承前启后大棋局上的"棋眼"所在，以雄安新区的改革发展启动新一轮城市治理改革时代，探索国家对地方治理改革的转型之路，从而向世界彰显我国的道路自信、理论自信、制度自信和文化自信，开启我国自主复兴的"千秋大业"，一旦成功，又将迎来中华民族新一轮领跑"千年"的辉煌。正是从这个战略高度上看，雄安新区"千年大计"之定性理所应当。

（二） 雄安新区的设立对构建西渤海大湾区的影响、作用和意义

由于雄安新区肩负"千年大计"的历史重任，其规划发展及其未来实施的体制机制创新都体现出一个"开创者"的角色，而不是"跟风者"或"模仿者"的角色。所以，雄安新区的改革创新将对我国未来大湾区内部治理体系具有重大和深远的影响。

1. 雄安新区规划建设将对探索构建大湾区内部协调发展新模式有示范作用

雄安新区的发展路径与深圳特区、浦东新区的发展路径完全不同。深圳的发展是遵循"单点开放开发特区→多点开放开发经济功能区→产城融合区→规范完善的城市建成区→全国经济中心和国际化大都市"路径；浦东新区的发展是遵循"特殊政策的经济功能区＋城市边缘区→综合改革配套试验区＋产城融合区→金融中心核心区＋都市发展新区"的路径；而雄安新区是遵循"现代化低碳新城建设→首都政务新区形成→创新驱动引擎形成→改革开放创新样板显现→示范带动的引擎形成"的路径。从路径的不同之中可以看出，深圳和浦东均是先开发建设的特殊经济功能区，在开发区产城融合的基础上发展成为大城市（区），而雄安新区的首要任务就是要先建设新城区，然后通过疏解大都市非必需保留的功能来迅速在新城区集聚发展要素，再形成"磁极"吸引高端产业、创新要素进一步集聚，从而实现超常规发展的目标。因此，雄安新区的规划发展确实能够探索过度开发的大城市通过疏解功能与周边地区实现协调发展的新模式。这对于构建城市群内部超大城市与中小城市互动共进协调发展具有重要作用。

2. 雄安新区体制机制创新将对大湾区内部城市群新型综合管理体制的创建起到"先行先试"的作用

城市群综合管理体制包括城市规划编制与管理体制、城市开发建设模式、城乡土地管理与开发利用体制、城市人口与住房管理体制、城市开发建设投融资体制机制、园区管理体制、投资便利化与行政管理审批机制、高端人才引留与激励创新机制、城市社区管理机制与社会维稳机制等。雄安新区在规划建设过程中，将按照实现"四区"定位的要求，在上述体制机制创新中开创全国先河乃至世界先河，为我国未来城市群治理体制的构建起到"试验田"的作用。

3. 雄安新区的体制机制改革创新将对国家整体的经济、社会治理体制框架改革提供借鉴和启示

通过雄安新区各项体制机制创新与改革的实践，我们可以发现并找到破解当前我国经济发展、社会发展中各项体制机制难点问题的方略及具体办法，比如，防止教育、医疗、住房、人口管理、土地利用等"内卷化"的改革方案，从而有效总结出适合推广全国的雄安改革创新经验，倒逼我国财税体制、金融体制、经贸体制、开放体制、社会治理体制和城市建设管理体制的全面改革或创新，对国家整体的经济社会治理体制框架的改革具有积极的推动作用。

4. 雄安新区可实现"首都政务新区"的功能，对于做活西渤海大湾区这盘大棋具有关键意义

第一，有利于集中疏解北京非首都功能。京津冀协同发展的关键是有序疏解北京非首都功能。除去产业功能属性外，非首都功能主要是一些由非市场因素决定的驻在北京市的公共服务部门。作为首都的北京，应把中心城区的大部分让位于中央办公及满足首都职能需要。因此，积极推动非首都功能的机关、事业、总部、教育、医疗等社会公共服务功能有计划、分步骤地向中心城区外转移和疏解，已经非常必要和迫切。与无序的分散承载相比，集中承载能够更有效地配置资源并实现内涵集约发展。雄安新区作为北京非首都功能疏解的集中承载地，交通便捷通畅、生态环境优良、资源环境承载力较强，现有开发程度较低，发展空间充裕，启动区规划建设 100 平方公里，中期是 200 平方公里，具备了较大规模集中承接非首都功能疏解的空间条件，将在有序集中疏解非首都功能中发挥独特的作用。

第二，有利于加速缓解北京大城市病。作为首都的北京市，多年来发展得过于"肥胖"，尤其是 2008 年奥运会以后，北京进入了一种"涨潮式"的城市快速发展时期，非首都功能逐渐集聚，在这种集聚资源求增长的快速进程中，北京城区愈益严重的大城市病，尤其是城市中心区存在的交通严重拥堵、人口急剧膨胀、空气严重污染、功能高度复合问题愈益凸显。而大城市病形成的过程又进一步催生、加剧了非首都功能像"杂草"一样蔓生。由此带来的非首都功能的过分集聚，反过来也严重影响着首都功能的发挥。从国际经验看，"跳出去建新城"模式较为适宜治理日益严重的大城市病。因此，高标准高水平规划建设雄安新区，通过其疏解北京部分非首都功能谋求北京和谐科学发展，推动京津冀地区一体化，已成为北京有效治理大城市

病、建设国际一流的和谐宜居之都的必由之路。

第三，与北京城市副中心共同形成北京新的两翼，有利于北京更好地履行首都职责。北京要坚持和强化作为全国政治中心、文化中心、国际交往中心、科技创新中心的核心功能，努力建设成为国际一流的和谐宜居之都，就必须下决心在北京以外既不能太近也不能太远的地方建设新城区来发挥非首都功能。选址不能太近是怕发展起来与北京连成一片更加难以治理，也不能太远是怕难以形成协同发展的城市效应。雄安新区地处京津保腹地，区位优势明显，可以与北京通州城市副中心一道把北京的非首都功能分拆为两个不同方向的城市组团，两翼同时激活，不仅能提升北京城市发展质量，而且有利于改善人居环境，缓解人口资源环境的突出矛盾，使北京市更好地履行作为国家首都的职责，在疏解中实现更好发展。

5. 雄安新区建设可发挥"区域增长引擎"作用，对于在大湾区内部尽快缩小区域发展落差具有现实意义

第一，有利于加快补齐区域发展短板。多年来，河北与京津之间的发展落差越来越大，不仅体现在经济实力、人均收入、社会发展方面，而且还体现在城市建设、体制机制改革、对外开放、扶贫等方面，这些都是河北需要着力补齐的发展短板。规划建设雄安新区，其目标是建成绿色低碳、信息智能、宜居宜业，具有较强竞争力和影响力，人与自然和谐共处的现代化城市。其重点任务就是要建设绿色智慧新城、发展高端高新产业、推进体制机制改革、扩大全方位对外开放等。依托雄安新区的开发建设，可以有效地提升冀中南地区乃至河北省在京津冀大区域中的经济实力、竞争力和经济话语权，对于河北弥补发展短板具有极大的促进作用。

第二，有利于提升河北经济社会发展质量和水平。雄安新区产业发展方向是高端服务业和高新产业，城市发展方向是提供优质公共服务和优美生态环境的绿色智慧新城，这表明雄安新区的建设将会坚决摒弃所有污染型工业，严格限制承接和布局一般性制造业、中低端第三产业；将会积极吸纳和集聚创新要素资源，打造创新创业集群，发展新经济；将会大规模引入优质教育、医疗卫生、文化娱乐、体育健身等资源，与北京市在公共服务方面开展全方位深度合作。由此可见，规划建设雄安新区将进一步加快推动河北产业结构调整和升级，极大地提升河北城市公共服务水平和社会治理水平，会使河北产业体系向高级化迈进的趋势越来越明显。对于河北经济和社会发展水平提档升级具有重

要战略意义。

第三，有利于培育形成湾区经济新的区域增长极。规划建设雄安新区，将会加快建立起连接京津及周边其他城市、北京新机场之间的快捷交通网络，形成便捷通达的综合交通网络；将会加快建立与国际接轨、国内领先的城市管理体系，集聚高端创新人才和高层次的就业人口；将会加强与京津及国内外区域增长极的合作交流，打造扩大开放的新平台与载体群，使其对外吸引各类要素的能力和条件发生质的变化。所以，雄安新区必将会逐步成为优质资源配置的焦点区域，必将成为河北在西渤海大湾区发挥比较优势、接轨京津、扩大开放的前沿阵地，也必将成为河北经济社会发展最迅速、最有活力的区域增长引擎。

6. 雄安新区建设能够发挥"城市建设与管理及体制机制创新"的样板作用，对加快构建世界先进水准的城市群具有示范意义

第一，有利于调整优化西渤海大湾区城市布局和空间结构，拓展区域发展新空间。京津冀区域的县级以上城市数量为140多个，与江浙沪区域（长三角区域）的总数量大体相同。但是作为京津冀城市群主体的河北县级以上城市的城市建成区面积却只相当于江浙地区县级以上城市建成区面积的一半左右，此外，已建成的城市建成区的质量与水平严重滞后于长三角城市群，不少县城还基本上属于"半城市化"阶段，具有"大号乡镇"的面貌和颜值，还不具备覆盖城市人口的、完备的基本公共服务体系。按照世界级城市群的人口与建成区面积比率和建成区质量水平来比照，京津冀城市群的发展还非常落后，还不能算是真正意义的世界级城市群。此外，河北虽然县城多，但是基本上没有能够起辐射带动示范作用的大城市，石家庄的省会功能尚未充分发挥出来，更何况其他设区市、县多市少、小马拉大车现象一直是河北多年的问题。规划建设雄安新区，将会在西渤海大湾区建成一个真正意义的大尺度的绿色低碳新城，会应用国际最先进的智能智慧城市管理体系，将会对西渤海大湾区的空间布局和结构调整带来重大积极影响。

第二，有利于探索人口经济密集地区优化开发新模式。我国东部沿海发达地区人口稠密，经济载体密集，绝大多数开发建设过度而导致生态承载力脆弱。如何在人口经济密集地区探索新的优化开发模式，是摆在当前全国经济发展和城乡统筹面前的一大难题。雄安新区背靠京津两大发达都市，又涵盖白洋淀水域，其发展主线是通过疏解发达都市的部分功能实现科学发展，所以不能

按照以往的传统城市化发展理念开展建设。在缺水的平原地区再造现代化新城，必须遵循以水定城、生态护城的理念，突出生态与生产和生活的共生交融，科学设计，理性建设，分步实施，实现生态、经济和社会发展的和谐统一。从这个意义上讲，雄安新区的建设将担负起积极探索过度开发的区域实现可持续发展新路的历史责任，用新的理念和新的模式打造一个新型城镇化和城乡统筹协调发展的样板，为全国过度开发的区域实现科学的可持续发展提供示范和引领。

第三，有利于打造全国创新驱动发展新引擎。建设雄安新区，将会把创新作为推进发展的原动力，通过涉及人才、载体、产业、企业和创新生态等方面的全方位体制机制创新和政策支撑，在疏解非首都功能过程中实现创新要素的成建制转移，铸造吸引八方人才集聚创业的磁体，引导高端服务业和高新企业扎堆集聚，打造出创新驱动的"雄安品牌"。这样，不仅会为全国创新驱动发展战略的实施提供可借鉴、可模仿的新模式，而且也必将在京津两大都市之间再造一个以创新驱动为特征的新的动力源。

第四，有利于推动湾区内部大中城市之间的错位和协调发展，加快构建世界级城市群。以全新的理念、独具特色的功能定位来规划建设的雄安新区，将会促使北京、天津、石家庄、保定、沧州等区域内大中城市实现相向发展，推进城市之间的良性竞争和互动协同。以"绿色智慧和创新引擎"为城市目标的雄安新区，必然会打破冀中南地区各城市发展的同质化和被边缘化，进一步激发石家庄省会职能的发挥和辐射能力的提升，进一步激发沧州和保定真正走出各具特色、各具优势的城乡统筹发展之路，提升自身的城市话语权和美誉度，真正形成在发展质量、水平及优势方面均能与长三角、珠三角匹敌的世界级城市群。

二、雄安新区打造现代化社会主义典范城市的初步成果

自成立以来，河北雄安新区认真贯彻习近平总书记系列重要讲话和指示批示精神，对标"成为高质量发展全国样板"的要求，聚焦规划编制、严格管控、生态治理、产业升级、城市建设、体制机制创新、群众工作、社会维稳、党的建设等重点工作，在创造"雄安质量"方面取得了初步的、亮丽的阶段性成果。

（一）坚持站位世界前沿做好百年规划，努力绘制世界城市建设史上的典范之作

当今世界最靓丽城市中的现代化功能、空间布局和建筑风貌，基本上都是近一二百年逐步形成的，其间因战争和科学技术的进步，城市规划经历了多次变化改动，也走过不少弯路，总结出了许多宝贵的经验与教训。雄安新区要建设引领世界城市建设潮流的"未来之城"，必须首先在规划设计方面体现出超越当前国内外城市规划的高起点和高标准，体现出未来城市的创意思想和科技展望，还要汲取世界城市建设实践中贡献的诸多经验和教训，规避现有城市规划的弊端。为此，新区在规划体系的编制和城市规划设计方面切实遵循习近平总书记的指示，从一开始就充分体现高质量发展要求，力争"赢在起跑线上"。

1. 突出"高端、创新、细致、严谨"导向和科技支撑，勾画跨时代城市宏伟蓝图

新区规划体系的编制，始终以新发展理念为统领，坚持"世界眼光、国际标准、中国特色、高点定位"，围绕中央对新区"4＋1"的功能定位，以创造历史、追求艺术的精神，高强度、高密度、高质量地加以推进。以下经验做法值得推荐。一是通过多种形式汇聚国际国内高端智慧，充分借鉴国际经验，为高端规划的美好蓝图做实创新的底子。通过组建规划工作营、创新设计大赛等方式，调动各方面资源，由中规院、中科院牵头，吴良镛、张锦秋等60多位院士和设计大师以及300多名规划建设领域顶级专家参与规划编制和评审论证，把国内外的顶尖人才、一流团队、专业力量吸引汇聚到新区规划编制中来。例如，新区城市设计采取了国际咨询方式，从279个国际国内顶尖设计机构中优选确定12家参加城市设计，经评议推荐出3个设计方案，国际咨询成果被充分吸纳到相关规划中。二是在片区开发和重要单体建筑中，借助先进科技手段的支撑，融入智能管理、数字城市、绿色低碳等先进理念，努力打造细致严谨的城市规划设计。在规划设计之初，就把信息化的逻辑根植在城市体内，积极运用BIM、CIM等先进科技手段，提高科技含量，避免设计失误，降低了成本损失，实现了最优方案。例如，在市民服务中心规划建设中，新区建立了贯穿项目级（BIM）、城市级（CIM）的建设管理系统，确定了全生命周期的BIM辅助设计原则，基于"雄安云"的大数据引领，通过SOP-BIM运维管理平台的技术支撑，真正实现了从规划、设计、施工到运营管理及数据分析

的全过程同期智能建筑模型，做到了"数字孪生"的建筑镜像，引领从 BIM 走向 CIM 的智慧城市规划管理取得重大突破。

2. 坚持"多规合一"，强化规划之间的对接和打磨，提升规划体系的科学性和可操作性

雄安新区的规划体系构成为"4 + 25 + N"，即由 4 大规划、25 个专项规划和若干个专题研究构成。新区在组织编制规划体系过程中，坚持"多规合一"，除了集中精力编制新区总体规划、起步区控制性详细规划、启动区控制性详细规划及白洋淀生态环境治理和保护规划四大规划以外，还组织相关专家学者开展了地质条件、防洪防涝、水资源保障、能源供给、交通组织、产业布局、文物保护等 22 个专项规划的编制和 32 个专题研究，并与四大规划进行多次对接、反复打磨。与此同时，建立了中央专咨委和新区规划评议专家组、国家级咨询论证机构、省政府专题会议等多个层次、多种形式的规划评议论证机制，组织召开多次专家组评审会，认真研究吸收意见建议。历经艰苦努力，目前已经初步形成了较为完善的规划成果，对规划体系的科学性及实施过程中的可操作性具有较强的促进作用。

（二） 坚持在改革创新中体现"雄安价值"，努力发挥体制机制创新对全国深化改革扩大开放的引领示范作用

雄安最重要的价值在于它能否对新时代中国的改革创新、转型发展发挥当年深圳的作用，这才是它最大的意义所在。雄安新区自成立初始，就牢记被赋予的历史使命，紧紧围绕自身功能定位，按照中央对新区的要求，对符合我国未来发展方向、对全国起重要示范带动作用、对雄安新区经济社会发展有重要影响的体制机制改革创新开展了先行先试，力争率先在推动高质量发展的行政、财税、金融、土地、住房、科技创新、人才人口、对外开放等体制机制改革及其指标体系、政策体系、标准体系、统计体系、绩效评价和考核体系等方面取得新突破，形成一批具有"雄安价值"的可复制可推广的经验，为全国提供示范。目前，新区在某些领域的体制机制和改革开放政策创新方面已经有了一些初步成果，一些经验值得总结。

1. 创建了全国最精简的"大部制、扁平化"管理架构，积极探索建立最精致、最高效的政策服务管理体制

从全国各类国家级新区构建的行政管理架构来看，以"大部制、扁平化"

为目标推进的改革较为普遍，但最精干管理架构中的内设机构设置也超过了20个。而雄安新区率先从行政管理架构上实施大胆创新，设立了"1办1部5局"7个内设机构的全国最"精简、高效、统一"的新区党工委、管委会。配合内设机构成立的国有独资公司"中国雄安集团有限公司"，定位雄安新区开发建设的新型城市综合运营服务商，以"投资、融资、开发、建设、经营"五位一体运行模式，布局金融与投资、城市发展与城市资源运营、生态建设、基础设施建设、公共服务、数字城市等六大业务板块。7个内设机构和1个国有投资建设运营公司组成的"7＋1"架构，在高起点规划、高标准建设雄安新区中发挥了决定性先导作用和关键性引领作用。

2. 扎实推进体制机制、政策体系和发展模式的改革创新，打造"不辱使命"的全国体制机制新高地

坚决贯彻落实《中共中央　国务院关于支持河北雄安新区全面深化改革和扩大开放的指导意见》，推动项目审批、财税、开放、人力资源、户籍、雄安标准等配套支持政策印发实施，积极开展土地、住房、投融资等方面改革创新，为新区建设发展提供有力支撑和政策保障。积极承接344项省级行政许可事项，推进政府职能转变，优化营商环境。全国数字经济创新发展试验区、金融改革先行区、自贸试验区、跨境电商综合试验区、服务贸易创新发展试点、交通强国试验区等一批国家级改革创新载体陆续落地，为推动政策协同创新夯实基础。

（三）坚持传承文化基因与绿色智慧城市建设的融合创新，努力当好新时代社会主义现代化城市的表率

定为"千年大计"的雄安新区，能够延续千年的绝不是现有的智能低碳技术和"高端、大气、上档次"的建筑，而是城市文化基因。"新的城市立得住，关键是文化的传承和积淀"，一个城市的建设和发展如果不能展现出令人向往的文化传承和城市气质，就会被淹没在城市群体里，无法真正成为未来的全球城市，更不可能成为城市建设的标杆。正因为如此，雄安新区从规划建设开始，就同步启动文化传承工作和智慧低碳城市设计，力图在城市规划发展中将两者做到"深入骨髓"的融合创新。虽然工作只是刚刚起步，但有些独到的经验做法值得借鉴。

1. 以深入开展"记得住乡愁"专项行动为抓手，开启了城市建设传承中华文化基因的"大棋局"

一是开展乡愁普查。共登记不可移动遗存 752 处，可移动遗存 670 多件套，包括老房子、老树、老井、老磨盘、坑塘沟渠、寺庙、老厂房等类别，时间跨度长、品类多、内涵丰富。这些遗存全部应用数字化技术实行了分类建档、分级管理，使承载雄安人民共同历史记忆的乡愁遗存得到充分挖掘和整理。二是全面留存信息。与新华网、河北电视台密切合作，开展全方位、多角度信息采集工作，并取得初步成果。同时发动民间文化爱好者和民间文化组织，开展了多种多样的乡愁文化采集记录活动。三是融入规划建设。与同济城市规划设计院通力合作，确定了容东片区的乡愁文化遗存在未来城市规划建设中的保护、利用和传承方案。针对不同类型的乡愁遗存，采取不同的设计手法和控制手段，设计活化人民共同记忆的场所，并将其他片区的乡愁文化在城市规划设计和建筑中予以体现。"记得住乡愁"专项行动及其后续行动的深入开展，将使崭新的雄安与历史文化遗存交相辉映、相得益彰，有利于延续地方历史文脉，传承乡土文明，体现古今交融的城市风貌，塑造城市特色，从而实现在搬迁居民安置区记得住乡愁，在城市核心区留得住乡愁，在乡村保留区感受得到乡愁。最终将形成一种雄安乡愁文化传承新模式，打造出新城市建设乡愁文化的国家典范。

2. 集成"数字、低碳、智能"城市的前沿创新技术，全场景应用到城乡规划建设中

推动传统基建与新基建"双基建"同步规划、同步建设。以超算云中心、块数据平台、物联网平台、视频一张网平台、CIM/BIM 平台为核心，搭建完成智能城市基础框架，基础平台、体系架构、协同运行机制基本成熟，多项关键技术实现创新突破。数字化道路、智能管廊、数字堤坝、智慧社区等建设全面启动，5G 基站实现高铁片区、白洋淀景区、重要道路基本覆盖。设立区块链实验室、IPv6 实验室等新型研发机构，完成并应用国内首个城市级区块链底层操作系统，夯实数字经济发展基础。

（四）坚持产业治理升级和生态治理建设同进、互动共赢，为打造现代化经济体系新引擎提供"雄安经验"

高质量的产业体系是雄安新区发展之基、经济活力之源，高质量的生态环

境是保障高质量产业体系形成的关键，也是新区发展的生命线。优越的生态环境对招引培育高端高新产业的促进作用不言而喻。然而面对雄安新区三县原有的污染型产业集群、垃圾成堆的污染河塘、脆弱的白洋淀生态、放任散煤形成的雾霾，雄安新区治理生态环境、实现高端高新产业置换的任务何其艰巨。如果着手先将原有产业清除、生态环境做优后再招引高端高新产业，从建设时限、当地居民就业的角度看，恐难做到。为此，雄安新区遵循产业治理与升级和生态治理与建设同步推进的思路，探索出了一条既能通过产业治理升级、生态治理建设过程中提供就业，又能在生态环境做优过程中率先招引部分高端高新产业带动配套服务业跟进从而先行提供就业的路子。一是遵循产业发展"两并行"思路，确保有序、安稳地实现高端产业布局及当地居民就业稳步置换。二是坚持环境治理与生态建设同步推进的原则，保障高端产业布局和人民享受洁净生活。

三、雄安新区打造高质量发展全国样板的改革创新深化研究

雄安新区自设立以来，在土地、住房、投融资、财税、人力资源等方面体制机制改革创新和政策支撑方面进展较快，为新区建设发展提供有力支撑和政策保障。但是，对比全国位于前列的国家级新区，目前的体制机制改革创新的优势并不明显，局部领域反而不如一些老牌的国家级新区。在西渤海大湾区建设发展的新背景下，雄安新区肩负着引领改革创新的重任，必须进一步深化改革创新，打造全国高质量发展的样板。本部分将对雄安新区与其他国家级新区改革创新优势进行简要比较分析，并提出进一步深化改革开放和强化创新的对策。

（一）上海浦东、广东深圳及其他国家级新区改革创新的新动向对雄安新区"全国领先"的政策红利优势的影响

1. 上海浦东在深化改革创新方面开启了"对标"雄安的新行动

2019 年以来，上海出台了《关于支持浦东新区改革开放再出发实现新时代高质量发展的若干意见》和《浦东新区科技创新中心核心承载区功能优势倍增行动方案》，在综合管理改革、产业用地制度改革、创新生态构建、高品质城区建设等领域的改革创新力度与程度达到了雄安新区的水准，个别细化具体政策措施有"超越"雄安的情况。

（1）综合管理改革"对标雄安，追平差距"。一是在综合管理赋权领域的改革已补齐与雄安的差距。提出了依法赋予浦东新区市级经济管理权限，进一步在经济调节、行政审批、规划制定、综合执法等方面对浦东新区加大放权力度，对法律、法规和规章中规定由市政府及市有关部门行使的经济领域行政管理职权，除确需由市级行政机关统一协调管理的事项外，原则上依法授权或委托浦东新区实施。根据权责一致原则，明确监管责任。这与雄安新区的综合管理赋权基本相同。二是在深化"互联网＋政务服务"改革实践中细化了措施并超越雄安。真正实施了"一网通办"，全面推进"网上办、单窗办、就近办、智能审、自动批"。建立特殊事项现场办事目录清单，实现清单外所有办事项目全程网办。上海市有关部门依照浦东新区的需求，提供了完善的数据共享交换平台和数据服务支撑。这方面雄安在实践中还做不到，主要因为河北相关职能部门横向数据共享交换平台还未建立，而数据服务支撑也很不足。三是综合监管领域改革方面超前全国，高于雄安标准。深化"双告知、双反馈、双跟踪"证照衔接机制和"双随机、双评估、双公示"监管协同机制创新，与雄安相比，形成了更高层级的监管流程标准。在建设智能化监管应用场景方面先行先试，在城市管理、知识产权等领域开展了深化探索，部分细化措施领先全国。

（2）产业用地制度改革"学习雄安、部分先试"。一是在产业用地多功能复合利用开发方面对标雄安政策。提出了"在浦东新区全面开展产业用地高效复合利用，探索有利于土地复合兼容利用的相关行业标准"。这与中央赋予雄安新区的任务"探索建立建设用地多功能复合利用开发模式，研究制定符合雄安特点的建设用地标准"基本相符，只不过浦东是在产业用地方面率先推动改革先行探索。二是在产业用地出让制度改革中学习并落实了全国部分地区的先进经验。提出了"支持浦东新区加快推进产业用地标准地出让""全面推进优质企业增产扩容计划，提高控制性详细规划调整效率"，在实践中已经与雄安并驾齐驱。

（3）构建创新生态的改革措施"做强特色、区别雄安"。一是高新技术企业认定方面寻求突破。浦东新区正在争取国家有关部门支持，授权其根据国家统一标准开展高新技术企业认定。二是集聚全国科创企业总部的意图明显。制定了"服务对接科创板，打造上市科技企业总部集聚区"的方略。力争在全国形成与"北雄安央企总部基地"相对应的"南浦东科创民企总部基地"。三是在国资创投运行机制方面力争突破。提出了"完善与市场接轨的国资创投运行机制，推动市级创投和产业基金与浦东新区优质企业项目对接，做大做强浦东科创母基金"的战略举措。以上三条措施雄安目前还未能做到，未来争取做到的难度也不小。

2. 广东深圳改革创新的新举措在局部领域已"赶超雄安"

2019 年 7 月，广东出台了关于贯彻落实《粤港澳大湾区发展规划纲要》的实施意见。2019 年 12 月，为全面贯彻落实《中共中央、国务院关于支持深圳建设中国特色社会主义先行示范区的意见》，深圳市委、市政府印发了《深圳市建设中国特色社会主义先行示范区的行动方案（2019—2025 年）》，在科技创新、产权改革、金融创新等方面改革创新水平和力度达到了"雄安标准"，个别细化措施对雄安进一步改革创新具有借鉴作用。

（1）推动科技创新合作方面立足优势、引领全国。一是提出了建设"深港科技创新合作区""国际离岸创新中心""全球创新领先城市科技合作组织和平台"等新载体，体现了自身需求和区位特色。二是提出了"创新合作区监管模式，争取国家支持在法律、税收、就业、社会保障等方面积极探索、先行先试，实行人员、科研物资出入境便利政策，积极对接香港科研管理体制机制，建立科研资金跨境使用管理模式"。三是提出建设"国际科技信息中心"。实施全球科技扫描和全球成果回溯计划，构建大湾区发展战略规划决策咨询的专报通道、新兴产业情报咨询服务平台等与企业技术需求对接平台和战略决策平台。这些都是科技创新改革中改革力度极大的细化措施，体现出深圳寻求借助全球力量成为全国乃至世界科技创新战略支点的雄心，同时也彰显了其力图成为全国科技创新管理体制机制改革策源地的壮志。目前雄安对科技创新管理体制机制改革、创新合作载体、创新监管及相关配套支持等方面的措施与其相比还有差距。

（2）金融创新方面迅速跟进、不乏首创。一是提出了"在前海率先试点'沙盒监管'管理模式，建设金融创新监管试验区；在深交所开展公募 REITs（房地产信托投资基金）试点"，这两项措施紧随雄安，终结了"雄安独有"的局面。二是充分利用现有能力和平台在金融市场、跨境投融资、数字货币、金融产品国际互认、外汇管理改革等领域提出了全国首创的细化政策措施。比如，深交所在前海设立大湾区债券平台、开展前海联合交易中心现货连续交易模式试点、开展数字货币研究与移动支付等创新应用、支持 ETF（交易所交易基金）互联互通在深港通先行先试、建立境外企业上市制度、先行先试推进人民币国际化的具体改革措施、开展基于自由贸易账户（FTA）的本外币一体化账户功能试点等。

（3）在产权保护制度和营商环境改革方面赶超雄安、突破关键。一是产权司法保护方面提出力争率先开展个人破产制度试点，推进个人破产条例专项立法。二是提出了设立知识产权法院。三是提出"实施新经济审慎包容监管执法"的新举措，探索将新技术、新产品以前置审批为主转为事中事后监管为主的细化措施。四是推动信用监管改革，提出了根据信用等级高低采取差异化监管措施，推动信用奖惩措施应用到行政审批、公共服务等领域及事中事后监管等环节。这些细化措施都是较具有"含金量"的关键措施，对保护产权、打造新时代营商环境新样板具有重要价值。

（4）在生态文明、公共服务供给等领域复制雄安、有所细化。一是在生态建设、污染治理、生态文明制度等领域的改革创新政策措施对标中央给予雄安的特殊政策全盘复制。二是在涉及文化、体育健身、就业创业、社会保障等公共服务供给领域实行了"大部分复制"，个别环节细化，突出深圳特色和粤港澳大湾区开放的要求。

3. 其他国家级新区改革创新的新动向

国务院办公厅 2020 年 1 月发布了《关于支持国家级新区深化改革创新加快推动高质量发展的指导意见》。该意见的目的就是比照雄安新区，推动其他国家级新区在提升关键领域科技创新能力、推动实体经济高质量发展、增创体制机制新优势、全方位高水平对外开放、高标准推进建设管理等方面进一步扩权放权，要求并鼓励其主动作为、锐意创新，自主谋划并完成好重大改革创新任务，加强改革系统集成，探索可复制可推广的经验做法。从目前掌握的动向看，由于受疫情影响，其他国家级新区已开始着手谋划制定相关改革创新先行先试的政策措施，预计将会充分考虑疫情带来的中长期影响，在开放转型转向、投资创业创新、营商环境重塑、促进新兴业态、监管机制容错等方面推出新举措，这也在客观上倒逼雄安新区进一步提升改革创新的水平和能力。

（二）从国家级新区已有的经验教训看雄安新区进一步推进改革创新的瓶颈障碍与制约因素

1. 雄安新区尚未取得保障改革创新先行先试的立法"尚方宝剑"

国家级新区改革创新发展演进中的教训表明，从立法层面没有对新区改革先行先试行为创造"隔离舱",导致出台或贯彻落实改革创新措施时仍然会受到其他相关体制机制和部门规章的束缚,难以放开手脚。比如,出台的很多改革创新政策措施比较笼统,只能用探索、深化等模糊字眼表述一个较宽范围的改革方向,而在这一改革方向下采取哪些明确的具体政策措施却不敢贸然写入文件中,具体改革创新政策措施的出台和落实往往处于胶着、无力和无效状态。而深圳和浦东之所以在全国率先推出很多先行先试的重要改革创新政策措施,与它们较早被全国人大赋予暂停或调整相关法律法规的权力有很大关系。2020年4月29日,海南也获全国人大授权国务院暂时调整适用有关法律规定。此外,2019年7月,上海市人大常委会《关于促进和保障浦东新区改革开放再出发实现新时代高质量发展的决定》通过,希望通过"地方立法大于部委规章"的"捷径",给浦东新区自主创新赋权,推动浦东新区改革开放再出发,依法支持其在深化改革方面先行先试的需要。

2. 中央的顶层制度改革设计和基层先行先试创新的央地良性互动还未形成

众多国家级新区发展演进的重要经验和教训表明:新区改革创新先行先试的改革设计一定要有自己的主心骨,要既能契合当地实体经济或产业发展的需求,又能契合发展规划需求超前引导和集聚未来产业的发展。比如,深圳、浦东、南京江北新区、重庆两江新区、四川天府新区、天津滨海新区等,在成立之初和发展的不同阶段,均根据规划需求和当地经济发展需求系统设计出很多接地气的先行先试政策措施,上报国家批准。全国也有一些发展不好的国家级新区仍然没有明白"先行先试"背后的真正含义,没有充分利用好中央赋予的"先行先试"创新权利,"等靠要"思想严重。

雄安新区是习近平总书记亲自谋划、亲自部署的划时代的国家新区,是自上而下推动的,具有中央战略支持的先天优势,正因为如此,才更应防止滋生"等靠要"的惰性心理,更应积极促成在改革创新内容设计上的央地良性互动。雄安属于"一张白纸绘蓝图",原有的产业基础并不能有助于规划实施,需要大规模转移迁出,目前雄安自身制定的政策措施主要面向当前开发建设领域,聚焦于审批制度改革、土地征拆政策、促进传统产业有序转移、促进就业安置、生态环境建设和要素行政管控等方面。对标中央和国务院出台的《中共中央、国务院关于支持河北雄安新区全面深化改革和扩大开放的指导意见》,中央部委针对雄安新区实现规划目标的各类改革创新政策措施出台仍然较慢,河北向中央部委提供的先行先试"有效炮弹"较少，坐等"上级为下级解放思想"的现象较为普遍，无论是雄安新区管委会还是省直相关部门，都缺乏自己提出的、针对性极强的、有明确导向指向的改革内容设计，尤其是在科技与经济高质量融合、城市新型治理体系、生态文明典范城市、教育医疗公共服务承接体系等方面缺乏改革创新大手笔的改革设计。

3. 有效协同雄安改革创新的省内管理体制保障还未理顺

国家级新区发展的教训表明，在新区体制机制改革和政策举措创新过程中或之后，省级职能部门针对新区的管理、协调、指导的模式转变至关重要，有三个误区必须避免。一是省级职能部门对新区改革创新的衔接、对接、协同得不理想，在新区没有立法"尚方宝剑"保护的情况下，很容易沿用省内其他地区的传统管理方式、路径和流程来要求和管理新区，客观上造成新区旧的管理体制机制的"复归"。二是省内各职能部门会等中央各部委针对新区的改革创新文件出台后再配套出台实施细则，而在文件出台前，新区事实上仍然沿用省内传统的经济社会管理方式、模式，仍然严重受制于发展权限层级协调和推进改革传统路径的弊端。三是新区创立建设期改革创新的一个重要主体"党政干部群体"缺乏改革创新的动力、能力，忙于应付各种事务性工作、材料和汇报，也是很多国家级新区改革创新推进不足的重要教训。以上三个误区，河北雄安新区都不同程度地存在，需要引起高度警惕，这说明有效协同雄安改革创新的省内管理体制保障还有待进一步理顺，需要在改革制度容缺、干部创业容错、流程方法容新等方面切实下狠功夫，扎实提升省级职能部门针对雄安新区改革创新的务实支持能力。

（三）以打造高质量发展全国样板为目标，进一步深化改革创新的"雄安方案"

1. 推动强有力法治保障下的系统性综合授权改革

为当好全面深化改革扩大开放的探路者，新区被赋予先行先试的法治保障是深圳、浦东先后崛起的重要法宝，它能有效地隔离来自传统体制和治理机制、陈旧政策措施的掣肘。从雄安新区改革创新先行先试的法治保障需要出发，建议如下。（1）对标中央和国务院出台的《关于支持河北雄安新区全面深化改革和扩大开放的指导意见》，并按照该文件中"强化改革措施的法治保障"的要求，梳理提出需要调整现行法律或行政法规的改革事项，并将其按照现行法律法规归类打包，按法定程序上报国务院或全国人大统一授权暂停实施或调整相关法律法规。（2）可考虑河北省人大常委会围绕雄安新区新时代改革创新先行先试的实际需求，加强先行性、实验性、创新性制度研究论证，及时形成地方立法修法需求清单，积极开展地方立法、修法等相关工作；梳理出与雄安新区改革创新不相符的地方法律法规，并决定在一定期限内在雄安新区暂时调整或停止适用本省地方性法规的部分规定；根据法制统一原则，在与国家推进雄安新区改革开放的规定不一致时，河北地方性法规做自动调整。（3）考虑从省政府层面，可以聚焦深化改革、扩大开放、创新发展、产业布局和城市建设等重点领域，专门制定出台相关规章或规范性文件授权在雄安新区先行先试改革创新政策措施，并报省人大备案，雄安新区可围绕制约改革发展的重大制度性障碍，梳理形成若干批综合授权改革事项，以清单式批量申请省政府授权，努力攻坚一批战略战役性改革、创造型引领型改革，实现"法治保障"下依法系统的综合授权。

2. 推动保障国家高科技供应链安全的高质量科技经济融合体系创新改革

新冠肺炎疫情之后，西方国家对我国高科技供应链的"围剿"预计将会走向极端。从国家战略的视野考量，绝不能放任高科技供应链按市场机制自然发育和发展，必须采取有效有力的措施提升高科技供应链的相对完整性、柔韧性和抗打击性。因此，确保高科技供应链的安全可控，已成为国家安全新的重大课题。对此，雄安新区肩负着历史重任。建议如下。（1）推动保障国家高科技供应链安全的"新型举国体制"先行先试改革。在雄安新区规划布局央地协同、军民融合的关键核心技术攻关"新型举国体制"策源地，探索实施"新型举国体制"改革创新"雄安工程"，制定相应的先行先试制度体系，推行"一技一策"突破卡脖子技术。（2）争取国家有关部门支持，授权雄安新区聚焦高科技供应链安全、根据国家统一标准开展高新技术企业自行认定。（3）团结联合俄、日、德、韩、以色列以及部分中东欧国家，在雄安建立全球创新领先城市科技合作组织和平台。（4）细化创新保护和成果转化的改革措施。一是设立雄安知识产权法院，争取率先开展个人破产制度试点。二是以雄安为中心，以"石保廊衡"区域为重点，建立冀中南科技成果转化综合配套改革试验区，开展雄安与"石保廊衡"研发服务联盟试点。三是实施"专利盒"配套政策。借鉴英国经验，向国家争取"专利盒税收"政策，即将企业利用自主专利技术开发新产品所得利润的企业所得税降低10%，以鼓励自主创新；探索将新技术、新产品以前置审批为主转为事中事后监管为主的细化措施。（5）细化人才管理新政。一是建立与国际接轨的高层次人才招聘、薪酬、评价、考核、科研资助和管理制度，探索弹性科技人才使用机制、弹性薪酬制和医保跨境结算。二是探索建立人力资源 Uber 平台（全球性共享拼搭人才智力平台）和高端人才"双聘制"，探索建立"双向离岸"的海外人才工作新模式。三是支持培育一批高质量创新创业服务公司、托管经营公司等第三方服务型专业机构，为离岸创新人才提供低成本高效率的办公运行、技术支持、托管经营等服务，并协助政府制定建设规划，做好事务协调、配套政策实施、企业管理和考核等。

3. 推动"世界一流品质"框架下的公共服务承接供给体系改革创新

塑造新时代城市公共服务体系建设的榜样，是雄安新区体现高质量发展全国样板的重要内容。为此，建议在医疗、教育、文化等主要领域深化改革创新。

（1）放大延展医疗资源承接优势。一是立足未来雄安生命健康产业及研发能力的优势，引进国内外医学科研优质资源，力争在功能定位、运营模式、资源配置等方面创新突破，谋划建立全新机制的医学科学院。二是在国家赋予雄安"建设世界一流的生物技术与生命科学创新示范中心、国家医疗中心和国家中医医疗中心、新药械审评审批制度改革试验区"的基础上，发挥雄安自贸片区的政策优势，谋划建设中国国际中医药港，将中药研发、中试、检测、定型、审批、交易信息化平台及中医医疗技术挖掘提升融为一体，带动雄安周边地区中医药产业发展，将生物医药的优势发挥到极致。三是探索构建国际一流的"区域医疗中心＋基层医疗集团"的整合型优质医疗服务体系。在基层医疗集团内推进医院与社康机构一体化运作、医疗与预防融合发展、全科与专科协同服务。四是考虑设立国际医疗合作示范区。向国家争取允许境外投资在合作区内开办先进专业化医疗机构、大型综合性医院，允许其使用已在境外获批的药品和医疗器械，并构建起全新的、适应外资医疗机构的监管制度。以国外前沿的诊疗技术、方式方法、管理机制带动提升我国医疗水平。

（2）先行先试教育体制改革。一是探索"教育产权"制度。激发民办职业教育和民办高等教育的积极性与活力，推动民办教育高质量、特色化、国际化发展。二是探索实施以科技、艺术和体育等为主的"特色高中"创建计划，在全国率先高质量全面普及高中阶段教育。三是除雄安大学外，还可放开民间资本举办具有中国特色、世界一流水平的研究集成型大学。秉承世界著名大学的办学理念和治理机制，结合我国国情特点，以"高精尖、研究型"为特征，以博士研究生培养起步，汇聚国内外一流师资和科学家，集聚集成一批国内外顶尖技术研发实验室（工程中心、研发中心等），以新理念、新体制、新模式努力建设世界一流水准的知名大学。

（3）推动文化与科技融合领域改革与场景试验。考虑到雄安新区未来将会实现的科技应用场景及其所适合的技术都能涵盖文化与科技深度融合相关领域，雄安可向国家申报文化与科技深度融合试验区，拟试验以下十大应用场景：一是大数据和人工智能技术在内容创作中的应用；二是区块链在版权服务中心的应用，实现版权使用过程中的全流程追溯，使版权变得安全高效；三是AR、VR 等技术在文物保护、展览、展示领域的应用；四是全息影像技术在演艺领域的应用；五是 3D 打印技术在文化创意产品制造上的应用；六是 AR、VR、MR 技术在数字内容上的应用；七是人工智能在内容分发上的应用；八是AR 数据挖掘技术在舆论监测和引导中的应用；九是人工智能在跨语种语义识别、分析与传播中的应用；十是 AR、VR、MR 等技术在演出、体育赛事中的应用。制定相应建设规划和具体政策措施，鼓励全国文化科技领军企业在雄安集聚，加大培育高科技领军企业在雄安开创新型"文化高科技公司"。

4. 推动"急备并举、制治融通"要求下的治理体系的改革创新

按照"高水平社会主义现代化城市"的目标定位，雄安新区在治理体系改革创新中应引领示范全国，为开启新时代国家治理文明奠定基础。从改革创新再深化的切入点上看，雄安新区可考虑在以下方面有所建树。

（1）开展创新"社会治理共同体"的先行先试。在社会治理体系中，基层是基础和重心，治理精神的培育、治理能力的锻炼、治理实践的开展、治理效能的提高都需要在基层社会治理共同体中实现。党的十九届四中全会公报中提到"社会治理共同体"概念，将其作为中国之治的三个共同体之一，可见社会治理共同体的极端重要性。一是开启"韧性社区"建设试点。以提升社区空间与设施韧性、应急管理韧性和运行机制韧性的"三个韧性"为核心，重塑社区功能和治理能力。重点在社区规划空间布局创新、提升绿色智能基础设施防疫减灾韧性效能、智慧社区公共卫生与应急管理"哨点"和"云平台"建设、贯穿社区全生产周期的公共安全自救互救机制建设等"四个方面"开展试验试点。二是探索建立新型社区治理合伙人制度。借鉴四川成都、北京海

淀区曙光街道"社区合伙人"、广西宜州区合寨村"村民议事会"的探索与实践，建立和完善新型社区治理共同体。充分发动社区群众以及相关的社会组织或企业等，设立包括商业合伙人、公益合伙人、社群合伙人、个体合伙人等不同类型的"治理合伙人"，通过资源共享的运行模式，推动社区形成"居民自助、党政公助、多方共助"的"三助体系"，取得基层社会治理效果的最大化。此外，制定鼓励和引导治理合伙人承接社区公益创投项目的政策措施，以项目化的方式，提供更贴合居民需求的服务。

（2）开展区块链赋能社会治理新模式的探索试验。数据已成为数字时代的基础要素，区块链技术可以解决数据权责不清、难有质量、难共享、难开放等治理"痛点"。雄安新区拥有布局建设新一代信息基础设施的优势条件，在社会治理中应用区块链技术应着手谋划先行先试。一是依托区块链技术打造"城市大脑"。探索实施"城市健康实时大视图"工程，有效集成经济、文化、社会、生态、交通、住房等方面的基础信息，形成"全时段、全区域、自动化、多途径"的事件预警网络和协同治理体系，为实现精细化管理、破解城市管理难题开辟独特路径。二是应用区块链技术补足法治政府短板。探索实施"电子见证人"工程，在执法、司法等领域，将区块链应用于行政执法过程留痕、提升社区矫正及安置帮教工作，运用区块链电子存证、区块链智能合约等方式解决电子数据"取证难、示证难、认证难、存证难"等问题。三是应用区块链技术促进互联互通机制的广泛形成。探索实施"身份信用上链"工程。在公共服务领域，将区块链应用于身份验证、鉴证确权、信息公开透明可信以及资金、人才、征信等方面的互联互通，让不同的区块链服务接入统一平台，实现数据价值的确权与权益分配的社会治理新格局。

5. 建立起有效协同雄安改革创新的省内保障机制

为避免众多国家级新区发展进程中出现的误区，建议构建起具有河北特点的协同雄安改革创新的"省内推进工作保障机制"：一是河北省级职能部门向下部署工作时，充分考虑雄安新区"大部制"管理体制的特点，允许雄安新区根据自身管理部门和管理机制的独特性大胆变革统一要求的管理方式、流程，最大限度地衔接、对接、协同雄安新区改革创新管理举措，坚决防止旧的管理体制机制的"复归"。二是抓紧研究出台雄安新区改革创新的党政干部"新型激励机制"，鼓励雄安新区管委会发挥自身创新能力，探索推进改革创新的新路径、新模式。三是针对河北省级职能部门要求下级提供的各类材料、汇报和常态化事务性工作，赋予雄安新区变通处理的权力，将雄安新区管委会从事务性繁忙中解脱出来，集中精力完成改革创新的各项重要任务。

第三节　西渤海大湾区"微中心"城市群布局

习近平总书记指出，紧紧抓住"牛鼻子"不放松，积极稳妥有序疏解北京非首都功能。在推进西渤海大湾区建设中，规划培育"微中心"就是加快疏解非首都功能、推动湾区城市群分工协作的重要举措。新时期贯彻落实好总书记的指示，需要正确认识"微中心"的内涵、特征和重要意义，把握好推进"微中心"建设的着力点。

一、正确认识"微中心"的内涵与基本特征

"微中心"是基于疏解北京非首都功能提出的新概念，从内涵上看，首先是"中心"，即能够集聚一定规模人口和要素，能够发挥一定辐射带动作用的空间区域。其次是"微"，就是指空间尺度要小，人口规模不大。若要形成"中心"，就必须具备以下基本特征：一是要有产业属性和人口集聚功能。这就要求"微中心"拥有职住相对平衡的功能，不能发展成为"卧城""潮汐城"等卫星城的模样，一定要有围绕承接的功能发展起来的能够集聚适度人口和要素的产业体系。二是要与中心城市等大中心、次中心保持较适度的空间距离。如果距离太近，就会沦落为卫星城或大城市新组团，不可能具备"中心"属性，其疏解大城市功能的作用将大打折扣甚至无法发挥。考虑到我国快速铁路布局成网的因素，"微中心"更宜定位于与大都市"一日交往圈"的范围内，即快速轨道交通的"1.5小时通勤圈"的空间范围内，一天内足够完成外出办事、短游交际等行为。若要"中心"保持"微"的形态，就需要符合以下基本特征：一是承担某种与中心城功能互补、有机联系的特色城市功能，围绕着承接这类特色功能发育出特色产业群体，但产业群体不能"大而全"，而应专业化发展、特色鲜明，否则就会导致"微中心"变成副中心或次中心；二是体现"微"的空间载体形态应多元化，既可以是区域性小城市，也可以是较大的产城融合型的经济功能区，甚至是规划培育建成的对某些特色产业和

资源要素具有较强的集聚力的特色小镇集群。因此，从西渤海大湾区的地域范围看，"微中心"城市群的布局应主要分布在河北省。

二、"微中心"建设对推动西渤海大湾区建设的战略意义

（一）培育建设"微中心"是疏解北京非首都功能的重要抓手，对于深入贯彻落实京津冀协同发展国家战略具有促进意义

疏解北京部分教育、医疗、科研、文化、一般性产业等非首都核心功能，是推进京津冀协同发展国家战略的关键，需要有分散布局的中小载体来肩负使命。规划建设一批"微中心"承担某种特色城市功能，承接并转型升级一批加工制造产业，以此为基础加快招引培育符合定位、特色鲜明的产业集群，可以有效地提升疏解水平和植入性，对于深入贯彻落实国家战略具有促进作用。

（二）培育建设"微中心"是弥补河北城市发育滞后与发展雷同等短板的点睛之笔，对于在大湾区建成充满活力的城市群具有关键意义

多年来，河北大城市"首位度"不高，中小城市功能发育不足，城镇面貌、发展定位和产业发展雷同，城市化发展水平低于全国平均水平，与沿海先进地区和内陆中部地区相比差距仍然较大，这个短板已经对河北集聚高端产业和人才要素等产生了严重拖累。当前河北发展的实践迫切需要找到一条加速提升城市化水平的捷径，而规划建设一批"微中心"恰恰就是适应发展要求的有效抓手。通过"微中心"建设形成一批公共服务水平较高、城市功能特色突出、具备一定区域影响力的"小巨人"城市，提高中小城市与大都市的功能互补性，对于真正建成分工合理、有机联系、互动共进的世界级城市群具有十分关键的作用。

（三）培育建设"微中心"是促进大都市与周边地区协调发展的重要"先手棋"，对于探索全国大湾区高质量一体化发展新模式具有示范意义

多年来，封闭的省区经济、市域经济成为经济运行的基本逻辑和常态。实践表明，作为特殊时期的行政区经济，它激发了地方政府的竞争活力、创造了经济高速增长的奇迹，但也不可否认，它也带来了资源过度集聚于高等级行政

中心城市、横向行政割据加剧、跨省市交界地区相对贫困落后的不平衡、不充分发展格局。当前，区域经济一体化发展进入了新时期，由城市化、高铁、互联网等因素促发的同城化、流动性，迫使京津冀三地主动突破行政区划的限制，共建跨省市融合、一体化发展的现代化大湾区，这也是全球巨型城市区域发展的必然趋势和客观规律。加快规划培育"微中心"，借助疏解北京的科研教育、健康养老、商贸物流、文化体育、医疗卫生、企业总部等非首都功能，优化城市群空间结构与功能布局，全面树立跨界理念，有利于开创具有中国特色的跨区域共建共治新模式，对于探索大湾区跨行政区域经济、社会和生态高质量一体化发展、跨界协同治理与资源利益共享具有重要的示范作用。

三、加快规划建设"微中心"的战略路径

（一）坚持规划引领，从顶层设计方面明确"微中心"载体群的选址布局与特色定位

一是省级层面要出台河北省"微中心"空间布局及建设规划纲要，力争沿快速铁路通道，规划布局 N 个功能定位明确的"微中心"。按照中小城市、经济功能区和特色小镇群等三类载体，分别明确各类"微中心"的空间选址、发展定位、建设模式、产业特色和支持政策措施。二是在出台顶层设计的基础上，各地要高起点、高标准编制辖区内"微中心"发展规划，体现出产城融合、职住合一、特色鲜明、规模适度、专业化发展的特征，与城乡建设规划、土地规划、产业空间布局规划等调整相衔接，切实做到"微中心"发展规划管用有效。

（二）突出承接对接，借力借势构建并延伸产业链与创新链，吸引各类发展要素集聚

一是要满足非首都功能疏解的需求，围绕打造特色功能及产业承接地的目标，结合所在区域的资源特点与比较优势，依据区域资源环境承载能力、发展潜力差异，重点集聚教育培训、医疗健康、养老休闲及特色产业等发展要素，以此为核心延伸相关产业链条，招引产业集群落户。二是要瞄准北京科技创新资源外溢的需求，紧抓雄安新区规划建设和京津冀协同创新共同体建设的新机

遇，积极承接北京部分高科技成果转化、孵化和产业化项目，吸引特色产业要素集聚，培育具有较强竞争力的创新载体集群。

（三） 强化对标学习，按照奥运标准倒逼"微中心"绿色低碳化、智能化和公共服务功能的提升

一是研究、学习和对标大东京、大伦敦、长三角等世界级城市群，结合我国国情，按照"1.5 小时通勤圈"的要求，构建"高铁—城铁—市郊铁路—跨区地铁"等快速铁路体系，全面加快河北省所有县城的市政基础设施建设步伐，完善城区公共服务功能，按照奥运标准倒逼县城绿色低碳化、智能化，打造"魅力县城"。二是抓好一批特色产业园区的升级上档，使之成为能胜任承接和对接先进制造产业落户的现代产业园区型"微中心"。重点抓一批示范园区，如石家庄、秦皇岛、廊坊、保定的国家级开发区，以及沧州渤海新区、冀南新区、张家口可再生能源综合创新示范区、廊坊固安产业园区等，将其打造成为体现工业 4.0、"互联网＋"和"中国制造 2025"要求的绿色、循环、低碳的典范。三是建立与"微中心"相匹配的一流的公共服务体系。按照"产城融合"的要求，强化与北京的对接合作，有计划、有步骤地将首都向外疏解的优质公共服务资源引入"微中心"，借力招引项目，重新合理布局并新建一批教育、医疗、商贸、物流和文化等公共服务设施及配套功能性设施。

（四） 着力创新突破，构建符合"微中心"建设要求的体制机制与政策保障体系

一是探索创新投融资机制与政策。"微中心"在基础设施建设、收储土地、公共服务配套等各方面资金支出巨大，仅依靠出让土地、信贷举债、工程BOT、成立投资建设公司私募融资等传统筹集资本方式已难以为继，建议试行土地增值期权融资、城市无形资产使用权置换融资、城市要素经营权出让收益、划出"区块（飞地园）"由战略投资者入股投资开发建设等新方式，配套出台相关政策措施，构建保障机制。二是探索建立跨区共建共享新机制。构建"微中心"与北京共建园区利益共享机制，开展税收分成、GDP 核算等政策试点，出台具体的实施办法；承担医疗健康功能的"微中心"率先开展医养结合试点等相关政策。三是探索"微中心"新型城镇化体制机制改革。应及时研究"微中心"建设中的人口流动与户籍制度、基于"职住平衡"的城乡土

地出让及使用转性制度、住房建设与租赁制度、区域统筹开发与协同管控机制等一揽子改革，出台一套政策组合工具，争取先行先试权利。

（五）打造形象名片，以追求差异化、美誉度为目标，全面推进"微中心"面貌靓丽化、宜居化和特色化

一是各类"微中心"要因地制宜，根据自身地理、气候、历史风貌和文化底蕴特点，规划创意出一批体现自身优势和独特性的美丽街区、特色小镇和主题庭院，建设城市面貌"打卡地"。二是借力承接和招引的特色产业及功能，突出"因业制宜"，以产业集聚地为载体，培育体现康养医疗、物流商贸、先进制造、教育培训、科技创新等承接功能特征的产业名片，形成特色产业新地标。三是不断优化制度、法治等软环境，加快提升服务能级，要高质量高效率地培厚政务环境和营商环境优势，做到"微中心"空间虽微，但服务能力著名。四是以民为本，学习借鉴武汉"百步亭"社区建设经验，规划建成一批生态环境优越、公共服务完善便捷、民风和谐互助、宜居宜业的生活片区，打造若干民生福祉向往地。

四、"微中心"的空间战略布局和发展定位

"微中心"的建设必须坚持规划引领，关键是要从顶层设计方面明确"微中心"片群的空间布局方案与特色发展定位。一是河北省级层面要编制出台河北省"微中心"空间布局及建设规划纲要，从战略层面确保"微中心"的布局和发展方向符合京津冀协同发展"三区一基地"战略定位和4个战略功能区的功能属性，与此同时，要明确功能定位、建设模式、产业特色和支持政策措施。二是在出台顶层设计的基础上，河北省各地要高起点、高标准编制辖区内"微中心"发展规划，体现出产城融合、职住合一、特色鲜明、规模适度、专业化发展的特征，与城乡建设规划、土地规划、产业空间布局规划等调整相衔接，切实做到"微中心"发展规划管用、有效。

考虑到产业园区（开发区）型"微中心"在《加强京津冀产业转移承接重点平台建设的意见》的文件中已经明确了具体定位（针对"2＋4＋46"平

台体系①里的 46 个产业园区），因此，本书只对县城型"微中心"的具体定位和承接特色进行研究。

综合分析重要交通轴线上的中小城市的发展现状基础、发展条件潜力、产业引资苗头、承接公共服务功能的能力、生态承载力等因素，通过数据分析系统进行量化打分排序比较后，提出可纳入县城型"微中心"的备选清单（纳入区域次中心城市或节点城市的新组团城区不列入"微中心"名单）。经过梳理、研究和分析，笔者对河北省"微中心"的区域空间战略布局提出建议方案，对纳入清单的县城型"微中心"各自的发展定位和承载方向进行研究并提出了规划建议。

（一）湾区视野的"微中心"空间战略布局参考方案

围绕京津冀协同发展国家战略的要求和《京津冀协同发展规划纲要》的空间战略格局的划定，我们认为，未来西渤海大湾区"微中心"城市群的战略空间布局参考方案应划分为四个片群，即环"两翼"核心功能配套群、东部滨海特色功能承载群、南部综合功能培育群、西北部生态功能拓展群。

1. 环"两翼"核心功能配套群

整体发展方向与承载定位：依托地处协同发展中部核心功能区的独特优势，主动承接北京非首都功能疏解和京津产业转移、要素外溢，主动对接、衔接、配套雄安新区和北京城市副中心的产业发展和公共服务功能，以特色功能和宜居宜业环境为优势，推动医疗、教育、文化、会展、科研等非首都功能疏解过程中部分功能落户并形成要素集聚，做强做精一两种特色功能，培育与特色功能匹配互助的产业群体，逐步建成环"两翼"科技成果转化基地、"两翼"战略性新兴产业延展配套产业创新承载区域、特色文化休闲示范区、创新、创业、创投、创客"四创联动"策源地、高水平社会主义现代化城市连绵带。

2. 东部滨海特色功能承载群

整体发展方向与承载定位：抓住"一带一路"倡议和建设中国（河北）

---

① "2＋4＋46 平台体系"是《关于加强京津冀产业转移承接重点平台建设的意见》中提出的，包括北京城市副中心和河北雄安新区两个集中承载地，四大战略合作功能区及 46 个专业化、特色化承接平台。

自贸区的重大机遇，借助秦、唐、沧三大港口推进"港产城"融合发展的契机，以湾区经济和临港产业延伸链条为主题，着力承接临港新型重化工业下游及配套服务业，大力发展特色滨海主题文化休闲康养产业，建设提升各具滨海特色的城镇群风貌。努力成为西渤海大湾区高端商务休闲活动集聚基地、滨海康养医疗旅游服务贸易示范片区、与生态环境保护相协调的滨海型产业聚集带。

3. 中南部综合功能培育群

整体发展方向与承载定位：依托农副产品供给、科技成果转化和高新技术产业发展的基础优势，建设一批各具产业特色和地域文化特色的城镇群。加快对接引进京津加工制造产业、雄安转移升级的轻工业。把握我国对外贸易发展方式根本转变的大势和自贸区建设的契机，培育基于海港、空港、内陆港和信息港"四港联动"的新型现代商贸服务载体群，推动北京非首都功能中重要功能的疏解，努力建设成为河北省产业转型升级、城乡统筹的重要示范区域，拓展新型商贸和产业合作的新空间，平原特色休闲文化创意城镇圈，专业性公共服务承载样板城市群。

4. 西北部生态功能拓展群

整体发展方向与承载定位：充分发挥生态系统比较完善、环境质量相对较好、水资源比较丰富的优势，推进主体功能区建设试点示范，重点完善生态保障、水源涵养、文化旅游、休闲康养、绿色产品供给、低碳产业等功能。以承办冬奥为契机，加快建设"专、精、特、新"生态低碳城镇群，努力建成大湾区休闲康养娱乐功能拓展区，全国生态文明先行示范城市群，京西北"文体旅"经济深度融合创新试验田，以山水田草林多样化景观为主基调的现代化宜居城镇带。

（二）　四个片群中各个县城型"微中心"具体发展定位与承载特色

1. 环"两翼"核心功能配套群

环"两翼"核心功能配套群包括三河、大厂、香河、霸州、固安、涿州、高碑店、高阳、蠡县、安国、任丘、永清、肃宁、河间14个县市，贯穿京广、京雄、京九、保津、京唐等快速交通轴线。具体发展定位及承载特色见表3-1。

表 3 - 1 环"两翼"核心功能配套群"微中心"发展定位

"微中心"县（市）	发展定位和承载导向
三河	北京城市副中心功能拓展新空间；北京城市副中心医疗、文化等公共服务后勤保障基地；电子信息、高端装备制造等战略性新兴产业基地；都市型农业、新商贸服务业和文化创意产业承载区
大厂	京东文化科技城；文化旅游融合产业化基地；现代影视传媒创意新城
香河	中国家具之都；都市型大家居文化产业拓展区；"医养康体"特色文化城；京东影视基地；北运河民俗文化承载地
霸州	都市休闲食品供应基地；"京津雄"金三角枢纽港；雄安高端高新产业延展区；温泉康养城
固安	京南战略性新兴产业重镇；空港南翼创新城；科教研发功能承载后备区；临空自贸区产业拓展基地
涿州	京南智能制造产业新城；京南科教康养新城
高碑店	国家建筑节能技术国际创新基地；专业化特色商贸物流示范城；雄安高端高新产业延展后备区
高阳	全国纺织创新技术研发中心；全国家纺名都；雄安南翼传统产业承载地
蠡县	北方时尚皮毛皮革产业基地；汽车装饰用品之城；电子信息产业承载地
安国	中国现代智慧中药都；北方康养休闲文化城；北京医疗养生养老承接地；中医药科研教育培训功能承载中心
任丘	滨湖生态科技新城；雄安电子信息产业延展承载地；湖淀风光康养休闲城
永清	纺织服装设计创意城；北京高端制造承接地；智慧共享康养基地
肃宁	中国时尚皮草文化城；中国针纺服装名城；书香民乐文化示范城
河间	华北能源装备基地；京津冀国家再制造产业示范城；水韵瀛州文化城

资料来源：笔者自制。

2. 东部滨海特色功能承载群

东部滨海特色功能承载群包括抚宁、昌黎、乐亭、滦南、迁安、丰润、黄骅、青县、泊头、海兴、吴桥、大城 12 个县市，贯穿京沪、沿海、京秦、津秦等交通轴线。具体发展定位及承载特色见表 3 - 2。

表 3 - 2 东部滨海特色功能承载群"微中心"发展定位

"微中心"县（市）	发展定位和承载导向
抚宁	北方葡萄酒生产基地；都市型酒庄文化城；特色休闲农庄
昌黎	北方葡萄酒生产基地；都市型酒庄文化休闲基地；黄金海岸休闲文化福地；智慧康养产业名城

续表

"微中心"县（市）	发展定位和承载导向
乐亭	京津冀智能装备生产和配套基地；自贸区拓展区物流枢纽中心；进口商品再制造承载地；滨海特色文化休闲胜地
滦南	大健康产业承接新城；西渤海湾智慧示范城市；冀东特色文化名城
迁安	生物医药与健康产业基地；资源型城市转型示范教育基地；首都公共教育医疗功能承接城市；生态景观宜居城市
丰润	轨道交通装备城；应急救援大产业培育基地；生态农庄休闲城
黄骅	港城融合示范区；汽车及零部件生产基地；临港商贸物流枢纽；滨海科教新城
青县	中国电子机箱制造基地；滨海生态食品城；运河古家具文化之都
泊头	北方新型铸造示范城；军工特色装备基地；梨庄园及文化艺术基地
海兴	北方体育健身器材基地；北方综合性新能源基地；滨海生态宜居休闲城；首都科教文化功能承接地
吴桥	中国杂技之都；杂技体育健身深度融合示范城；中国特殊技能教育培训基地
大城	中国京作古典家具之都；中国绝热节能材料特色产业基地；宫廷木艺文化科教传承基地

资料来源：笔者自制。

3. 中南部综合功能培育群

中南部综合功能培育群包括正定、平山、新乐、宁晋、沙河、武安、魏县、清河、南宫、深州、武强、安平 12 个县市，贯穿京广、京昆、石济、石青、石黄等交通轴线。具体发展定位及承载特色见表 3 – 3。

表 3 – 3　　　　中南部综合功能培育群"微中心"发展定位

"微中心"县（市）	发展定位和承载导向
正定	国家乡愁文化先行示范区；新型商贸物流示范城；板材家具生产基地；北京高端高新产业配套衔接承载地；空港自贸试验区
平山	温泉康养城；特色文化会展城；省会后花园
新乐	动漫美术产业基地；创意艺术职业教育新城
宁晋	中国光伏产业之都；中国特种电线电缆产业基地；输配电装备产业基地；农用机械产业基地；特色农产品及文化产品主题小镇群

续表

"微中心"县（市）	发展定位和承载导向
沙河	国家功能玻璃产业基地；特种玻璃材料研发中心；山水宜居生态城
武安	新能源汽车产业基地；山水健康养生示范城；特色文化（冶炼、商帮、红色）主题影视城
魏县	交通装备产业基地；生态宜居新城；科教文化功能承接优选地
清河	中国羊绒之都；新能源汽车基地；电商示范城；特色纺织服装教育培训基地
南宫	纺织羊绒产品基地；小家电制造基地；生态宜居商贸水城
深州	汽车配件生产基地；特色农产品主题庄园文化小镇群
武强	中国北方乐器生产基地；音乐文化科教城
安平	中国丝网之都；中国马文化新城

资料来源：笔者自制。

4. 西北部生态功能拓展群

西北部生态功能拓展群包括张北、崇礼、怀安、怀来、涿鹿、蔚县、涞源、涞水、曲阳、平泉、宽城、滦平 12 个县市，贯穿京昆、张石、京张、京承等交通轴线。具体发展定位及承载特色见表 3-4。

表 3-4　　　西北部生态功能拓展群"微中心"发展定位

"微中心"县（市）	发展定位和承载导向
张北	新能源及装备制造基地；草原文化旅游名城；生态宜居消夏避暑胜地
崇礼	冬奥绿色智慧新城；冰雪装备器材产业基地；全国冰雪运动赛会承接地；冰雪文化主题娱乐城（京北奥运不夜城）
怀安	京北汽车及零部件产业基地；公共安全与应急装备产业基地；洋河生态旅游休闲康养基地
怀来	航空航天产业承接基地；国家安全应急装备产业基地；中国葡萄酒之都；劳务技工教育培训承载地；京北温泉康养文化新城
涿鹿	电子信息和新能源装备制造基地；始祖文化产业示范基地
蔚县	中国民俗文化旅游城市；文化产业示范基地；中药康养休闲基地
涞源	雄安轻工产业外溢承载地；温泉康养避暑度假城；生态宜居山泉城

续表

"微中心"县（市）	发展定位和承载导向
涞水	雄安高端高新产业衔接外溢承载地；中电科电子科技城；生态文化旅游名城；康养休闲度假基地
曲阳	世界雕塑文化艺术之都；北方瓷都；文化旅游名城；绿色产业发展基地
平泉	食用菌等特色文化产业基地；冀东北生态宜居文明城
宽城	绿色建材产业基地；冀东北特色山水园林城；特色农产品主题庄园文化小镇群
滦平	中药材经济示范城；冀东北康养休闲城

资料来源：笔者自制。

五、"微中心"建设的难点问题与瓶颈制约

（一） 如何创新投融资机制与政策为"微中心"建设提供资金保障

城区建设的融资问题一直是经济社会发展的瓶颈问题。"微中心"在基础设施建设、收储土地、公共服务配套、保障性住房建设等各方面资金支出巨大，且综合实力较弱，金融资源集聚水平不高，难以吸引民间资本投入建设，仅依靠出让土地、信贷举债、工程 BOT、成立投资建设公司私募融资等传统筹集资本方式已难以为继，推进发展进程中迫切需要通过借鉴国内外先进地区融资经验创新投融资机制、方式和政策来实现短期内的突破，满足"微中心"建设发展的需要。

（二） 如何能够真正实现与"微中心"承接功能相匹配的产城融合

产城融合是"微中心"建设成败的标志。无论什么形式的"微中心"载体，都存在着产城融合的必然要求。判断产业与城市的融合是否成功，要看城区功能体系中是否形成具有战略竞争力、独特而不易被模仿的支柱产业和与之相互促进又延展到居民服务的公共设施体系。当前，在"微中心"建设中有几个问题值得警惕。一是县城经济发育与县城城区公共服务能力均不符合"微中心"要求。河北不少县（市）的县域经济在发展过程中形成了一定的特色，但县城经济并没有特色可言，只提供满足县城居民日常生活最基本需要的公共服务，基本上就是北方普通乡镇的"扩大版"，没有发育或培育出具有鲜明特

色甚至辐射一定区域范围的城区经济。二是特色产业停滞于"园区化"却没有进一步拓展、延伸或发育出"升级版"的"城区型"相关产业群与公共服务体系。有一部分重点产业园区或特色小镇群虽然已经形成了独具特色的支柱产业或专业市场，但其支柱产业本身与"微中心"所需要的承接承载功能并不协调，也不匹配，又没有形成依托自身特色支柱产业向相关"城区型"新兴服务业延伸的能力，从而导致了难以符合"微中心"要求的"产城脱节"。比如，河北安国可依托现有中药"种产贸"产业群延伸产业链条，规划匹配专业性、量身定做式公共服务设施体系，发育以药医康养为特色的"微中心"，将能够有效承接北京各类中医院、中医学院及康养服务机构与产业群，逐步培育形成北方知名、辐射华北的"康养城"。

（三） 如何基于"职住平衡"构建起"微中心"新型城镇化体制机制

现在很多规划中的新城，在规划之初确实应用了很多的新的城市建设理念，例如新都市主义、新城市主义，期望所有的居住都会有匹配产业和配套设施。但现实是，规划里的产业及商户却无法按照规划聚集起来。睡城、空城成为大都市周边地区新型城镇化方面目前遇到的最大问题，且在过去的几年愈加显现。从区域开发的角度上看，在大中型城区功能外移的过程中，产业按照自己的规律和方向在外移，开发商在按照自己的规律和拿地能力对城市外围进行开发，居住者、白领、刚需人群在按照自己的购买能力从中心城区往外移，但这些产业、就业、人口是没有关联的。这就是"微中心"建设必须高度关注并应超前做好的"职住平衡"问题。然而，若要实现基于"职住平衡"的新城区建设，并不仅仅是加大招商引资、促进营商环境改善等的问题，还需要城乡土地出让及使用转性制度、住房建设与租赁制度、区域统筹开发与协同管控机制等一系列的体制机制创新。

（四） "微中心"在建设和承接非首都功能过程中如何真正做到城市风貌与城市文化品质的名片化

从大历史观看，城市不仅是经济活动的载体，更是人们生活的家园、是社会文化活动的舞台、是创新的孵化器和加速器。好的城市对内能凝聚人心，增强认同，振奋精神，对外能展现形象，彰显魅力，提升软实力。中小城市的职能定位并非仅仅体现在产业特色定位，也体现在城市风貌、服务能力和民生福祉的特色定位。从世界范围来看，有不少中小城市实际上只有一两种城市主导产业，却有与众不同的城市风貌和文化品质，仅此就形成了一个世界知名城市，吸引世界范围内相关发展要素的集聚。这实质上是我们所期望的"微中心"的理想状态，产业上不要"大而全"，而要"专而特"；城市面貌上不要同质化，而要成为有代表性、难模仿的"打卡地"；"微中心"空间虽"微"，但服务能力要著名；生活小区虽然不算大，但民风和谐、居民互助、宜居宜乐，能够成为民生福祉向往地。因此，如何在推进"微中心"建设中，真正做到"产业特色化、城市风貌名片化、社会治理高效化、民生福祉常态化"的协同共进，确实不只是做好规划就能解决的问题，它更需要顶层设计、政策体系与推进机制的贯通联动。

六、借鉴国内外先进经验破解难点问题的思路与建议

（一）创新"微中心"建设与发展的融资方式和投资激励机制

"微中心"的投融资创新需转换传统的城市（园区）开发建设的资金筹措观念，积极借鉴国内外先进经验，大胆试行一些新举措和新政策。一是借鉴国内先进地区经验，考虑试行土地增值期权融资、城市无形资产使用权置换融资、城市要素经营权出让收益、划出"区块（飞地园）"由战略投资者入股投资开发建设等新方式筹措开发资金，配套出台相关政策措施，构建保障机制。二是借鉴英国、德国的经验，考虑在有条件的"微中心"试点"规划土地激励法"，即政府以规划和土地审批为条件，换取开发商签订协议，在建成住宅小区后，将一部分房源拿出来交给政府作为公租房，只租不售。这相当于变相融资建设公租房。与此同时，在推进产城融合中也可极大缓解"因商品房价格高导致附近就业人群买不起"的住宅与就业人群脱节问题。三是探索试行两权分离的"激励融资法"来推进公共服务设施建设。与PPP模式不同，这种新型融资法借鉴了德国经验，具体是指私营机构按照政府规划及设计要求投资建设公共服务设施，除享受相关税费优惠减免外，还能拥有产权，但事先须与政府签订一个设施使用期限，一般在15年至40年不等。在约定的使用期限内，所建设施应作为社会公共服务机构使用，按照政府规定的价格范围出租或免费向公众开放使用，并负责社会住房的修缮、维护和管理，期满后可按市场价格

自由出租或出售。四是建立"微中心"住房投资信托基金及其管理公司，并推动其上市经营。五是借鉴我国香港和英国经验，探索在部分"微中心"实行基础设施和住宅资产证券化融资的方式，更广泛地吸收社会资本参与"微中心"的建设，提高资金使用效率和管理效率。

（二）因地制宜探索不同类型"微中心"实现产城融合新路径和新模式

1. 对于无明显特色产业基础、也无产业包袱的中小县城，在建设承接某些特色功能的"微中心"时，可考虑推行美国尔湾模式

尔湾市是位于美国加州西南部的中小城市，占地88平方公里，2011年人口21.7万，1971年建市，其前身是尔湾公司掌管的农场，目前是洛杉矶大都市区的重要节点城市，是公认的"第五代城市"[①]，是南加州"技术海岸"的中心城市，因科技产业集群、商业环境和宜居环境而著称。尔湾市在美国最宜居城市排位一直是前10名，且多次名列榜首，是产城融合的世界典型案例。分析尔湾市崛起的演进路径，可以归纳总结为：公司经营的农牧场→加州大学新校区入驻→围绕新校区科学规划设计城市社区→同步规划建设西尔湾工业区→建成高科技产业区和大型低碳环保型城市社区→形成加州技术海岸的中心和高科技公司总部区。总结其发展的经验可以概括为：一是以引入学校为突破口实现兴城兴产；二是遵循环保主义理念精细规划设计推动城区均衡发展；三是政府政策的支持和市场化运作机制；四是不断完善和提升安全舒适便捷的生活、商业、教育环境；五是通过打造城市名片和特色产业名片助推城市发展良性循环。对交通沿线的县城型"微中心"通过率先引入教育、医疗资源来推进产城融合而言，尔湾模式和建设经验具有重要启示意义，值得学习和借鉴。

2. 对于环"两翼"县城类型的"微中心"实现产城融合，可以日本筑波科学城模式为基础进行改良

日本筑波科学城位于东京东北60公里处，占地280平方公里，规划人口22万人。它是日本政府在20世纪60年代为实现"技术立国"目标而建立的科技新城，开创了以政府主导建设新城的新模式，被世人称为"现代科技乌托

---

① 第五代城市是指倡导生态环境、人类生活与经济增长、和谐与共赢，为科技产业、生活和工作创造适宜环境的城市。

邦"，在20世纪80年代名噪全球。其发展的演进路径大体分为以下几个阶段：以政府主导迁入科研部门与研发机构为突破口→建成以国家实验研究机构和筑波大学为核心的综合性学术研究和高水平教育中心→制定相关法律促进科技产业、高校与科研院所互动发展→形成推动传统产业向高技术产业方向发展的基地→打造科学城名片。其崛起的经验可以概括为以下几点。一是采取国家统一领导、各部门分工协作的管理体系。筑波科学城建设是在日本首相办公室中的"科学城推进本部"统一领导下、各部门分工协作进行管理的。土地开发和公用设施建设项目由住宅和城市开发集团负责；科研和教育机构的建设由建设部负责；建造和管理道路、公园和商业服务设施则由筑波新城开发公司负责。二是实施了立法保障和大量优惠政策。通过立法等手段，采取多种优惠政策和措施，对房地产租赁、设备折旧、税收、信贷、外资引进等实施了综合优惠政策，有力保障和促进了科学城区的发展。三是在项目发展选择上根据本地特点优势集成。美国硅谷的巨大成功使许多国家和地区竞相仿效，开发电子信息业。但筑波科学城管理者在模仿硅谷中很快悟出：不顾本国、本地区条件和特点都去研究开发电子信息产业必遭失败。只有根据本国本地优势，从一个或几个高新技术领域和项目去研究开发，并形成具有竞争力的高新技术产业，才是建设科学城的上策。因此，根据当地优势及国内外环境条件，筑波选取高能物理、生命科学、材料科学等领域以及化工、机械、电子、气象和环境等部门，进行多学科多行业的优势集成综合地进行研究开发，成效极大。四是统一规划和统一投资建设均衡配套的基础设施体系。新城中心区安排面向全市居民使用的各种公共设施，行政中心、文化娱乐、商业和交通设施安置在市中心公园广场周围，城内生活方便、环境舒适，住房标准高于东京市区。五是统筹协调人口、资源、环境等推进均衡可持续发展。筑波科学城区初建时，政府设法吸引科技人员和科研机构从东京迁入；城区规模发展较大、人员涌入较多时，又注意控制人口。此外，还颁布了《私人部门资源利用法》等法规，对资源合理开发利用、环境保护等问题加强管理，同时高度重视城区市政、住房等社会整体发展的综合考虑，保证了科学城的持续健康发展。

从实际情况考虑，围绕雄安新区和北京通州城市副中心"新两翼"的县城型"微中心"，既要承接非首都功能疏解和接受"两翼"增长极的辐射带动，又要培育与"两翼"配套互补的特色城市功能，因此，从全球中小尺度城市推动产城融合的经验看，日本筑波科学城模式对这类"微中心"具有重要参考价值，环两翼"微中心"可考虑以此模式为基础结合自身实际情况进行适应性调整。

3. 对于产业园区类型的"微中心"推进产城融合，较为适合新加坡模式：裕廊工业园（苏州工业园）模式

产业园区类型的"微中心"产城融合体现了园区产业空间与园区社会空间协调发展的内在要求。目前在国内所见过的产城融合做得最好的园区就是中新苏州工业园（裕廊工业园模式）。苏州工业园区产城融合的新型城镇化道路经历了以大动迁、大开发、大建设、大招商为主基调的"以产兴城"阶段和以品质提升的城市现代化为主基调的"产转城升与产城共荣"阶段。

仔细考察苏州工业园区产城融合的发展历程不难发现，园区在践行产城融合的新型城市化道路方面所取得的成功，绝对不能简单地归结为"改革开放之初的运气"和"先行先试"政策级差效应。认真分析、归纳和总结苏州工业园区在产城融合发展方面对其他后进地区可能构成的经验借鉴，其与深受"产城脱节"困扰的其他经济开发区路径上的差异在于理念引领、规划前瞻、产业体系、城市功能和发展更新机制等方面的综合性胜出。归纳其产城融合 2.0 升级版的变革经验，有以下几点：一是初始高品质产业的成功入驻带动了园区硬件和城市建设的高水平起步；二是产业链配套式发展和梯度转移，吸纳周边乡镇加入分工体系，带动乡镇联动式发展；三是园区建立之初以大规模建设众多职业技术学院（校）为突破口集聚人气，同时较好地缓解了工业制造"灰领"班组长不足使得制造质量和精密度上不去的困扰；四是在园区内建立创新创业人才的引进、培养和集聚的"乐土"——独墅湖科教创新区，越来越多创新创业人才在独墅湖创新区的集聚，有力地支撑着苏州工业园区制造向园区"智造"的转型升级；五是始终遵循产城融合理念，将"生活配套及城市区块布局优化提升"的各类相关规划做到极致，确定了城市中心、片区中心、邻里中心和居住小区中心四级公共服务体系，实现了便民服务与区容区貌、城市交通、人居环境的高度统一；六是从产业发展不同阶段的实际需求出发，从经营城市的角度，前瞻布局城市功能配套设施优化，提高生活配套设施的便利化、品质化和人性化，提升城市社会治理水平和能力。

发端于中国与新加坡政府合作项目的苏州工业园区，成功地走出了一条产业发展欣欣向荣与城市功能升级优化、协调并进的高水平城镇化发展道路，为河北城镇化发展的后进地区审慎避开"产城分离"的窘境，为破解产业园区

类型的"微中心"建设经常出现的"生活空间发展落后于生产空间发展、城市功能建设滞后于产业功能发展、社会事业发展滞后于经济增长发展"的低水平城镇化困局，提供了极为有益的参考和弥足珍贵的经验。

（三）以改革创新住房开发方式和土地利用供应模式为切入点破解"职住平衡"的难题

"微中心"实现了产城融合不等于实现了"职住平衡"，职住不平衡导致的"潮汐城"等问题仍然会存在。究其原因，有产城规划设计不合理、土地功能混合利用不合理、居住小区开发尺度和强度不合理等，但最关键也是最难解决的，当属居民购房消费能力与市场化高房价不匹配导致的居住与就业的距离错配。破解这个难题，需多方面联动，尤其要从"居住供给端"变革入手，在体制机制和供给模式方面适应"职住平衡"的需求，具体建议如下。一是"微中心"承接的产业或公共功能，其周边要配套布局相当数量的公租房或政府廉租房，从规划设计和土地出让时就要明确提出要求。二是创新住房开发与租售方式。借鉴德国成功经验，选择部分"微中心"试点建立住房合作社制度，即成立一种全新的机构住房合作社（微利机构或公司性质），引入竞争机制，以补充房地产大公司这种单一开发主体带来的建房垄断缺陷，倒逼房产商提高住宅建设质量。住房合作社由当地居民申请入社，以众筹形式注入"社费"，以集体共同制定的章程来规范合作社的日常运作，从政府获得贴息、银行获取低息贷款，建造住房出租给社员居住，社员按时支付租金，如中途退出或搬迁，再将腾退住房转让给新加入的社员。此方式建设的租赁房与政府主导建设的公租房（廉租房）、房地产公司商品房中的协议公租房，三者共同构成产业周边配套租房供应体系，在德国非常成功地解决了"职住平衡"问题。三是创新土地供应方式。对于保障民生的公租房用地应采取无偿划拨方式供应土地；对于私人住房和房地产公司建房用地采取按划定的出让标准收取土地出让费的方式供应土地；对于公共基础设施和公用文化教育医疗等民生事业用地，都将采取划拨直供的方式；对于服务业等盈利性行业用地，应采取按出让标准分年期收取出让费的方式出让土地。四是完善土地多元化利用规划。应包含三方面内容：其一，以短距离出行为目标的土地混合使用布局；其二，以公共交通可达性水平来确定的土地集约化利用；其三，土地多维度、立体化的规划利用方式，即向空中与地下发展。

（四） 开启"品貌双修"行动计划，强力推动"微中心"城市形象与城市文化品质的提升

开启"品貌双修"行动计划，建议主要采取两项新举措。一是以"微中心"为基本单元，创建一批乡愁文化示范区。在河北省选取 10 个左右的不同类型的"微中心"，以建设乡愁文化示范区为抓手，大力发掘、保护、传承城市历史文化，全面系统地修复、弥补和完善传统文化和特色功能承载空间场所，不断改善城市公共服务质量，不断改进市政基础设施条件，使城市更加宜居、更具魅力、更有情怀。其中，正定县可借助习近平总书记在 2013 年 6 月视察塔元庄的讲话中向全国首次提出"乡愁"概念的契机，① 谋划筹建国家乡愁文化建设示范区。二是开创与租购房、保障福利相挂钩的城市居民"社会贡献积分制"。大体思路如下：出台具体积分办法，积分内容可包括辛勤工作年限、无违法犯罪、参加公益活动、帮扶危困、杰出贡献、弘扬精神文明、见义勇为等，无论外来人口还是当地人租购房都将实施"积分准入制"，积分达到不同标准，在享受社会基本福利的基础上，可享受不同的额外社会福利，如政府的租房补贴或接受政府发放的租房券抵租金等，引导和倒逼城市文明和道德民风的提升。

---

① 参见中共中央党校网站《学习时报》对正定的采访报道《习书记关心塔元庄的发展变化——习近平在正定》。

第四章

西渤海大湾区构建现代化
产业体系的战略思路

当前中国正处于"两个一百年"历史交汇期，后疫情时代的产业和科技发展也必将经历深刻变化。本章将通过分析判断新形势对产业变局的重大影响，研究构建西渤海大湾区"两新四大"现代化产业新体系的具体内容、产业选择、区域支撑、关键载体和亮点设计，提出产业空间布局战略性调整总体方案、各板块的发展方向和战略定位，在此基础上，研究提出培育现代化产业体系的重大工程及重大举措。

第一节　国内外新形势对产业发展变局
产生的重大影响的判断

后疫情时代大国政治经济的对抗和分裂将加剧而不是缓和，美国发动主导的中美科技和经济脱钩愈演愈烈，大国之间政治摩擦、军事冲突和全球经济衰退的风险增加。最值得重视的是，在百年变局中即将迎来决定大国博弈胜负和人类未来发展方向的第四次工业革命，在这关键时期，需要我们正确判断并把握好新形势带来的产业发展新变局。

一、全球产业链布局形态将发生巨变，正由"有限水平分工"向"垂直整合分工"的"产业链集群"演进

新冠肺炎疫情下，暴露出"传统水平分工"的全球产业链体系抗风险能力弱的弊端：几十个国家、几百座城市、上千家企业可以共同生产一个产品，一旦遇上人类社会不可抗力的自然灾害、社会动荡、重大疫情等全球性危机，牵一发而动全身，就会打破紧绷的全球水平分工产业链平衡，信息阻断、物流停滞，让原来不同地域协同生产的优势瞬间转变为劣势，过大的物理距离把产业链分割得支离破碎，从而给全球制造业带来灾难性的倒退。破除这种弊端，绝不可能倒退回19世纪搞每个国家或地区狭隘的自我独立、自主循环的封闭制造产业体系，最合理的方法就是让这种产业分工能够在某些地域聚集成垂直整合的"产业链集群"。区别于传统的千家万户生产一种或几种零部件产品的"产业集群"概念，"产业链集群"是指，全球不同企业分别集中在有限的几个区域完成某一产品全产业链的制造，每个区域都能独自完成该产品产业链上的零部件、半成品以及最后的产品集成总装、商贸销售及物流、产业链金融甚至产业技术的研发等，产品收益仍然是由各参与国企业分享，不同国家的企业虽然集中在某一个地域加工制造，但是利益是全球共享的，这个"区域"的产业形态就是"产业链集群"。也就是说，"产业链集群"依然要发挥全球化水平分工的特点，而不是由一个企业大而全、小而全地搞整个产业链体系；也不是一个地区自力更生、"肉烂在锅里"，让本地企业大包干儿，做整个产业链。产业链集群与传统的水平分工的区别在于，产业链上的企业不再是广泛分布在地球每一个角落，而是要选择合适的一个或几个地区，在1小时到3小时车程半径内（50~200公里半径）完成整个上中下游80%以上的零部件甚至全部成品的集群化生产基地。通过"产业链集群"能最大限度降低运输成本，提高物流调度效率，最大限度地避免各种自然灾害、疫情灾难的冲击，强化产业链的抗风险能力。如果说"全球化水平分工"是大规模工业化生产制造时代的典型生产关系，是跨国公司主导的产业链利益最大化的产物，那么"产业链集群"就是"数字时代"的垂直整合型生产关系，是在某些限定地域内的全球化水平分工，是提高全球产业链抗风险能力的产物，它将是未来全球产业链布局形态演进的必然趋势。从我国国情看，当前我国有一些区域已发育出

"准产业链集群"形态，具备较强的构建产业链集群的基础，有能力也有条件转型发展"产业链集群"。

二、未来新工业革命制高点的争夺加剧，科技"逆全球化"趋势下大国重构高科技供应链安全体系

当今世界大多数科学家对于"工业革命"的共识观点是：第一次工业革命始于18世纪60年代，以蒸汽机发明为代表（英国引领）；第二次工业革命始于19世纪60年代，以电力的发现和应用为标志（美国引领）；第三次工业革命始于20世纪40年代或60年代，以电子计算机或因特网发明为代表（美国引领）。每次工业革命历经百年左右时间。当前世界正处于第三次工业革命的后期，并开始向第四次工业革命迈进，5G和物联网技术就是未来衔接第四次工业革命的核心技术。从西方科技强国科学技术领域较为认同的一种观点看，第四次工业革命主要体现在以下几类颠覆性技术：一是人工智能；二是基因工程；三是新工业材料石墨烯；四是量子科学；五是核聚变。前三次工业革命都发生在西方国家，未来第四次工业革命出现了"东西方大国博弈"争当引领者的场景，正因为如此，科技"逆全球化"开始盛行，中美科技战、日韩科技战等一系列科技贸易保护主义行为，使得全球高科技供应链的安全受到严重挑战。由此看来，无论哪个国家，从国家战略视野考量，确保高科技供应链的安全可控，都将成为新的国家安全重大课题。世界大国将会进一步加强供应链的"国家干预"能力，战略性高科技产业供应链会逐步回归本土。越来越多的国家会把确保高科技供应链安全上升为重大系统性风险应对战略加以实施，尽可能地重构并确保高科技供应链安全可控将成为主要趋势。

三、新形势倒逼全球产业方向性整体转型，数字化、智能化、网联化和信用化是产业未来发展的重要趋势

疫情倒逼市场加速发展新商业模式、新产业、新消费、新经济。以数字产业、智能经济为主的方向性转型趋势已非常明显，"数字+"、"智能+"、集成化、网联化等将成为制造业和服务业共同的发展追求，推动产业发展与数字技术、物联网技术、人工智能的深度融合。产业互联网平台将获得大规模发

展，进而改变一些行业的价值链和商业生态形式，形成更加自动化、区域化、个性化的新型供应链网络。同时，疫情严重打击了生产者和消费者信心，导致的供应链断层、金融违约、信用崩坏等也在一定程度上促进产业发展融入区块链技术，有望在未来打造"信用化"产业链。

四、由西方国家经济制裁和科技围剿导致产业提档升级的窗口正在打开，全国新一轮产业格局分化、供应链条分工布局大调整的时代正式开启

当前，以美国为首的西方国家正全力在政治外交、科技创新、经济贸易等方面围堵我国，试图遏制中华民族伟大复兴，由此导致的各种禁售、禁运、禁止合作和打压产业、产品的行为对我国产业链供应链在国际分工中的布局带来冲击，同时也为我们传统产业转型升级、科创产业大发展提供了难得的机遇。在这个大背景下，全国各个省份、大都市圈都在应对新挑战，积极抢占科创产业制高点，加快布局发展填补国内技术空白、被西方"卡脖子"的技术产品，重塑全国产业链供应链的新时代正式开启，西渤海大湾区作为中国北方最有实力和发展潜力的湾区经济，必须深度融入这次伟大的变革之中。

第二节　适应新形势构建西渤海大湾区产业发展新体系的内容设计

后疫情时代国内外大势对产业发展变局的影响，既给西渤海大湾区产业发展带来严峻的挑战，也带来了难得的机遇。分析全国现代化产业体系发展的特点和湾区之间、省域之间产业竞争的新格局，考虑西渤海大湾区产业发展的现实基础和行业竞争的优劣势，笔者提出西渤海大湾区现代化产业体系发展的内容设计，力图在高质量发展背景下清晰产业战略定位，不断完善在国际国内市场竞争大格局中有关产业发展的战略思考。

从京津冀三省市产业发展历史和科技、产业基础出发，我们研究提出适合大湾区实际的现代化产业体系主要框架内容为："两新四大"六个板块，即新智造、新重化、大健康、大物贸、大文化、大生态。

一、新智造

（一） 产业选择的必要性

新智造是指新一代智能制造产业。很多人会对智能化产业发展产生一种思想误区，把智能制造产业和电子信息产业相混淆。电子信息产品的技术含量有高低之分，同一类产品也有代际之差，但智能制造属于一个产业板块，体现的是一种制造方式，它的范围不仅涵盖新一代电子信息产业，也包括装备制造、新材料、纺织服装、家具、玩具、日用小商品或家用电器等传统制造产业。新一代智能制造产业是指应用新一代智能技术、最新业态进一步提升并赋能已有的传统制造产业，使其产品拥有更低成本、更高质量、更多性能，具有对同类产品的市场排他性，所以，从生产方式智能化的角度出发，完全可以做到"一步到位"迭代替换。

新一代智能制造是新时代全球高技术产业发展新风口产业，具有溢出带动性很强的"头雁"效应。从全球范围看，新一代智能制造产业空前活跃，以人工智能、大数据、云计算、区块链为代表的信息技术加速与传统制造业等领域交叉融合，带动制造技术创新和制造业结构调整，形成了数十万亿美元规模的宏大市场，成为发展速度最快、最具持续增长潜力的产业，以新智造为代表的国家创新力和竞争力正在成为世界各国新一轮竞争的焦点和制高点。从国内形势看，国家高度重视智能制造产业的发展，相关部委已出台相关文件，为产业发展创造了良好的政策环境。粤港澳大湾区、长三角城市群、成渝都市圈等纷纷在智能制造领域进行重点布局，形成了多点开花、竞相发展的格局，我国新智造产业发展进入新一轮加速期。由此可见，加快发展新一代智能制造是我国赢得全球科技竞争主动权的重要战略抓手，也是推动西渤海大湾区科技跨越发展、产业全面升级、生产力整体跃升的重要战略产业。后疫情时代智能经济新机遇和新优势将不断涌现，新智造产业具备实体经济和智造先发优势，必然会为高质量发展和现代化建设强力赋能，这是未来都市圈之间、省域之间、城市之间培树产业竞争优势的关键所在。

（二） 重点任务的要点设计

1. 主线方向

新智造产业板块是指体现最新的数字技术、智能技术、物联网技术等产品制造业以及把新技术、新业态应用融入传统制造业而形成的产业板块，其特征是以电子信息、装备制造和轻工产品等为主的加工制造业向"数字化、智能化、无人化、个性化"新方向转变提升。

2. 区域支撑

"2＋6＋N"模式布局，即"两核六城多点支撑"，该模式是由产业价值链前端中枢和若干个生产基地构成，按照微笑曲线布局，形成了合理的区域分工。"两核"是指北京中关村和河北雄安新区；"六城"指北京的未来科学城、怀柔科学城，河北的石家庄市、廊坊市、秦皇岛市，天津的滨城；"多支点"是指北京市的亦庄新城、顺义新城、昌平新城、大兴新城、房山新城；河北省的保定、张家口、衡水、沧州、唐山等地相关高新区或经济技术开发区；天津市的环城四区和外围五区。各载体"十四五"时期的产业具体定位设计如下。

（1）两核[①]。**北京中关村**，重点聚焦人工智能、下一代通信和网络、集成电路、大数据、云计算、工业互联网与物联网、虚拟现实、区块链、网络信息安全等重点领域，以关键技术突破和服务模式创新升级"双轮驱动"，构筑关键领域竞争优势，打造新的经济增长点，形成具有全球影响力的智能制造产业集群。**雄安新区**，主要聚焦价值链前端的研发、设计、标准、资本、产权、信息、人才和价值链后端的系统服务集成等领域，积极发展智能制造产业链供应链中"卡脖子"技术和产品，努力打造京津冀新智造产业"大脑"、国家数字经济创新示范区、国家智能制造研发创新中心。

（2）六城[②]。北京未来科学城，重点聚焦"先进能源、先进制造、医药健康"等创新领域，着力发展智能电网、智能汽车、智能医疗机械等产业集群。怀柔科学城以建设首都全国科技创新中心为使命，以打造世界级原始创新承载

---

① 北京市国民经济和社会发展第十四个五年规划和2035年远景目标纲要［R］.国家发展和改革委员会网站，2021－03－31.

② 北京市国民经济和社会发展第十四个五年规划和2035年远景目标纲要［R］.国家发展和改革委员会网站，2021－03－31；天津市国民经济和社会发展第十四个五年规划和2035年远景目标纲要［R］.国家发展和改革委员会网站，2021－04－01.

区和开放科研平台为出发点，聚焦物质科学、空间科学、地球系统科学、生命科学、智能科学五大方向，不断引导和推动智能制造要素加快集聚，积极建造全国智能制造产业新地标。石家庄市着力打造"中国数字新城""智能生物医药产业名城"。廊坊市着力打造"国家智能制造名城""中国北方 IT 产业名城"。秦皇岛着力打造"国家软件名城""北方智能装备名城"。天津的滨城，即天津滨海新区的智能制造产业集聚地，以各开发区为核心载体，以新一代信息技术、航空航天、新能源汽车、新材料、生物医药等产业为主攻方向，集中布局一批智能制造业集群。

（3）多支点①。北京市的亦庄新城，聚焦新一代信息技术、汽车、机器人和智能制造、生物医药四大产业，打造具有全球影响力的创新型产业集群和科技服务中心、首都东南部区域创新发展协同区、战略性新兴产业基地及制造业转型升级示范区。顺义新城聚焦发展新能源智能汽车、第三代半导体、航空航天等创新型产业集群，依托世界级航空枢纽建设，发展临空经济、产业金融、商务会展、文创旅游等现代服务业，打造港城融合的国际航空中心核心区、创新引领的区域经济提升发展先行区。昌平新城聚焦发展先进能源、医药健康、先进智造等优势主导产业，着力完善公共服务、基础设施、商务商业等配套，打造首都西北部重点生态保育及区域生态治理协作区、具有全球影响力的全国科技创新中心重要组成部分和国际一流的科教新区。大兴新城立足于生物医药基地和国家新媒体产业基地，做优做专医药健康产业，做大做强新一代信息技术、智能装备产业，打造面向京津冀的协同发展示范区。房山新城聚焦良乡高教园区产学研用融合发展，加强高端制造业基地、新材料产业基地、生态谷建设，打造京津冀区域京保石发展轴上的重要节点、科技金融创新转型发展示范区。唐山高新区、唐山丰润、衡水高新区、衡水桃城区、张家口怀来、张北、邢台经济技术开发区、保定高新区、保定经济技术开发区、沧州经济技术开发区、承德高新区等重点承接平台着力打造智能交通装备、智能机器人、智能服务器、智能信息产品、智慧能源装备、无人机、智能网联汽车等智能制造基地。天津的环城四区（西青、北辰、津南、东丽）重点发展人工智能、大数据、集成电路、智能网联

① 北京市国民经济和社会发展第十四个五年规划和 2035 年远景目标纲要［R］. 国家发展和改革委员会网站，2021 – 03 – 31；天津市国民经济和社会发展第十四个五年规划和 2035 年远景目标纲要［R］. 国家发展和改革委员会网站，2021 – 04 – 01.

车、智能制造装备、生物医药等产业，优先培育智能地新技术业态的前沿产业，打造智能产业先导区和集聚区；外围五区（武清、宝坻、静海、蓟县、宁河），重点发展生物医药、人工智能、智能装备、新能源、新材料、节能环保等产业，加快智能制造技术转化落地，推动智能产业向价值链高端升级，打造区域转型升级示范区、产业发展协同区。

3. 示范平台载体

（1）建设"7＋10＋15"枢纽型创新平台体系。一是建设 7 家国家级智能制造区域创新中心；二是推进高校、科研院所与企业合作建立 10 家新智造国家重点联合实验室"一体化开发者社区"，形成"算法、数据、场景"一体化联合开发实验；三是建设 15 个以行业为主题的新智造创新实验室，为智能制造产业提供多要素聚集的训练场。

（2）构建"六个一"创新应用试点示范体系。推进智能制造是一项复杂而庞大的系统工程，需要不断探索、试错，难以一蹴而就，更不能急于求成，必须统筹谋划、系统推进。要加强智能制造的顶层设计和统筹规划，着力解决发展中的共性问题、基础问题，以点上示范带动面上提升，不断总结完善智能制造标准，加强工业互联网和信息安全基础，按照"市场牵引、以我为主、多路径协同推进"的发展思路，走出一条中国特色的智能制造发展道路。因此，在西渤海大湾区谋划布局创新应用试点示范体系是关键之举。一是设立一个新智造试点应用场景重大专项，最高支持额可达 100 亿元。二是建立一个运作新智造产业投资基金，首期 600 亿元，以市场化、专业化运作，形成 1 200 亿元左右的"母子基金"群，带动更大规模的社会资本。三是建立一个新智造国际国内人才储备库，加强国内外智能制造产业顶尖人才的咨询服务大湾区发展的能力。四是建立若干个新智造创新产品"首发首秀"体验展示中心，支持在北京中关村、雄安新区、天津滨海新区、石家庄等关键区域建立新智造创新技术、产品展示体验中心。五是以"揭榜挂帅"形式建立一批新智造联合应用测试平台，给予一定的财政奖补，鼓励和引导民营公司转型发展智能制造服务产业。六是依托高新区、开发区和重点承接平台，创建一批新智造创新应用示范区，深度打造新智造公共示范项目，为大湾区加速发展新智造产业提供经验。

二、新重化

（一）产业选择的必要性

重化工业属资本密集型、资源高耗型工业，表现为一种规模经济业态，它不仅能支持区域经济高速增长，而且也是支撑国民经济可持续发展的基础产业，更是全球大国竞争中必不可少的战略性产业。西渤海大湾区在港口、矿产资源、交通、市场需求、产业工人等方面有较好的基础条件，多年来，以钢铁、建材、化工、能源等为主的重化工业一直是河北省传统主导产业，北京和天津也发育出较强竞争力的钢铁、石化产业，大湾区的重化工业在全国具有一定的比较优势，但同时也存在着增长方式粗放、产品价值低端、污染排放较重等弊端，且面临着水资源、生态环境的瓶颈制约。在主攻高质量发展的"十四五"时期，大湾区重化工业的旗帜还打不打？如何出牌才能更好地适应当前复杂严峻的新形势，才能更好地变比较优势为竞争力优势。

从当前严峻复杂的外部环境看，重化工业是既面向国内市场消费而又支撑扩大内需的不可或缺的重要产业，美日韩及欧洲等国直至目前不仅没有放弃钢铁、石化、能源等重化工业，且还在不断提档升级，当今世界技术最尖端重化工业产品的制造产能绝大多数都掌握在这些国家手中；从国内湾区间发展博弈的趋势看，南方沿海大省着力布局发展新一代重化工业的力度空前，并将其作为新旧动能转换的重要棋局，比如，浙江 2017 年 5 月获国务院批准的舟山绿色石化基地 4 000 万吨炼油配套 PX 和乙烯炼化一体化项目，按照"民营、绿色、国际、万亿、旗舰"的定位建立国际石化产业基地，开创了我国石化行业"两个第一"：第一次由民营企业主导建设此类项目，开创了建设速度的全国第一（两年时间一期项目建成投产）。再比如，广东惠州世界级石化基地背靠粤港澳大湾区，通过协同发展破解空间制约、建设循环经济石化综合体、打造粤港澳大湾区能源科技创新中心三招棋蝶变"新一代石化基地"。由此可见，未来五年，西渤海大湾区不仅绝不能放弃重化工业，反而须抢抓机遇，加快提升创新，开启新一代重化工业的新航程，争当国内新一代重化工业的领头羊。

（二） 重点任务的要点设计

1. 方向主线

区别于传统的重化工业，新重化是指新一代重化工业，以钢铁、化工、建材、能源等为主的传统重化工业向满足内需的"循环化、环保化、链群化、网联化"新方向转变提升的产业板块。

2. 区域支撑

"3＋X"世界级新重化产业链集群：以河北唐山曹妃甸、天津滨海新区、沧州渤海新区三大临港重化工业循环经济示范区为引擎，以唐山、石家庄、邯郸、邢台、张家口等地钢铁、建材、能源"X"个绿色重化工业园区为联动，建设世界级新一代临港石化产业链集群、世界级绿色钢铁和金属材料制造基地、华北地区节能环保新型建材示范基地、全国新一代清洁煤电示范基地，努力形成西渤海大湾区重化工业"蓝色驱动、绿色联动"的新格局。

3. 基础设施布局

交通"八爪鱼"构型：学习借鉴日本东京湾区、韩国和我国宁波、青岛等临港重化基地建设的经验，以天津港、唐山港、黄骅港为中心，向内陆腹地布局延伸铁路、高速公路等快捷通道，每个港区向腹地延伸至少建成8条以上集疏港通道，并联结内陆结点城市和"X"个内陆重化工业园区。

"平台＋生态"数字基础设施新体系（区域云平台）。推进数字基础设施平台化和生态化，通过"平台＋生态"加速数字基础设施落地重化工业各个行业，打造全产业链数字经济平台，带动重化工业升级转型，形成完整闭合的数字平台生态圈。统筹协调政府和企业各方资源，考虑主动与华为、阿里、腾讯等企业对接，发展数字应用基础设施，率先在全国构建"区域级重化工业（产业转型）云平台"。

4. 关键平台载体

（1）工业互联网"四个应用新场景"。传统重化工业向"新重化"转型提升，其主要任务是推动工业互联网平台对重化工业的赋能，重点抓好设备全生命周期管理、智能化生产、供应链协同、能源管理及绿色安全化生产四个应用场景，突出差异化发展，形成各有侧重、各具特色的发展模式。利用工业互联网在能源、钢铁、石化、矿业、建材等重化工业的融合创新，主要表现为：一是围绕设备全生命周期管理，梳理重化工业各类机械设备在状态监测、故障分析、维护作业等环节的痛点，针对特定问题，形成特定设备专用预测性维护方案；二是围绕智能化生产，挖掘重化工业在工艺设计、流程排程、质量管理等环节的痛点，按需调用机理模型形成特定场景的解决方案；三是围绕供应链协同，分析重化工业传统供应链中信息流通堵点和供需错配问题，结合企业硬件设施和运营环境，构建供应链管理解决方案；四是围绕能源管理及绿色安全化生产，整合重化工业在能耗和排污方面粗放型管理的问题，明确环保监测与分析、基础硬件设施的安全管理、数据安全等环节的痛点，形成提高环保管理水平和安全管理体系的解决方案。

（2）环渤海能源科技与材料技术创新中心。充分发挥雄安新区新能源和新材料领域世界尖端研发能力，积极推动与中科院能源与材料科学研发机构合作，在天津滨海新区、曹妃甸布局建立以石化新材料、煤炭开发新技术、金属新材料、新能源、新型建筑材料等为重点的尖端能源与材料科技研发中心，将其定位为环渤海地区重化工业"科技创新驱动"的核心引擎，促进一大批科技成果在湾区转化应用，加强补链型、替代引进型、突破"卡脖子"型的科技成果研发，逐步形成产业链集群发展，引领全国相关工业领域的创新发展。

三、大健康

（一）产业选择必要性

大健康产业的内涵应包括生命健康和现代生物技术产业、医疗器械、康养服务、健康农业及食品四大门类，贯通一二三次产业。从全球范围看，大健康产业关乎民生福祉与社会和谐，是当前世界创新最为活跃、影响最为深远的新兴产业之一，已成为全球未来产业竞争的热点领域，具有突破性、颠覆性、引领性特点。欧盟、美国、日本等世界主要发达国家和新兴经济体纷纷部署发展生命健康和生物技术产业，制定相关战略规划和行动计划，推动生命健康和生物技术产业快速发展。随着后疫情时代的到来以及生物技术、生命科学与信息技术的融合发展，全球大健康产业已进入加速发展的新时期。产业发展具有高成长性、高回报性和长链条、高技术含量等特点，可有力地提升经济发展质量和产业发展层次。

从国内形势看，习近平总书记曾多次预见性地强调发展大健康产业的重要性和紧迫性，新冠肺炎疫情将大健康产业推向重中之重的关键地位，必将是未来 10 年我国产业发展的主攻方向。国务院颁布了《健康中国 2030 规划纲要》，出台了《关于实施健康中国行动的意见》，"健康中国"已经上升为国家战略行动。随着新一代信息技术、生物技术、工程技术与医疗健康领域深度融合，大健康产业呈现出跨界融合、集群发展、快速放大、强劲增长之势。尽管人们对健康产品和服务的需求急剧增长，但中国生命健康和生物技术产业尚处于开发初期。据前瞻产业研究院所做的《中国大健康产业市场前瞻与投资机会分析报告》研究数据显示，2019 年我国健康消费支出占 GDP 的比重才达到 5% 左右，与发达国家健康消费支出均超过 GDP 的 10% 相比，发展空间巨大，预计2030 年有望超过 30 万亿元，我国将成为全球大健康产业第一大市场。

从京津冀三地产业发展看，在大健康产业门类中，三地既有相同或相近的优势领域，也有各自的独特优势。北京、天津在大健康产业领域具有全国比较优势，而河北省的生物医药产业具有较好基础，整体规模居全国前列，但其他领域竞争力均较弱、集群效应不明显、新技术新业态发展滞后、高端产品与服务供给不足等问题突出。然而，河北省却是生物资源大省和人口大省，同时也是健康生活市场需求大省，理应充分发挥比较优势，抢抓发展机遇，把大健康产业打造为营业收入过万亿的支柱产业，这对满足健康服务新需求，培育经济增长新动能，促进经济高质量发展具有重要意义。所以，就西渤海大湾区整体而言，大健康产业是较易在全国形成独特优势的产业领域，应高度重视并全力培育发展。

（二）产业发展重点任务的要点设计

1. 贯穿主线

从西渤海大湾区整体区域未来发展方向看，大健康产业应将现代生物技术、新一代电子信息技术、人工智能技术等应用融入生命健康和现代生物技术产业、医疗器械、康养服务、健康农业及食品等领域中，其特征应向高科技化、精准化、融合化、国际化新方向转变提升。

2. 区域支撑

做好因地制宜、全面开花的"四圈"布局。西渤海大湾区全域都具有发展大健康产业的条件和机遇，应通过抓点、串线、扩面，构建四个大健康产业生态圈，即京雄石廊大健康产业创新生态圈、京北大健康产业奥运生态圈、环渤海大健康产业综合生态圈、冀南大健康产业特色生态圈。

3. 关键平台载体

从全国行业比较优势分析，北京市未来在大健康产业的发展方向上要重点聚焦医疗健康领域，尤其是在医疗健康高端制造方面要在全国打造领先优势，重点建设的平台载体有中关村生命科学园、大兴生物医药基地、医疗器械产业园、华润生命科学园、京东方生命科技产业基地、生命与健康科学小镇、国际数字健康应用创新中心、中医药改革示范区、小汤山美丽健康产业园区等一批生物医药研发和医护康养产业集聚区。天津市大健康产业分布较分散，滨海新区、环城四区与外围五区都有一定的产业基础，与北京相比，特点并不突出，未来天津的大健康产业发展应进一步明确主攻方向，聚焦重点领域，着力打造滨海新区生物医药基地，将滨海新区建设成为以海洋生物健康、医养器材加工制造为主的全国性重要基地。除京津两市重要平台载体外，西渤海大湾区推进大健康产业发展还应重点考虑建设以下新平台。

（1）雄安新区全国大健康产业创新示范中心。雄安新区规划纲要已明确将现代生命健康和生物技术产业作为重点发展产业，率先发展数字生命、脑科学、细胞治疗、基因工程、组织工程和分子育种等重点领域，加快培育生物医药、高性能医疗设备和健康服务业，建设世界一流的生物技术与生命科学创新示范中心、国家医疗中心和国家中医医疗中心、新药械审评审批制度改革试验区。要进一步探索构建国际一流的"区域医疗中心＋基层医疗集团"的整合型优质医疗服务体系，在基层医疗集团内推进医院与社康机构一体化运作、医疗与预防融合发展、全科与专科协同服务。考虑设立国际医疗合作示范区，向国家争取允许境外投资在合作区内开办先进专业化医疗机构、大型综合性医院，允许其使用已在境外获批的药品和医疗器械，并构建起全新的、适应外资医疗机构的监管制度，以国外前沿的诊疗技术、方式方法、管理机制带动提升我国医疗水平。

（2）重要农产品全产业链健康大数据中心。结合数据中心等新型基础设施建设，整合农业大数据产业资源，构建健康农业大数据应用与服务生态链，对农产品生产、监测、流通、贸易等全生命周期的数据深入挖掘分析，打造健康农产品闭环监测体系，建立健康农产品产前、产中、产后各环节数据化健康服务体系。

（3）4个"100＋"示范平台矩阵。培育"100＋"大健康产业创新型企业，集聚掌握生物医药、基因工程、医疗器械等领域核心技术、拥有自主知识产权、具有国际竞争力的高成长性创新企业；推出"100＋"大健康应用示范场景，集聚大健康服务"智能化创新应用"企业，研发一批接民生地气的健康生活生产的创新应用服务产品，催化在线新健康服务经济发展；打造"100＋"健康产品或服务品牌，包括健康农产品、食品、医疗健身用品和器材，以及健康服务产品，不断推陈出新、迭代升级；建设"100＋"大健康服务综合体或特色小镇，鼓励和引导利用现有设施改造健身休闲与健康服务、旅游、体育、教育培训等高度融合的大健康服务综合体，支持旅游景区引入体育、健身、养生、运动、特色医疗等资源，增设大健康消费项目，升级为大健康特色小镇。

（4）争创"三大试点"。西渤海大湾区下辖的市、县（市、区）和开发区应积极向国家申报改革创新试点，争取国家大健康"产品＋服务＋生态"全链式集群培育试点、国家大健康消费试点城市、大健康产业多业融合平台试点（试验区）。

四、大物贸

（一）产业选择必要性

物贸即现代物流商贸，之所以冠以"大"字，是针对西渤海大湾区物流商贸业与南方沿海及中西部先进省份相比表现出的规模小、效益差、枢纽少、网络系统性弱等特点而提出的。全国的版图形状就像一只"雄鸡"，西渤海大湾区就是"雄鸡"的咽喉，尤其是河北省，其地理区位具有发展物流商贸的先天优势：河北是全国唯一一个地处东北、西北、中南、华东和华北五大经济区结合部的省份，是全国唯一一个大规模山口兼海口地理特点的省份，是唯一一个内部11个设区市全部是边界城市（毗邻外省市）的省份，是唯一一个包围京津两大高消费大都市的省份，是唯一一个地貌最齐全的省份，天然具有以南带北、由东向西的流通功能，具备得天独厚的地理区位条件。国务院《京津冀协同发展规划纲要》赋予河北省"三区一基地"战略定位中的"一基地"就是"全国现代商贸物流重要基地"。但是，多年来河北省交通网络建设与沿海乃至部分中西部省份相比，长期处于劣势，比如，河北省 2020 年才实现县县通高速，而地处全国西南山区的贵州省 2015 年就实现了县县通高速；轨道交通长期以北京为中心呈放射状延伸，省内有几个市之间仍然不能直通铁路；河北省口岸数量少、等级低，高层次商贸载体少，旅游业吸引力不强等都直接或间接影响着物流商贸业投资发展，使物流不捷、消费外逃。所以，物流商贸业无论从统计数据上还是从民众的认知上，河北省都称不上"大省"，河北的交通、物流、商贸发展与所在地理区位不相称，直接影响西渤海大湾区发挥构建两个循环新发展格局北方战略重心的作用。然而，随着"十四五"时期"轨道上的京津冀"基本建成，"十三五"末实现县县通高速，机场群逐步布局建设，港口功能及集疏港交通网络更加完善，口岸群和自贸区建设全面展开，在硬设施和平台体系方面，河北省终于拥有了现代物流商贸业腾飞的必备条件。疫情后商贸物流产业发展将迎来新业态、新模式、新平台不断涌现的"脱胎换骨"式变化，这将为河北省换道超车、迭代升级带来难得机遇。因此，定位于整体规模大、效益效率高、网络布局全、综合功能强的大物流商贸产业在西渤海大湾区呼之欲出，志在必得。

（二）重点任务的要点设计

1. 贯穿主线

积极实施"互联网＋""数字＋"等融合战略，加快促进物联网、大数据、人工智能等现代信息技术与物流商贸的融合，大力发展新业态、新模式、新消费、新服务，推动现代物流商贸业向"智慧化、体系化、平台化、层次化"方向转型升级，积极培育发展新动能，带动产业高质量发展。

2. 区域支撑

西渤海大湾区、大物贸产业区域布局应为"两核"和"1＋3＋5"枢纽。"两核"是指北京、天津两市，北京是中国北方物流商贸的核心、天津是北方海陆衔接的核心。"1＋3＋5"枢纽城市布局分别是："1"是指石家庄"全国性综合物流商贸枢纽城市"；"3"是指唐山、沧州和秦皇岛三个区域性港口物流商贸枢纽城市；"5"是指廊坊、保定、衡水、张家口、邯郸等五个区域性节点物流商贸城市。

3. 关键平台载体

（1）智慧物流联盟港。"十四五"时期，依托海空港口岸群和自贸区等特殊监管区，开启"智慧物流联盟港"建设，推进海港、陆港、空港、信息港的四港联动发展，进一步完善仓配全流程，通过智联平台运营，为各类企业提供集、分、储、运、配的行业供应链解决方案。实现订单管理、仓储作业、物流跟踪的信息智能化管理。同时依托完善的全国公路干线、零担城配网络以及快递快运网络，为客户提供物流仓配运"一单到底"的服务。远期，创新供应链服务平台，应用区块链技术建成一张覆盖线上线下的"智慧网"，联结覆盖全国的海陆空港城市物流中心、与企业连接的智能系统以及金融支付三大基础设施，遵循"以出口带制造""以进口再制造""大进带大出"为主题的新发展思路，带动发育出数量更多、规模较大的特色专业市场和县域特色产业集群。

（2）农村物流"货运班线"新模式示范工程。选择有条件的农村地区，建立农村电商服务体系、农村末端物流网络、信息基础设施、服务站点。开启定时、定点、定线的农村物流"货运班线"模式，开展县至乡镇、沿途行政村的双向货物运输配送服务。

（3）"6个10"商贸新业态应用场景试点示范。一是开展"流量＋个性定制＋品牌化"直播带货商贸新业态试点，发展"线上引流＋实体消费"新模式，选择10家不同类别的商场或商贸场所开展示范。二是推进上下游制造企业发展客户反向定制模式，打造10家"直播＋"定制化示范工厂。三是培育10家直播电商示范基地，培育集直播平台、产业链、企业品牌、物流管理、大数据运营、孵化培训等为一体的直播电商基地（产业园），打造品牌供应链一体化成型服务、品牌一体化入驻、"人—货—场"一体化的实景化运营模式。四是积极与平台达到战略合作，定期安排地方领导干部上线直播促销，评选10个"带货网红地方领导干部"。五是培育本土直播电商企业快速成长，建立直播电商诚信规范经营认证机制，每年认证"十佳"企业予以宣传推广。六是评选10名对本土商品带货贡献最大的网红，给予奖励和宣传。

五、大文化

（一）产业选择必要性

发展文化产业已成为当今世界各国的共识，但对文化产业的定义，全世界从未统一。大文化产业实质上就是"文化的产业化，产品的文化化"。连接在文化与产业（或产品）之间至关重要的环节就是创意，而实现创意就必须依靠科技手段。这也充分体现了文化与科技融合，创意设计服务与相关产业融合发展的思维。对发展文化产业必要性的认识仅局限于"促进产业结构升级、满足民众文化需要、提升文化软实力"等方面，认为文化产业就是一种"锦上添花"的产业，这其实是一种观念误区。发展文化产业对一个区域（城市）发展还具有三个潜在的且具有决定性的作用：第一，激发当地群体的创造活力，第二，提升城市品位和魅力吸引人才，第三，改善高技术产业招商引资的软环境。我国文化产业增加值前五强的省市（京、沪、粤、苏、浙）同时也是高新技术产业前五强的省市，研究显示，其高科技产业崛起的演进历程与文化产业崛起的演进历程如影随形，相伴相生，而河北省的高新技术产业发展规模始终处于全国中游，也与河北省文化产业始终处于全国中游相吻合。由此可见，大文化产业更应被归纳为"雪中送炭"属性的产业，如果河北省全力以赴加速大文化产业发展，反而会对河北省高科技产业发展产生巨大推动作用。因此，就西渤海大湾区而言，依托互联网及融合思维下的大文化产业引领带动经济转型升级、推动高科技产业投资落地已刻不容缓。

（二）重点任务的要点设计

1. 贯穿主线

以深入推进文化领域供给侧改革为主线，坚持内容创新和科技创新"双轮驱动"，围绕重点企业、重点行业、重点区域，打造文化产业链，做强供应链，多领域形成"文化＋"合作链，加快传统文化产业向"数字化、体验化、现代化、交融化"方向转型升级。

2. 区域支撑

积极打造4大区域板块。4大板块分别是："京石保雄廊"城市数字文化产业板块；冀西北（张家口、承德、保定西部）奥运文化产业板块；"秦唐津沧"滨海文化产业板块；冀中南（衡水、邯郸和邢台）特色文化产业板块。

3. 关键平台载体

（1）国家和省级文化科技融合示范基地。鼓励有条件的地区申报国家级或省级文化科技融合示范基地，借鉴英国"创意强度"指标等国际先进经验，聚焦文化资源数字化、文化艺术展演、专业内容知识服务、数字出版、影视媒体融合、文化旅游综合服务等方向，开展基地认定工作。

（2）传统文化实体经济改造提升平台矩阵。西渤海大湾区拥有较大规模的特色民俗产品、民间工艺品、日常文化消费品制造等传统制造产业，以及文化产品批发零售、广告服务、文化艺术培训、各类专业设计、文化软件等传统服务业。在文化产业数字化、智能化的大趋势下，传统文化产业只有与数字化的智能技术、信息网络技术深度融合，才能更好地适应新时代消费需求。一是实施传统文化企业"设计创客"行动计划，拓展文化产品设计中数字科技的创新应用，谋划建设一批"特色文产设计基地"，考虑筹办"数字文化创意创客创新大赛"，制定相应的基地、大赛管理办法和奖补政策，引导企业加快数字化创新。二是实施文化企业数字化智能化改造行动计划，组织实施一批示范项目，建设贯穿研发设计、原料供应、生产制造、营销服务等产品全生命周期的数字化信息集成平台，积极打造智慧供应链。三是大力实施文化服务经济"新业态催生"行动计划。以"新批零、云体验、智消费、轻科技"为核心重构文化服务业"数字基因＋服务"新模式与新业态。制定政策鼓励各类文化新业态企业以产业基地或园区作为集聚的载体，形成相互支持配套的产业生态圈。抓紧制定出台更具包容性的政策，分类施策。创新"基地＋基金"的载体建设模式，吸引龙头企业和"链主"企业集聚。

六、大生态

（一）产业选择必要性

生态产业主要包括生态环境保护与治理相关产业（清洁能源、节能环保、生态型工业等）、生态建设相关产业（林草苗木花卉、生态农业等）和良好生态资源衍生出来的产业（生态旅游等）。大生态产业除了涵盖上述产业门类外，还包含了绿水青山等生态资源作为生态产品直接实现价值转化的产业，即"第四产业"。所谓"第四产业"是指将绿水青山等生态资源作为生态产品实现价值直接转化，建立生态产品"评估—定价—交易"的价值直接实现机制，探索生态产品"创造—展示—营销—维护"的价值增值途径。通过市场化运作推进生态农产品、森林康养、生态旅游等生态产品产业化发展，延长生态产品产业链。

树立和践行"绿水青山就是金山银山"的理念，已成为新时代推进生态文明建设、统筹环境保护与经济发展关系的战略思维。但在实践中，除了构建生态补偿机制以外，还需要解决绿水青山的市场价值如何实现的问题。国内关于生态产品价值实现机制的实践探索方面，浙江走在了全国前列，浙江丽水市已经涌现出丽水山耕、丽水山居、遂昌赶街、国境药业、古堰画乡等样板模式。国家《京津冀协同发展规划纲要》中赋予河北省"三区一基地"的功能定位中，其中一区为京津冀生态环境支撑区，为此，西渤海大湾区贯彻落实好"两山理论"，发展大生态产业的重要性和必要性怎样强调都不过分。

（二）重点任务的要点设计

1. 贯穿主线

坚定不移地贯彻落实"两山理论"和"生态文明"思想，打通绿水青山与金山银山的连接点，加速产业生态化和生态产业化的交汇，同步精准攻坚与综合施治的推进，努力促进大生态产业向多维化、增值化、市场化、示范化方向迈进，实现生态价值与经济效益的共赢。

2. 区域支撑

做好全域布局、差异定位、特色支撑。各地因地制宜，根据自身产业基础、资源特点和生态优势，强化与京津生态产业技术研发能力的对接，依托新技术加快传统产业生态化改造，创建生态工业园区、生态城市，培育发展节能环保、清洁能源及转化、生态旅游等生态型产业集群，推进生态产业化运营，打响特色生态经济品牌，让沉睡的生态高地成为创新的源头活水。

3. 关键平台载体

（1）"国字号"重大载体群建设。加快规划建设好"雄安新区国家生态文明试验区、张家口首都水源涵养功能区和生态环境支撑区、张家口可再生能源示范区、承德国家可持续发展议程创新示范区"等国字号区域载体，在提升绿色"颜值"的过程中衍生延长生态产业链条，丰富生态经济发展模式，实现产业生态化和生态产业化的有机融合。

（2）河北省争取全国"第四产业"试点。围绕"京津冀生态环境支撑区"战略定位，发挥雄安新区国家生态文明试验区赋予的生态价值实现的特殊红利政策效应，探索构建两大机制。一是生态产品价值评估核算机制，为价值转化提供依据。既要核算生态物质产品和生态服务的实物量和功能量，也要对其进行定价。计算每项产品与服务的经济价值，然后将一个地区的所有生态产品与服务价值进行汇总，可以得到该地区的生态产品的总价值，以此为基础，建立自然资源生态产权制度，作为市场交换、政绩考核和发展水平的评价基础。二是健全生态产品市场交易机制，促进其经济价值实现。通过加快建立碳汇市场、水权交易、排放权交易等生态资产市场，加快培育生态产品市场交易体系，充分利用市场无形之手，活跃生态产品市场交易和生态资源的产业化经营，提高生态资源市场化程度和生态产品的市场价值。

（3）生态梦想小镇。京津冀三地科技部门和生态环境部门联手，重点在廊坊、保定、张家口等环首都区域，择址打造生态科技产业孵化器集群，成立大湾区绿色投资联合体（私募基金群），集聚生态产品市场交易大数据平台，率先在全国建成生态产业高端科技成果孵化、中试和转化的综合性基地，成为生态科技产业和生态发展最新业态展示、最新技术交易、最新信息交流的"大本营"。

（4）举办全国性"生态经济与绿色发展博览会"。着力吸引国内外大生态产业相关行业协会与京津冀政府部门共同举办（可引进民营企业承办）每年（或两年）一度的"全国生态经济与绿色发展博览会"，将国内外知名生态产业公司、产品品牌、商业促销和文化活动集聚融汇，打造引领全国大生态产业创新发展的新平台，逐步发展成为全国知名展会。

第三节　西渤海大湾区产业空间布局战略性调整思路及布局蓝图

一、空间布局战略性调整总体思路

借力全球产业发展大变局带来的机遇挑战，顺应全球产业和科技发展新趋势，依托现有产业基础，发挥区位和资源优势，全面对接京津冀协同发展、"一带一路"等总体部署，统筹推进河北省生产力区域布局战略性调整，引导各地有序开发建设和优化产业空间布局，总体上形成"四区、六带"战略格局。

二、产业空间布局蓝图

（一） 四区

遵循中共中央国务院出台的《京津冀协同发展规划纲要》对京津冀协同发展空间布局的"四区"的划分，西渤海大湾区应明确"京津雄核心功能区、西渤海滨海发展区、冀中南功能拓展区和冀西北生态涵养区"四个功能区的生产力布局，其功能定位也应遵从国家战略要求。

（二） 六带

综合考虑河北产业发展现状、未来发展趋势和资源环境承载力，坚持"突出重点、聚焦特色、不贪大求全"的原则，深入研究分析"十四五"这五年在产业发展上能够崛起的重点区域、重点领域，在"两翼四区"生产力战略布局的基础上，提出"着力打造六大产业带"的空间布局方案，即京石保雄廊城际沿线科创产业带、雄衡沿线"金如意"新智造产业带、邯黄沿线特色经济产业带、京张沿线奥运经济产业带、张石沿线生态文化产业带、秦唐津沧滨海临港产业带。六大产业带的地理范围、发展方向和战略定位如下。

1. 京石保雄廊城际沿线科创产业带

（1）地理范围及意义。该产业带包括连接北京、石家庄、保定、雄安、廊坊等市的京石、雄保、廊雄、保廊等城际快捷交通线沿线上的地域，涵盖北京市城区、石家庄市区（含市辖区）、正定、新乐、定州、安国、保定市区（含市辖区）、雄安新区、高碑店、涿州、固安、廊坊市区、新机场临空经济区、廊坊北三县（三河、香河、大厂）。对于形成具有国际竞争力的科技创新和高端高新产业集聚带、推动产业高质量发展、形成西渤海大湾区最具活力和创新力的产业增长空间具有重要战略意义。

（2）发展方向及定位。坚持有所为，有所不为，以优化区域产业布局和主动承载北京非首都功能疏解为切入点，重点聚焦新智造、大健康、大文化、大物贸等主攻产业，依托大园区、城市群、物流网、自贸港有机融合，加快提高产业链的延伸性、互补性和价值性，打造能够支撑大湾区产业战略全局的"硬核"产业链群，支持新供给、新技术、新产业、新业态、新模式创新迭代，重点发展数字经济、平台经济、自贸经济、头部经济四大特色经济形态，形成华北重要的先进制造产业带和技术创新引领带、山口型现代物流商贸产业走廊、特色健康文化休闲示范带，创新、创业、创投、创客"四创联动"策源地，体制机制改革创新"样板区"，从而形成高水平社会主义现代化城市连绵带。

2. 雄衡沿线"金如意"新智造产业带

（1）地理范围及意义。该产业带包括京雄衡高铁沿线的地域，涵盖雄安新区、霸州、任丘、高阳、肃宁、蠡县、安平、饶阳、深州、衡水桃城区、冀州区，对于依托"京雄商"高铁大动脉的优势、打造对接和承载雄安新区顶尖科技研发成果转化的新智造产业带、形成未来承接"京津雄"尤其是雄安新区的产业协作带具有重要战略意义，这是西渤海大湾区"十四五"乃至"十五五"时期重点培育和打造的高端高新产业"新灶"。之所以称作"金如意"产业带，是因为从冀中南高新技术产业空间布局的形状看，未来自雄安新区（2 000平方公里、350万人口）始，向南依托雄衡高铁各个节点延伸雄安高端科技成果转化产业，逐步形成雄衡新智造产业走廊，最后的终点在衡水高新区、桃城区、滨湖新区和衡水湖（四个组团捆绑，面积约700平方公里，未来人口200万），宛如在河北大地上镶嵌出一个"如意"形状的产业区域；由于是聚焦雄安顶尖科技研发转化的高新产业，技术含量高且经济效益高，故将这一产业地域命名为"金如意"产业带。国家"十四五"空间布局规划的基本思路已将"京雄商"高铁沿线列入重点培育的新兴产业带，对此，河北省须高度重视。

（2）发展方向及定位。依托毗邻雄安和雄衡高铁节点的优势，加快优化营商环境和完善城市功能承载能力，聚焦新智造、大健康、大文化和大物贸等重点领域，积极促成与雄安新区科技研发及成果转化链条的深度融合，加快承接雄安科技溢出产业，大力发展与新区尖端产业相适应的转化产业、配套产业和服务产业，努力形成未来雄安新区高端高新产业对外合作的最理想的落脚点，从而打造雄安新区科技成果转化产业示范带、面向"京津雄"新智造产业承载地、特色文商旅贸综合发展新空间、专业化公共服务承载样板城市群。

3. 邯黄沿线特色经济产业带

（1）地理范围及意义。该产业带包括邯黄铁路沿线区域，涵盖邯郸城区、涉县、武安、冀南新区、邢台市区（含市辖区）、隆尧、巨鹿、新河、南宫、枣强、武邑、武强、阜城、献县、泊头、东光、南皮、沧州城区、盐山、孟村、青县，打造该产业带对于推动大湾区传统制造业向新型工业化转型、推动县域特色产业创新发展、促进城乡融合发展具有示范意义。

（2）发展方向及定位。立足现有县域特色产业优势，依托特色专业市场发展特色加工业和专业性物流中心，以新技术、新业态、新模式改造提升、不断壮大县域特色制造业集群，梯度推进新型工业化产业示范基地卓越提升，提升集群核心优势。加快建设一批在全国市场占有率较高的全国性制造中心和产业基地。努力建成全国性特色制造产业群的集聚区，承接临港重化工业向腹地延伸的关键连接带，特色专业品现代新型商贸物流走廊，大湾区产业转型升级和城乡融合的重要示范带，平原特色休闲文化创意城镇带。

4. 京张沿线奥运经济产业带

（1）地理范围及意义。该产业带主要包括京张铁路、京张高速、洋河河谷沿线的地域，包含北京的朝阳、海淀、昌平、延庆、石景山，以及河北省怀来、涿鹿、张家口市区（含市辖区）、怀安、张北等。打造该产业带对于全力催生和延伸奥运经济，借力借势加快促进绿色崛起，加速缩小张北地区与首都及沿海地区的发展落差，建设经济繁荣、和谐稳定的京西北"绿色之翼"具有现实意义。

（2）发展方向及定位。立足本地资源和生态优势，抓住与北京联办冬奥和建设张家口国家可再生能源示范区的有利机遇，主攻大健康、大文化产业，积极培育新智造和大物贸产业，大力发展奥运经济、生态经济和循环经济，加快建设"专、精、特、新"生态低碳产业群，努力建成西渤海大湾区奥运产业新高地、京津冀休闲康养娱乐功能拓展区、全国生态文明先行示范城镇带、京西北"文体旅"经济深度融合创新试验田。

5. 张石沿线生态文化产业带

（1）地理范围及意义。该产业带主要包括张石高速沿线的区域，包含蔚县、涞源、涞水、易县、满城西部、唐县、曲阳、行唐、灵寿、井陉、平山等地，打造该产业带对于促进革命老区和贫困地区经济发展，推动欠发达地区对外开放、产业置换和生态建设，带动内陆地区跨越式发展具有重要意义。

（2）发展方向及定位。充分发挥生态系统比较完善、环境质量相对较好的优势，推进主体功能区建设试点示范，突出发展大生态、大文化、大健康等产业，重点发展文化旅游、休闲康养、绿色农产品和健康食品、节能环保、清洁能源等领域，加快技术改造和新产品开发，抓整合、扩规模、创名牌，提高整体竞争力。努力建成大湾区西部生态文化产业高质量发展示范带、内陆地区开放合作示范区、以多样化景观为主基调的现代化宜居城镇带。

6. 秦唐津沧滨海临港产业带

（1）地理范围及意义。该产业带主要包含沿京秦铁路、津秦铁路、长深高速、沿海高速等交通轴线两侧区域，包括秦皇岛城区、北戴河新区、昌黎、抚宁、卢龙、唐山市区（含市辖区）、玉田、迁安、滦南、乐亭、曹妃甸区、天津滨海新区和沧州渤海新区，对于打造世界知名重化产业名片、优化西渤海大湾区产业结构、培育我国北方新重化产业战略增长极、带动广大腹地参与国际竞争具有深远的历史意义。

（2）发展方向及定位。抓住"一带一路"倡议和自贸区建设的重大机遇，围绕天津及秦皇岛、唐山、黄骅四大港口推进"港产城"融合发展，以湾区经济和临港产业延伸链条为主题，着力承接临港新型重化工业下游及配套服务业，大力发展特色滨海主题文化休闲康养产业，建设提升各具滨海特色的城镇群风貌。努力建成西渤海大湾区新一代世界级重化工业创新发展带、滨海康养医疗旅游服务贸易示范片区、与生态环境保护相协调的滨海型产业聚集带。

第四节　培育西渤海大湾区产业新体系的重大工程和重大举措

一、实施产业链集群招商共育工程，加快"四链融合"，集聚高能级项目

疫情过后，产业链、供应链、创新链、物流链的重新调整成为必然，产业链集群也必将成为产业发展"四链融合"的承载体。瞄准"产业链集群"创新招商引资方式，重点应做好以下几点。一是建设"两新四大"产业招商引资信息数据资源库，选择8~10个关键细分领域或优势产品，画好产业链现状图、全景图，建立项目库、客商库，建好资金池、人才池，完善产业链招商报告、产业链分析报告，研究好产业链集群的具体空间布局，培育出较为完整的

产业链招商生态。二是探索"组团招商、集群引进、整体开发"的新招商模式，瞄准高能级 500 强企业项目、细分行业领军企业项目、核心关键配套项目，整合多方资源开展协同招商，组建"承接联合体组团"，构筑产业链集群招商新平台。三是逐条理清产业链薄弱和缺失环节，推行"一链一策"招商举措和政策，围绕"短链延长、断链连通、细链增粗、无链生有、弱链变强"五个方向精准发力，推动形成产业链集群。四是协同共育若干区域性产业链集群。适应疫情后产业链"垂直整合分工"和"集聚有限地域"的新形势，提高产业链抗风险能力，认真梳理制作大湾区重点产业链图谱，围绕适合集群式布局的产业链各个环节，以园区共建共管共营为抓手带动形成区域间生产要素、企业主体、产业链条的合作网络，加快打造一批垂直整合分工的产业链集群和上下游紧密协同、供应链集约高效的地标性产业链集群。

二、实施产业生态圈建设工程，聚焦若干重点产业，完善产业生态环境

产业生态圈是产业发展的内核与关键，是某一产业各类市场主体、创新主体、要素主体、功能设施、运营环境的有机融合。以产业生态圈理念促进产业链集群的形成，是构建现代产业新体系的必由之路，具体措施如下。一是完善产业生态圈顶层设计。选择细分 15～20 个左右的产业重点领域或关键产品，围绕产业链构建的要求，精准编制重点产业生态圈战略规划和实施方案，优化重点细分产业生态圈。二是进一步明晰重点产业生态圈的建设路径。构建权责明晰的工作推进机制，尽快形成产业生态圈"分管领导＋职能部门＋市县"的工作机制。三是以产业生态圈建设为引领，系统整合产业配套链、要素供应链、产品价值链、技术创新链、物流协同链，以主导产业上下游为脉络融合培育若干微观生态链，完善重点产业生态环境。

三、实施产业基础再造工程，夯实产业链现代化的根基

产业基础能力薄弱是制造业大而不强、处于价值链中低端的主要原因。产业基础的明显短板体现在三个方面：一是"工业四基"即核心基础零部件（元器件）、关键基础材料、先进基础工艺、产业技术基础自主化程度低；二

是关键共性技术缺失；三是基础服务体系不完善。打好"产业基础高级化、产业链现代化"的攻坚战主要有以下措施。一是强化基础创新，夯实产业基础能力。以中关村、雄安新区为产业核心技术攻关的大本营，加大对通信、网络、人工智能、生命健康、生物医药、基础软件等领域的技术研发，在重点城市或经济功能区建立一批与雄安、中关村研发大本营结盟的"研发飞地"，与雄安、中关村共同构建"基础研究＋技术攻关＋成果产业化＋科技金融"的全过程科技创新生态链。二是加快制造业数字转型，以转型带动基础能力提升。"十四五"时期，全面推进制造业数字化、网络化和智能化改造，培育基于互联网的个性化定性、在线增值服务、分享制造、众包设计等新型制造方式，建设工业互联网平台群，实施企业生产设备设施上网行动，全面引导、鼓励和带动企业加速提升设备设施自动化、数字化和网络化水平。三是提升全产业链持续创新能力建设。创新产业链集群的科技研发模式，探索试验基于网络的"虚拟研发集群"建设，围绕产业链各个短板环节，建立上中下游互融共生、利益共享一体化的网络科技研发创新组织，通过产业链、价值链和供应链的互联互接激发关联企业的创新行为，培育一批专注于细分市场的产业链"配套专家"。四是改善产业链发展的创新环境。探索建立"异地研发、本地转化"的"反向科研飞地"，鼓励大型企业到发达地区设立域外科研、孵化、中试等一体化创新飞地，借用发达地区的人才、区位、配套优势，消化吸收其凝聚的产业氛围环境和各种软资源，同时，河北省相应出台针对此类企业的优惠政策和利益共享机制，强力支持异地研发成果在本土落地转化。

四、实施产业社区创建工程，增强经济功能区承载活力和能力

产业社区是指经济技术开发区、高新区、自贸区及其他海关特殊监管区等经济功能区，通过构建全域或局部区域的产业生态圈来吸引集聚人才、技术、资金、物流、信息等要素高效配置和聚集协作，形成集设计、研发、生产、消费、生活、协作、生态多种功能为一体的新型社区。创建"产业社区"可有效解决产城分离、同质竞争、产业协作不经济、基础设施不专业等现实问题。一是在经济功能区核心区规划建设高品质科创空间。选取条件相对成熟的相关开发区，试点组建一批科创空间管理运营实体，制定一套针对性强、务实有效

的专项政策及实施细则。二是强化产业社区关键资源要素保障。在产业社区率先开展新型产业用地（MO）政策试点，深入实施产业社区人才安居行动计划，精准开展市场化投融资服务。三是促进生产、生活、生态融合发展。分类推进产业社区专业化基础设施建设，超前规划布局"产业智慧社区"，提升产业社区公共交通、公共服务配套等生活服务便利度，建设"公园城市"小尺度示范区，构建产业社区绿色生态开敞空间，推动产业社区绿植筑景，加快建设小游园、绿微以及绿道。

第五章

新时代西渤海大湾区重点
开放区域载体竞合共进

第一节　新时代西渤海大湾区沿海经济带
全面开放的新战略与新路径

　　改革开放 40 多年来，我国沿海地区经济由于受到独特区位优势和国家政策支持，经济发展速度明显快于中西部地区，如今广东、江苏、浙江、福建、山东等沿海地区经济发展已经达到了较高水平，是我国体现对外开放、科技创新、竞争能力的主力军。然而，自 2019 年始，世界经济形势更加错综复杂，全球受到新冠肺炎疫情蔓延性冲击，单边主义、民粹主义、保护主义、逆全球化使世界经济处于高度的不稳定、不确定性之中，也对我国沿海地区外向型经济和对外开放带来冲击；以美国为首的西方国家对中国经济、科技战略性的打压也前所未有，产业链"去中国化"、迫使西方经济与中国经济脱钩的意图十分明显。值此关键节点，党中央审时度势重新调整发展战略，提出了构建以国内大循环为主体、国内国际双循环相互促进的新发展格局，明确了新时代扩大开放顶层设计，以期推动新一轮经济全球化、区域合作的蓬勃发展。本节将讨论新时期西渤海大湾区沿海经济带如何在新发展格局下全面对内对外开放的新策略和新路径，提出适应新形势、新变局的新举措和新对策。

一、全国先进地区沿海经济高质量发展的传统路径剖析和模式总结

就沿海经济高质量发展来说，全国能够称得上"样本"的省份，只有江苏、浙江、广东和福建四个省。总结分析四个样本省份沿海经济发展的演进特征及模式，对推进新时代西渤海大湾区沿海经济高质量发展具有重要启示。

（一）沿海先进省份发展演进特征剖析

1. 江苏样本："一个主体、一条主线、一个布局"统筹带动沿海经济高质量发展

纵观江苏省沿海经济迈进高质量发展阶段的历史进程，可以总结出以下特征：以"乡镇制造经济→外向型园区经济→全国开放型实体经济高地"的经济形态演进为主体，以"港口（口岸）群→外向型产业集群→沿海城市群"的路径为主线，以"苏南城市群崛起→苏中跟进→反哺苏北"的区域"非均衡梯次发展"为空间布局路径，统筹经济高质量发展，推动江苏制造向江苏创造转变、江苏速度向江苏质量转变、江苏产品向江苏品牌转变。

2. 浙江样本：以动力变革"新四军"为切入点引领沿海经济高质量发展

纵观浙江省沿海经济迈进高质量发展阶段的历史进程，可以看出浙江动能转换与众不同的四个路径，姑且称之为动能转换"新四军"，即以"传统的港口腹地块状特色产业集群→世界级商贸制造产业集群→互联网新经济＋新一代重化产业集群"为路径，推动临港产业新旧动能的成功转换；以"借力港口发展县域经济增长点→体现城乡一体化的城市连绵区→产业新城和特色小镇"为路径，推动沿海地区以产促城新动能的逐步变化；以"港口腹地'大进大出'外贸经济→文创＋网络经济→全国最富裕城市群"为路径，开创了港产统筹与城乡融合新局面；以"敢为人先的创业能力→体制机制创优能力→技术业态模式的创新能力"为脉络推动科创动能的不断叠加集成，共同形成强大推动力。多年来，浙江就是依靠动能转换的"新四军"从一穷二白到民营经济强省、从绝对贫困到共同富裕，创造了一个个"无中生有""有中生奇""又好又快"的发展奇迹，书写了全国沿海经济高质量发展的浙江篇章。

3. 广东样本：以"三个升级"战略布局为抓手，推动沿海经济高质量发展走在全国前列

纵观广东省沿海经济迈进高质量发展阶段的历史进程，可以总结出以下特征：以"'三来一补型'临港外贸经济→出口导向制造业经济→模仿跟踪型制造业经济→自主创新型经济体系"为升级路径；以"珠三角核心区→沿海经济带→北部生态经济区"为顺序递进发展、渐次成形；以"深圳特区改革开放→珠三角改革开放→粤港澳大湾区改革开放→全国改革开放创新地标"为升级路径，逐步建成全国沿海经济改革开放创新的策源地。"三个升级"的战略布局，形成了以创新为引领的世界级先进制造业集群，打造出了世界级优良营商环境，在沿海经济高质量发展道路上迈出坚实步伐。

4. 福建样本：以"四型经济"练好内功，推动优化升级以点带面、产业领域从无到有的全面发展

纵观福建省沿海经济迈进高质量发展阶段的历史进程，可以总结出如下特征：以市场经济、股份经济、品牌经济、县域经济等"四型经济"为发端，聚焦实业、坚持主业不放松，以"四型经济→延伸链群+科技赋能→创新型经济"为升级路径；以"依托临港经济特区布点→海峡西岸经济区铺开→辐射闽西北"为区域梯次发展部署；以做强轻工、做优重工、做大高科技的"强轻优重增高"为主线；以"机制活、政策实、效率高、服务优"为目标锻造营商环境，近些年不仅催生了大量全国闻名的轻工业本土品牌，而且吸引了智能制造、新能源、先进装备等大批高科技龙头企业投资落户，为沿海经济奋力崛起、赶超先进做出了示范。

（二） 路径与模式总结

总结全国沿海省份沿海经济发展的演进经验，可以较为明显地看出，沿海经济带的发育崛起基本上都是遵循"港—产—城—乡"的演进路径，但这一路径下经济成长的起步模式不同，我们可以提炼概括为以下传统起步模式。

1. "大出口引大外资"外向型经济带动模式

这种发展模式以广东、浙江为典型。广东通过20世纪80年代改革开放的窗口效应，依托"三来一补"发展出口导向型经济，以沿海港口为据点，以经济特区为载体，强化劳动密集型出口轻工产品的制造，引进港澳台资和美欧

日韩的资本发展制造业实体经济，大大促进了广东沿海珠三角地区的率先发展，并以珠三角为核心，以点带面，传导到省内其他沿海地区，从而带动了广东沿海经济带的崛起。最近十年，广东开始依托粤北、粤西南的沿海港口，着力发展新一代重化工业集群，补上了沿海临港重化工业的课。同时，以深圳、广东为重心，发育出我国自主创新型制造业集群，将沿海经济带建设成为体现我国高技术实力的产业带，将粤港澳大湾区打造成为全球举足轻重的科技创造策源地。

2. "重化工业"集群经济带动模式

这种发展模式以辽宁大连、山东青岛、天津滨海新区最为典型。进入 21 世纪以来，辽宁大连、山东青岛等沿海地区以条件较好的沿海港口和大宗原材料物流枢纽为载体，积极发展石化、物流、能源、造船、重型装备等临港重化工业集群，大规模集聚重化企业、资源要素和人口，培育出较强的经济实力和辐射周边的能力，逐步形成国家重要的重化工业集群，从而延伸发展成为沿海经济带。自 2006 年以来，天津滨海新区依托国家批准的大型循环经济石化产业源头项目，吸引几百家中下游企业入驻，逐步形成天津沿海地区的引擎。这种通过规划布局"重化工业集群"来实现带动当地及周边地区发展的模式，是借鉴美国、日本、韩国的沿海港口地区发展经验，也是一种传统的、较为成功的起步模式。

3. "内源性与外向型"融合经济带动模式

这种模式以浙江和江苏为典型。浙江沿海地区的发展是依托上海港的对外贸易发展起步的，但其发育的形式却是内源型"块状经济"产业集群。从改革开放以来，浙江省沿海地区率先开始了民营实体经济的发育，以生产制造大规模的纺织服装、家电产品、日用小商品等轻工产品为龙头，发挥成本优势，迅速占领全球市场，提供的产品不仅满足国外需求，也同时满足国内需求，形成了几百个世界级县域特色产业集群，最近十年，浙江成功实现新旧动能转换，不仅发育形成世界级的互联网电商产业基地，而且开始补临港重化工业的课，在宁波舟山等沿海地区建成了世界级重化工业基地。江苏省沿海地区的起步在苏南地区，开始主要是以乡镇企业轻工产品制造为主，面向国内市场，在 2000 年以后，江苏沿海地区开始产业升级，苏南地区依托毗邻上海的优势，积极吸引台商投资，逐步培育出世界级的外向型电子信息产业集群，这种"内源性与外向型"融合经济带动的模式也是一种传统的成功起步模式。

二、新变局下西渤海大湾区沿海经济带发展被赋予的新使命

（一）国内外发展形势新变局对我国沿海经济带崛起路径提出新要求

1. 传统的"大出口引大外资"外向型经济带动模式难以适应新变局，新战略格局下以进口引资本、以进口促制造、优出优进成为沿海经济带开放崛起的全新路径

长期以来，依托港口"大出大进"集聚要素资源、支撑带动经济发展是沿海经济带快速崛起的主要模式。但如今，以美国为首的西方国家发起了"产业链与中国脱钩"的战略行动，预计在新冠肺炎疫情后，对中国输出商品和服务的贸易打压与排斥将更大，围剿中国高新技术及供应链的行动也会愈演愈烈，在未来这种形势下，此模式已不再适应新变局的要求。此外，美国超发天量货币在未来引发全球经济危机的风险很高，世界经济萎缩低迷也将延续，国际市场需求也必将陷入低迷。这也使得传统的通过"大出口引大投资"实现"外向型增长、内延式发展"的沿海经济崛起模式难以为继。在已有发展模式受到严重挑战的情况下，沿海经济带的发展路径也在发生改变。新发展格局下，打造内外"双循环"创新联动的战略节点，"以进口引资本""以进口促制造""优出优进"模式必将成为沿海经济带发展的全新路径。如上海举办国家"进博会"，通过释放中国内部消费潜力来带动对外开放；青岛全力打造上合经贸合作示范区，建设面向日本、韩国、英国、俄罗斯、以色列等国的"国际客厅"，链接国内、国际两个市场，瞄准高端优质要素与资源，推动其合理配置与跨境流动；宁波在推动港口数字化转型的同时，全力打造进出口商品采购贸易改革示范区和国家自主创新示范区，瞄准高端港航服务业和全球大宗商品资源配置，构建内外联动发展支点。

2. 沿海经济由"港产城"联动阶段进入"科港产城"融合阶段，以数智技术撬动产业结构与经济形态的整体性转变和生产生活方式的全面重构成为沿海经济带新型工业化发展的重点

从国际上成功的沿海经济带产业发展来看，目前经历了三个阶段，第一阶段是"港城"共兴阶段，利用"地利"的核心优势，发展货物中转和商业贸易，形成以港口为核心的块状经济形态。第二阶段是"港产城"联动阶段，

依托港口腹地打造外向型产业基地或重化工业基地，产业布局向港口腹地深入，资本、技术、劳动力等生产要素注入新拓展空间，一些适于海港运输的轻工产业或炼油、石化、造船、重型装备等临港重工业成为驱动区域经济发展的主引擎。第三阶段是"科港产城"融合阶段，形成以创新驱动与数字赋能为内在机理、以跨界融合与绿色发展为显著特征的产业生态。此阶段，知识密集型、数字融合型产业站上主要舞台，撬动城市产业结构与经济形态的整体性转变。创新中心、智能工厂取代传统生产车间成为制造企业"标配"，新型研发机构、风险投资机构、产业大脑等赋能平台成为重塑产业生态的重要力量。如宁波以数智技术为引领，依托阿里巴巴建立和贯通"需求反导＋数据驱动＋平台赋能＋智能终端＋场景服务＋敏捷供应＋社交生活"的生产生活方式，打造出了一批数字制造、数字港航、数字贸易、数字商业、数字生活的全国样板。青岛则以工业互联网作为科技赋能、动能转换和产业升级的爆破点，以创投、风投机构作为激发市场化开放创新的关键因素，全力打造世界工业互联网之都、全球创投风投中心，推进3 000家以上工业企业数字化、网络化、智能化改造。

3. 沿海经济带中的战略支点城市能否在壮大自身的同时与其他城市联动形成特色支撑优势是能否在大湾区建设中有所作为的关键

改革开放40多年来，以湾区为核心的要素配置和产业重构成为沿海经济发展的主要形式。湾区的战略支点城市也形成了一些共性发展特征。以长三角和粤港澳大湾区为例，战略支点城市都出现了以下发展趋势。一是积极做大自身经济体量。无论是长三角的苏州、杭州、宁波，还是粤港澳的广州、深圳、香港，GDP都已远超万亿元。二是与其他城市链接联动，构建具有特色发展优势的次级城市支撑圈。如宁波围绕宁波—舟山港一体化发展，通过对省内嘉兴港、温州港、台州港的整合，积极打造辐射长三角、影响华东片的"港口经济圈"。广州则围绕广佛同城化，全力推动广佛都市圈建设，共同打造粤港澳大湾区的产业高地和经济发展的核心引擎。

（二）　新变局下西渤海大湾区沿海经济带发展被赋予的新使命

新形势、新变局对西渤海大湾区沿海经济带的发展提出了新要求，在"双循环"战略新格局推进进程中必须顺应新形势肩负起历史新使命。

1. 在双循环新格局构建中打造东北亚和我国北方内陆地区经贸合作的战略焦点区域

秦皇岛、唐山、天津和沧州是西渤海大湾区沿海经济带的地理载体，这四个城市不仅是面向东北亚地区发展的战略关键，也是中国北方地区同东北亚经济交往的重要出海通道，理应发挥战略和区位优势，承担与其相应的责任使命。面对新发展格局的构建和沿海经济发展的新要求，西渤海大湾区的沿海经济带应充分发挥其西渤海中心位置的区位优势和京津冀协同发展、一带一路、环渤海经济合作等叠加优势，承担起新格局下东北亚和我国北方内陆地区经贸合作战略焦点区域的建设责任，在内外双循环新格局的构建中发挥引擎作用。一方面，对内联动，以扩大内需为基点，拓展与本地市场、北方市场和国内市场分工合作的领域和空间；另一方面，对外联动，以点带面，带动广大北方地区参与到全国经济发展和世界经济合作尤其是与东北亚合作的大局中，为全国全方位对外开放新格局的形成贡献力量。

2. 努力打造环渤海地区数智技术引领型产业创新示范基地

就目前而言，西渤海大湾区沿海经济带要顺应沿海城市工业化发展规律，找准港口城市新型工业化发展的突破口。目前这四个城市转型升级还集中在以增加土地、劳动力、技术、资本等生产要素以提升"投入－产出"为主的生产方式转变逻辑上，而南方沿海先进省市早已经把焦点聚集在数字化、智能化对生产生活方式的全面重构上。未来西渤海大湾区沿海经济带必须遵循港口产业升级的发展规律和新型工业化发展的全新形势，实现数字化、智能化对工业生产方式与经济发展模式的全新塑造。同时，要探索出一条沿海港口城市数智化转型升级的新路径，为环渤海地区其他城市的转型升级提供示范和经验借鉴。

3. 努力探索沿海经济带新时代新旧动能转换新路径

面对全国沿海经济带发展的时代要求，西渤海大湾区沿海经济带要努力破解当前沿海经济带发展的共性难题，探索出新时代新旧动能转换的新路径和新模式。一是要破解大湾区联动支撑节点（大中城市）匮乏的困境，做大自身，形成大湾区高质量动力源的新增长点，为京津冀世界级城市群的建设做出贡献。二是以整体创新能力的提升推动大湾区创新策源地的形成。西渤海大湾区沿海经济带具备我国北方地区优良的港口和广阔的市场及发展空间，为创新发展汇聚要素，提供创新成果转化场和试验田应是其重要使命。

三、新时期西渤海大湾区沿海经济带建设的对策建议

（一）创新内外联动举措和经贸合作方式，围绕东北亚经贸合作战略枢纽的构建，深耕重点国别和地区，打造新格局下引领中国北方开放合作的新引擎

1. 在港航物流枢纽的基础上，创新内外联动举措，建设面向东北亚的口岸贸易枢纽和战略资源配置枢纽

主要从两个方面着力。一是立足链接海外和辐射内陆的区位特点，打造贯通东北亚和内陆地区的口岸贸易枢纽群，构筑内外投资贸易高地。在全国港航物流枢纽建设的基础上，以天津自贸区、曹妃甸自贸区和综合保税区的建设为依托，主动参与中日韩自贸区国家战略地方经济合作示范区建设，并以跨境电子商务综合试验区建设为依托，加速建设面向日本、韩国、新加坡等国家的海外仓，推动国际货物进口贸易、国际转口贸易、国际服务贸易跨越发展，做大做强口岸枢纽新外贸经济。二是以原油、铁矿石、煤炭、能源等国家战略性大宗商品储配交易为基础，建设面向东北亚的重要战略资源配置枢纽。以曹妃甸国际矿石交易中心、大宗商品现货交易平台、国际大宗商品交易场所为依托，加快建设原油、焦煤、矿石、棕榈油等重点大宗商品基准交割地和实物交割库，同时加快建设以钢铁全产业链为核心的有世界影响力的大宗商品定价和加工交易中心，建设面向东北亚的重要战略资源配置枢纽。

2. 探索建立应对国际变局的多元化经贸合作新平台，拓展东北亚经贸合作新空间

主要从两个方面发力。一是全方位打造国际合作平台。依托天津滨海新区、曹妃甸中日韩循环示范基地、秦皇岛北戴河文化创意产业园、沧州渤海新区，围绕"优进优出"和国内外高端创新资源的集聚配置，谋划建设中韩科创园、中日科技创新园、中新生态园等面向东北亚的国际合作产业园，以产业园为载体，全面推进企业、市场、产业、环境的国际化交流与合作。二是借鉴青岛经验，探索实施国际城市战略。一方面，借鉴青岛"国际客厅"建设经验，改变传统的点线式国际合作模式，以现在较为成熟的外贸园区和外贸企业聚集区为依托，建设面向日本、韩国、新加坡等国家的"国际会客厅"，打造

唐山开放新名片。另一方面，以日本、韩国和东南亚等国家为重点，探索设立境外工商中心，使其成为海外"双招双引"的重要平台。与此同时，减少国际循环的地缘政治风险，探索与日韩、东盟等国家和地区建设城市"朋友圈"，增加与东北亚、东南亚国家经贸合作的韧性。

（二） 创新产业发展方式转变路径，围绕动力系统更高能、经济形态更高级、资源配置更高效，形成新时期环渤海产业高质量发展新示范

1. 夯实产业数智化转型的基础支撑，集中优势兵力打好动力系统优化提升攻坚战

主要从两方面着力。一是加快建设工业互联网大数据中心。面向能源、钢铁、石化、化工等流程行业及电子、汽车、装备、建筑等离散行业，建设行业互联网大数据分中心，打造行业特色工业互联网平台。另一方面，深化"5G＋工业互联网"建设工程。支持工业企业建设5G全连接工厂，推动5G应用从外围辅助环节向核心生产环节渗透。二是以精品钢铁、高端装备制造、现代化工、新型绿色建材、新能源与新材料等产业领域为重点，建设"产业大脑"和"未来工厂"，推动传统制造业数智化改造。

2. 打造区域性创新尖峰， 为经济形态高级化发展提供支撑

主要从两方面着力。一是全力争取国家实验室、区域科技创新中心在唐山、秦皇岛、沧州和天津滨海新区布局。同时，以自贸区和开发区等平台为支撑，统筹建设大湾区数智技术应用场景，打造数智技术创新场景开发基地，塑造数字科技、生命科技、绿色科技等若干创新功能单元。二是推动实施"新制造业计划"，加快推动建设先进制造业创新中心，推动轨道交通、高速货运、智能机器人、航空航天等高成长性产业加快发展，布局建设海洋经济特色产业区（基地），谋划海上风力园区建设，推进海洋工程集群、海洋融合材料产业化发展，强化新型数字科技、材料科技、能源科技与海洋经济的融合发展。

（三） 创新经营城市模式，拓展城市空间，打造高能级城市载体和次级城市联动发展圈，形成大湾区高质量发展新支撑

1. 着眼大湾区、立足大统筹，推动唐山城市圈高质量发展

在天津滨海新区高质量发展的基础上，西渤海大湾区还必须开拓新的高能

级城市圈。以唐山为核心，建设唐秦城市经济圈，并与天津形成联动发展圈，是大湾区沿海经济带高质量发展的必由之路。一是适应城市发展动力由生产变为消费的发展趋势，借鉴成都城市建设新模式，将"场景营城"作为城市发展新经济、培育新动能的核心举措。以唐山市站西片区、唐山花海、老交大老火车站片区、南湖片区、国丰片区、城南经济开发区、京唐智慧港等城市平台为依托，积极构建新经济应用场景、消费场景、社区场景、公园场景等城市发展新场域，发布城市机会清单，谋划建设未来场景实验室、场景示范工程，以场景赋能推动城市经济发展提升。二是加快唐山秦皇岛一体化发展，在主城区扩容提质和"一港双城"高质量建设的基础上，加快建设沿海城镇发展带和山前城镇发展带，拓展唐秦城市圈发展的空间载体。

2. 以自贸区联动和港口联动为核心，打造大湾区开放发展联动支撑战略高地

主要从两方面发力。一是以自贸区联动发展为核心，建立支撑大湾区高质量发展的自贸区联动支撑圈。一方面，增强自贸区的辐射带动。以唐山市、秦皇岛市、沧州市省级以上开发区、高新区、协同发展示范区为重点，建设与天津自贸区、天津高新区联动改革试点，打造自贸区合作发展示范区、自主创新拓展区。围绕保税加工、保税维修、现代物流等功能，实现自贸区与区外产业园的产业上下游合作。另一方面，探索实施自贸区联动创新工程，探索组建京津冀自由贸易区联盟，创建京津冀自贸区联合开放协同创新区，搭建国际科技合作和技术贸易平台，为大湾区创新策源地的建设提供空间支撑。二是打造大湾区港口联动支撑圈，提升港口联动对大湾区的支撑能力。在津冀港口群建设的基础上，借鉴宁波发展经验，创新港口合作方式和多式联运体系，打造津冀港口联动经济圈，以港口的联动发展为大湾区外向型经济的拓展提供支撑。

（四）以制度创新扭转发展方式"转而未变"与发展环境"变而未优"的困境，实现供给侧改革的新突破

主要从两方面着力。一是以制度性创新推动营商环境持续优化。相对于长三角和粤港澳大湾区来说，西渤海大湾区沿海经济带的营商环境较为落后，加快推进大湾区沿海经济带发展，必须在营商环境上突破困境。在当前已有政策的基础上，加快出台《营商环境整治专项行动方案》，借鉴杭州公共数据治理

体系和"城市大脑"、上海"一网统管"的建设模式，全力推动政府数字化转型，建立"放管服＋数字政府"改革模式，破除行政审批梗阻，提升政府行政服务效率，为打造市场化法治化国际化的营商环境提供政务支持。二是加快推动要素配置改革，形成支撑发展方式转变的要素配置机制。借鉴浙江经验，加快出台全域土地整治、集体建设用地入市、"标准地"改革等方面的方案，提高土地供应效率，减轻企业实际负担。同时，以自贸区为依托，推进国际贸易"单一窗口"建设，围绕"优流程、减环节、减单证"目标，对引航靠泊、舱单申报、理货服务、查验放行等海运集装箱进出口业务主要环节进行整合优化；借鉴上海经验，对自贸区商事主体实行登记确认制，对商事主体经营范围实行自主申报、自主选定，登记机关不再对自主勾选的经营范围进行审查，降低国内外要素准入的制度性成本。

第二节　依托冬奥助推张承欠发达地区开放和奋力崛起

本节从国际上奥运会主办城市借力奥运发展的经验教训中总结奥运城市崛起的规律，对张家口、承德等大湾区内欠发达地区借力冬奥实现开放崛起的必要条件进行研判，对标"必要条件"，分析提出张承地区借力崛起需要把握的"五大"战略着力点，并从顶层设计、三类样板、政策创新、机制协同和考核评价等方面提出对策建议。

一、从世界范围奥运会主办城市借力奥运发展的成败规律分析河北省张承地区奋力崛起的必要条件

（一）从主办城市借力奥运发展的经验教训中总结奥运城市崛起的规律

自 20 世纪 60 年代以来全世界共举办奥运（夏奥和冬奥）31 届，其中大多数主办城市并未依托奥运实现快速发展，绝大多数是教训，极少数是经验。分析历届主办城市借力奥运促进当地发展的经验教训，可以看出，依托奥运会推动当地可持续快速发展必须同时满足以下几个条件，才能具备借力奥运

促进当地崛起的可行性。

1. 发展阶段: 所在国（地区）总体上正处于工业化、城市化快速提升的时期，属于中等收入向高等收入迈进的发展阶段

由于奥运会在发达国家举办的次数占绝大多数，发达国家办奥时所处的发展阶段基本上都处于工业化、城市化相对停滞的高等收入阶段，因此，奥运促进当地崛起的现象并不明显，相反，这些主办城市大多带来的都是教训。而最值得称道的夏奥会主办城市范例只有三个，分别是 2008 年的北京、1964 年的东京、1988 年的汉城；能提供有益经验的冬奥会主办城市有两个，分别是 2010 年加拿大的温哥华、2014 年俄罗斯的索契。

1964 年的东京正处于二战后工业化和城镇化快速增长期，2008 年的北京、1988 年的汉城和 2014 年的索契均处于中等收入向高收入阶段迈进的关键时期。由于河北的面积、人口与韩国较为相似，我们以 1988 年汉城奥运会为例进行分析。据韩国官方统计，在 1988 年奥运会举办时，韩国的人均 GDP 已达到 3 364 美元（当时美元价），正处于工业化、城市化快速发展时期。1985 年至 1990 年，韩国人均国内生产总值（GDP）从 2 300 美元迅速增加到 6 300 美元。当年，韩国还实现了 12.4% 的创纪录 GNP 增长和 142 亿美元的贸易顺差。另有统计显示，汉城奥运会的直接经济影响规模为 32.96 亿美元，间接经济影响为 65.72 亿美元，总体经济影响达到 98.68 亿美元，单在汉城，奥运会创造的就业机会就达 33.6 万个。在举办奥运前 10 年韩国 GDP 年均增长 7.7%（可比价计算），在举办奥运后 10 年 GDP 年均增长 6%，可以说是持续时间非常长的一轮奥运景气。当时韩国又处于经济转型起飞的关键节点，由此奥运会带来的经济影响得以成倍扩大。

2. 经济基础: 财政能力和融资能力较好，且不过度举债实施开发建设

主办城市的经济基础对奥运后促进当地崛起至关重要。但我们看到的大多数奥运主办城市过度举债建设场馆和基础设施，奥运后没有获得长期收益，最终都陷入了债务危机，不仅没有带动当地发展，反而使当地民众背负长达几十年的负担。例如，1976 年加拿大蒙特利尔夏季奥运会花费要 30 年还清的 30 亿加元的债务；1980 年美国普莱西德湖冬奥会和 1992 年法国阿尔贝维尔冬奥会最终靠州政府和国家长期还债；2004 年的雅典奥运会花费高达 150 亿美元修建设施，其中很多专用运动设施只用过一次，过度举债直至导致了希腊 2009 年经济危机；2006 年意大利都灵冬奥会不仅依靠出卖主办权、发彩票和出售

奥运设施来还债，也未带来经济效益。

3. 市场条件：有能力动员的消费人口规模巨大，即使本国消费人口不足，也能依托周边国家和地区获得足够的市场空间

主办城市动员消费人群的能力直接考验着奥运能否促进当地发展，最关键的要素包括城市魅力、吸纳人群的能力、通勤布局与消费增长点设置的合理规划。在这方面，有很多失败的教训。例如，2000 年悉尼奥运会在奥运后动员了大约每年 250 万消费人群涌入悉尼，与事先预计的每年 1 000 万人相距甚远；人口只有 37.8 万人的日本长野举办 1998 年冬奥会，因修建了高铁极大缩短了与东京的通勤时间，反而使消费人群下榻东京，被戏称为"通勤奥运"；2018 年韩国平昌冬奥会，规划动员中国庞大的消费人群，但由于"萨德入韩"，中国旅游人群对平昌冬奥进行抵制，预期的奥运经济迅速崛起局面没有出现。

4. 设施布局：拥有令人向往的赛事场馆群和完整配套的交通、住宿、餐饮、能源、通信等服务设施群，且布局合理，目标定位特色鲜明

一个失败的教训是法国阿尔贝维尔 1992 年的冬奥会。法国期望通过冬奥会来刺激当地和周边阿尔卑斯山脉的 13 个城镇疲软的旅游业，因此，法国政府拨款超过 10 亿美元修建这些小城镇之间的基础设施，意图是方便运动员们和来看比赛的观众们在 57 个地点、620 平方公里的区域之间快捷通勤。随后，法国政府又斥资 1.89 亿美元建设和升级体育设施。尽管一些城镇确实因交通的改善而游客变多，但是，政府方面并没有引导建设相关的配套公共服务设施体系。总体来说，在奥运期间和后面几年内，阿尔贝维尔市承载不了大规模的旅游人群，因而也没有得到什么长期收益。这届冬奥会给法国政府留下了6 700 万美元的损失和数十年的债务。而此方面成功的经验是花费 510 亿美元的"史上最昂贵的奥运会"——索契冬奥会，投入费用超过以往各界冬奥会的花费之和。这些投入在很大比例上投到城市基础设施的改善方面，较好地提升了城市旅游产业的基础建设，通过举办奥运会拥有了令人向往的赛事场馆群和完整配套的交通、住宿、餐饮、能源、通信等服务设施群，吸引了持续不断的消费人群，冬奥举办期就盈利 2.61 亿美元。

5. 投资环境：以奥运标准建设生态宜居城市，营造清新宜人的城市生态和投资生态，构筑投资便利、亲民亲商的开放环境

一个城市的崛起只靠基础设施的完善和旅游拉动是没有希望的，旅游消费

只是一种宣传推介城市的手段，最终城市的崛起还应依靠强大的产业投资，所以，借力奥运重塑投资环境至关重要。2008年的北京、1964年的东京、1988年的汉城，这三个城市是依托奥运做到"吸睛"更"吸金"、拉动消费继而吸引大量产业投资而实现崛起的典范。除此以外，2010年温哥华冬奥会也提供了一些依托冬奥会拉动投资获得经济效益的经验。根据加拿大会议局的统计，因奥运会而注入温哥华经济的资金额度约为6亿加元，推动当地经济增长了0.8个百分点，创造2 500个就业机会。比如，在奥运会后，温哥华大量娱乐和专业性体育投资项目纷纷启动，使奥运会遗产持续发挥作用。

6. 城市名片：依托举办奥运提高城市建设品位和城市管理水平，以奥运"金字招牌"为抓手提升城市知名度和美誉度

城市形象的提升是奥运赋予主办城市的最大资本。通过申办奥运时的宣传和举办奥运时的全面展示，主办城市将拥有获得"城市名片"的最佳机会，这对促进当地可持续发展和全面崛起具有重要推动作用。从经验看，北京、东京和汉城将"奥运形象提升"作为一项中长期战略，充分利用先进科技，将科技融入城市管理和基础设施，促使城市保持协调美观的外在风貌、善良好客的民风印象、开放包容的社会氛围、亲民亲商的政务环境，这些对其加快开发开放、促进经济社会发展极其关键。反观一些主办城市，由于未成功打造出令人向往的"城市名片"而迅速暗淡，如美国斯阔谷、奥地利因斯布鲁克、法国格勒诺布尔、美国普莱西德湖、加拿大卡尔加里等，沦落为单纯的赛事举办场地。

（二）借力冬奥推动河北省张承地区奋力崛起的必要条件研判

第一，从发展阶段看，河北省张家口和承德地区整体上处于人均GDP 5 000美元向8 000美元迈进的加速期，张家口人均GDP达到5 000美元，城镇化水平已超过56%，承德人均GDP达到5 800美元，城镇化率已超过52%，2019年张家口城镇居民人均可支配收入和农村居民人均可支配收入分别达到4 800美和1 800美元，增速居河北省各设区市第1位。① 承德市城镇居民可支配收入和农村居民可支配收入分别达到4 600美元和1 700美元，两市总体上属于工业化中期、城镇化快速发展的阶段，符合地区崛起的阶段特征。

第二，从经济基础看，张承地区财政基础薄弱，河北省的财力也不宽裕，

---

① 河北统计年鉴（2020）［M］. 北京：中国统计出版社，2021.

但京张共办冬奥会是国家大事，有中央财政的支持和京冀两地财政的投入，奥运场馆、奥运村及交通、能源、通信等配套基础设施建设完全可以保障。但是，如果借力冬奥进一步推动张承地区大规模城市建设和改造，大力新建或完善产业园区、科技园区和文体旅游景区，实现硬环境的脱胎换骨，从张家口与河北省的财力看，还有较大的资金缺口。

第三，从市场条件看，背靠京津冀世界级城市群的1.2亿人口，拥有全国7亿左右的潜在消费人群，只要打造出令人向往的赛事设施群、文体旅游胜地，即便每年前来消费的人群达到3 500万（平均每天近10万）级别，也需要20年才能全部轮流游玩一遍，而20年后，新一代年轻人又成长起来了。

第四，从设施布局看，京张是冬奥承办的共同体，张承地区与北京共建分工明确、功能一体、各具特色的赛事、旅游、文体、产业、城乡等基础设施群，提升和健全相应的公共服务功能，势在必行。

第五，从投资环境看，目前张承地区拥有"张家口首都水源涵养功能区和生态环境支撑区、张家口可再生能源示范区、承德国家可持续发展议程创新示范区"等多个"国字号"区域载体，在部分领域具有一定的政策优势。大数据、先进装备制造、新能源、新材料、新一代电子信息等产业项目和部分领域的科技研发项目已纷纷落地，也具备了一定的产业投资配套基础。文体旅游、特色小镇、主题乐园等借力冬奥的大项目也在规划之中，但是，涉及"政务环境"改革创新、要素市场环境构建等仍然存在不足，营造出开放自由、亲商亲民的软环境还任重道远。

第六，从城市品位看，张承两市像大多数北方普通城市一样缺乏"灵动""大美""科技"的感觉，缺乏推动张承两市国际化、特色化、品牌化的有效抓手，从目前城市风貌和品位的培育看，还未将奥运文化、地域文化和现代科技有机地融合在一起，城市品位条件仍然是"短板"。

二、对标"必要条件"，分析张承地区借力崛起需要把握的战略着力点

冬奥会前后的一段时期必将是张承两市空间扩张、人口增长、产业集聚的加速期。在这一机遇和挑战并存的关键时期，需要汲取国内外奥运城市崛起进程中的经验与教训，对标"必要条件"把握好五大主攻方向和战略部署。

（一）实施依托奥运开放战略：新前沿、大商圈、同城化

冬奥带给张承地区的利益首先是开放，奥运城市最大的特点也是开放，开放的水平决定着主办地全面发展的水平。要实现张承地区崛起，必须再造新的战略优势，就需要依托奥运全方位提升开放水平。实施"依托奥运开放"战略，必须积极推进"三大路径"。一是打造新形势下我国北方地区开放新前沿。"南强北弱"是全国开放格局的基本特征，京张合办冬奥，不能单纯理解为举办一次体育盛事，在当前较为严峻的外部形势下，它还肩负着在北方地区"嵌入"对外开放新战略支点的历史责任。把握张承地区崛起的战略路径，首先要做足开放的文章。要借力冬奥培植先行先试、制度创新的改革前沿优势，探索、创新和丰富区域开放合作的内容、机制和形式。二是依托开放通道建设和创新开放载体，打造跨区域冬奥"大商圈"。加快构建"京张承"区域交通运输通道互联体系，在张承地区沿重要快捷交通通道布局建设各类口岸群和开放载体群，可以将冬奥"大商圈"划分为核心圈层、次圈层和外圈层，确定奥运经济向腹地扩散的空间方向。三是以"京张承"全面合作有序推进区域发展"同城化"。把深度对接北京、建设配套基地、打造服务平台作为重中之重，以京张同城化为立足点，建立全方位开放的大本营。借力联大靠强，精心组织、深入实施"央企进张承""外企进张承""大型民企进张承""研发进张承""人才进张承""新技术应用进张承"六大开放攻坚行动，全面加强与国内外一线企业、一线科研院所的合作，联大靠强，借力发展。

（二）实施奥运产业振兴战略：育新业、建新链、培新园

实施奥运产业振兴战略，坚定不移地依托奥运带动相关产业，有利于张承地区走新型工业化道路，走节约、集约发展之路，走绿色低碳发展之路，实现绿色崛起。一是借力冬奥"育新业"。抢抓新机遇培育新产业，着眼京津冀协同发展大势所带来的产业分工和转移趋势，立足张承优势，着力强化国际旅游休闲服务功能相关联的产业、现代国际商贸功能相关联的产业、国际文创交流功能相关联的产业、高端制造创新功能相关联的产业等。重点加快发展新智造产业（大数据、新一代电子信息、云计算、先进装备、智能化轻工制造）、大健康产业（健康农业及食品、生物医药、医疗器械、康养服务等）、大文体产业（文体旅游、体育健身教育、娱乐休闲、比赛演艺等）、大生态产业（新能

源、节能环保、生态价值转化等），大物贸产业（新业态商贸物流、口岸服务业等）形成"一新四大"板块支撑发展的奥运产业体系。加快改造提升传统产业板块，进而实现在更高层次上发挥优势、参与竞争。二是培植产业链集群，建立"产业链、创新链、价值链、物流链"四链融合的新格局。打造一批具有国际竞争力的产业链集群，力争挑选 3~5 个细分产业领域，培育一批产业关联度高、产品链条长、带动作用大、核心竞争力强的龙头企业，形成支撑奥运产业振兴的"航空母舰"和"联合舰队"。三是建设知名园区。把各类园区作为奥运产业振兴的重要平台，积极促进产业园区化、园区集约化。合理确定园区功能分类、空间布局和发展规模，加快园区基础设施建设，创新园区管理模式，提高园区对项目的承载能力。

（三）实施奥运城镇腾飞战略：比宜居、树精品、秀科技

新型城镇化是不可逾越的历史过程，是扩大内需、转型发展的最大潜力所在，也是经济社会现代化的重要标志。实施奥运城镇腾飞战略，就是要把城镇建设作为战略先导集中突破，把奥运理念、奥运要求、奥运标准与推进新型城镇化进程相结合，全面融入城市规划、建设与管理的每一个细节。一是突出品位，彰显特色，立足宜居，建设经得起历史检验的精品城市。坚持规划先行，统筹新城和老城联动。以承办奥运为契机，通过冬奥场馆的合理布局、基础设施的建设以及城乡景观环境整治，促进张承两市的组团化布局，不断改善老城区面貌和人居环境，不断完善新城城区功能，积极稳妥推进城镇布局体系的进一步优化。二是坚持梯次带动，打造各具特色、梯次布局的中小城市集群。全面加快县城和小城镇建设步伐，逐级明确功能定位，完善基础设施，加快产业聚集，按照奥运要求增强县城和小城镇公共服务功能，打造"魅力县城"和"美丽小镇"。三是依托"科技奥运"理念，提高城市建设品位和城市管理水平。把握奥运所带来的智能技术全方位应用的新机遇，加快推进智能技术集中应用、智能产业高端发展、智能服务高效便民，努力构建全面感知、泛在互联、高度智能的城市管理和运营模式，促进张承两市智慧城市建设的大跨越。

（四）实施奥运形象提升战略：彰魅力、塑环境、造品牌

把奥运形象提升作为一项长期战略，始终使张承两市保持一种协调美观的外在形象、善良好客的民风印象、开放包容的社会氛围、亲民亲商的政府形

象，对于对外开放、经济社会发展具有巨大积极作用。一是对标国际知名奥运城市的形象塑造张承城市"面子"。把城市形象设计引入规划、建设、管理系统，促使城市形态、自然生态环境条件、建筑物、城市结点空间、街道、城市绿化等内容精雕细刻，直接改善城市的外在印象。二是要以提升政务环境为抓手，"补好"城市"里子"。在政府管理、政策实施、办事效率、公共服务等各个方面建成高效的、适应市场经济体制运转的行政服务系统，以良好的政务形象美化城市形象。三是要以品牌建设提升城市形象。以承办奥运这个"金字招牌"为抓手，积极打造文化品牌、县域品牌、园区品牌、企业品牌和产品品牌，通过增强对各类品牌的认同感和信任感，进一步提升城市形象，努力让张承两市崭新形象走向全国、走向世界。

（五）　实施奥运文化引领战略：新理念、新文明、新精神

文化软实力是构建区域战略优势的根本。只有把"奥运文化引领"作为战略根基来对待，充分发挥张承两市多样的地域文化资源优势，才能更好地引进和传承奥运文化，促进与本土文化相融合，以良好的内在品质持久提升赢得未来竞争的战略软实力。一是要将"四个办奥"理念、奥运精神与本土地域文化相融合，形成新时代推动张承绿色崛起的基本理念，引领未来张承两市高质量发展。二是要塑造贯彻新理念、更具特色的城市文明。以新理念为本，深入挖掘本土特色地域文化，培树新时代奥运城市文明，加快创建独特的全国文明城市。三是提炼并倡导奥运文化背景下的"张承精神"。在奥运文化传承、历史文化把握的基础上，深入提炼、广泛宣传、大力弘扬新时期绿色崛起的"张承精神"，把绿色崛起的思想理念根植成为张承两市人民自觉的价值追求和行为准则。培树一批展示城市精神的社会典型，引领提高全社会的人文素养。

三、借力冬奥推动张承地区奋力崛起的对策建议

（一）　深化顶层设计布局，突出张北地区"翼"引领的作用

深化张承借力冬奥实现绿色崛起的顶层设计，以冬奥会为契机，围绕首都"两区"建设，着力构建绿色经济体系，形成河北绿色发展主引领"翼"，打造全国绿水青山就是金山银山理论实践典范。一是在指导思想上要贯彻落实

习近平总书记有关河北"两翼"发展的重大战略部署，把握好"三个结合"，即把发展奥运经济与新时期对外开放结合起来，把建设奥运城市与京张承同城化发展结合起来，把承办奥运赛事与优化发展环境结合起来，增强奥运意识和合作观念，以奥运标准创新发展理念，依托奥运转变发展方式，借力奥运破解发展难题，突出张北地区作为河北发展"两翼"之一的开放引领与绿色崛起的示范作用。二是要进一步量身定做"借力冬奥实现绿色崛起"的战略定位，把张承地区建设成为完备可靠的冬奥后勤保障大本营、与北京共进共荣的国际文体旅游目的地、贯彻奥运理念的国家级生态文明示范区、依托奥运对外开放的国际性内陆大门户、京津冀都市圈奥运经济新高地、国际知名的奥运城市和京津冀世界级城市群东北区域中心城市。三是要围绕张承绿色崛起的战略定位，统筹谋划张承地区生产力空间布局。充分考虑现有开发强度、资源环境承载能力和经济社会发展水平，构建"一主一副四廊三片"的空间开发总体布局。"一主"即"张家口城区—崇礼"为主体的发展核心区；"一副"即承德市区及周边承德县；"四廊"是指张家口"京张（张北）沿线、张石沿线、张承高速沿线、京承（平泉）沿线"四条奥运经济走廊；"三片"是指打造特色鲜明的张承北部坝上片区、张家口西南片区（阳原、蔚县、怀安）、承德南部片区（兴隆、宽城、鹰手营子、承德县、平泉）三大功能片区。

（二）谋划综合配套改革，着力打造三大样板载体

谋划建设三大类型关键样板载体，通过改革赋能赋权，充分发挥示范引领作用。一是建设奥运经济样板带。以京张沿线奥运经济走廊为重点，依托交通干线、河谷地带、园区集中的优势，重点发展大数据、先进装备制造、战略新兴产业、文化体育旅游、冰雪产业、大健康和大生态等产业，加快提高创新要素的集聚能力，抢占产业链的高端环节，将"京张沿线奥运经济走廊"打造成为国内外闻名的奥运经济示范带。二是打造京张奥运文体旅产业深度融合样板区。积极推动京冀共建"后奥运"大文体旅游经济圈，以构建京冀文体旅游共同市场为突破口，以崇礼区为重点，择址建设一个推动"后奥运"开发和场馆设施可持续应用的重大园区载体，探索建设"国家'文体旅'经济深度融合示范区"和"京北奥运不夜城"主题公园，打造体现奥运符号、京冀历史文化和民俗风韵的"文体旅"经济深度融合为主题的改革创新先行先试区，逐步培育形成国际著名的冬奥文旅品牌园区，以期在世界范围内树立一个

以冬奥带动当地崛起的标杆典范。三是打造奥运城市人居文明样板间。在张家口城区择址规划布局奥运城市人居文明新空间，科学布局、规划新建一批彰显地域文化形象、内含奥运元素的重大标志性建筑，形成富有奥运特质的城市文化标识，建设绿色低碳高效多样的综合交通系统和智慧安全的基础设施系统，打造一个以未来邻里、教育、健康、创业、建筑、交通、低碳、服务和治理九大场景创新为重点的理想人居文明典范区域。四是推动对三类样板载体的综合配套改革。可考虑将三类样板载体列入河北省省级综合配套改革试验区，分类赋予样板载体相关发展和管理权限，分类制定出台务实管用的政策措施，推进重大改革系统集成和改革试点经验共享共用。

（三）　坚持需求导向和"一盘棋"原则，围绕"五共"愿景促成京张承的政策衔接和机制协同

针对张承地区崛起的体制机制和政策现实需求问题，围绕"自然与生态和谐共生、全域功能与景观风貌共融、创新链与产业链共进、国际范和乡土味共鸣、公共服务与基础设施共享"的"五共"目标愿景，在政府事权范围内进行制度设计，谋划制度供给，促成冀京政策衔接和机制协同，尽可能为张承地区建设提供更为有力的制度保障。一是进一步推动向下赋权改革。聚焦规划管理、生态保护、土地管理、项目管理、要素流动、财税分享、公共服务和公共信用等重点领域，通过进一步向张承地区赋权，鼓励大胆试、大胆闯、自主改，加快推进一体化制度创新和重大改革集成。二是构建"订制版"协同发展利益共享机制与政策。创新财税分享机制，探索建立"飞地经济区"和"共建合作平台"的跨区域财税分享政策，建立成本分担机制、财政共同投入机制、财税分享机制和GDP核算分成机制；推进税收征管一体化，实现地方办税服务平台数据交互，探索办税事项跨省同城通办。创新金融投资利益共享政策，统筹研究制定产业和科技创新协作专项政策，推动北京享受的相关红利政策和先行先试改革赋权向张承"飞地"延伸。支持市场主体探索共同建立"京张承区域ETF基金"以及其他创新协同和产业发展基金。探索建立新型合作平台载体跨省域共建共享的市场化开发机制，以管理体制和开发模式创新为突破口，建立资本为纽带、企业为主体的股份合作新模式。三是加快探索一体化发展体制机制。探索实施京张承开发区（高新区）跨省（市）调区扩区、优化整合、托管代管等新机制，推行"母子"园区优惠政策和改革试点政策

通用共享机制。推动建立公共服务便捷共享制度。建立健全一体化区域重大疫情、突发公共卫生事件联防联控和应急救援机制。建立健全一体化社会治理联动机制，协同加强流动人口管理和服务，互相开放人口信息管理系统，开展跨区域矛盾联合调处。有序推进集智慧公安、智慧交通、智慧安防社区等多种功能的跨区域智能安防体系建设。

（四）构建多层次展示交流平台体系，放大冬奥品牌效应，全面提升国际形象和美誉度

适应深化对外开放和建设国际知名奥运城市的战略要求，借力提升张家口市国际开放形象，全方位提升张承两市国际经济影响力。一是加强多层次国际区域经济合作与交流平台建设。承办更多具有国际影响的重大活动，积极争取主办或承办国家级和国际级会议、展览、论坛等对外交流活动。引进一批国际知名度高、品牌影响力大的国际体育赛事和全国性大型文化体育活动。加强奥运城市品牌的综合策划开发，借助北京世界城市的开放资源和地方政府联合组织（UCLG）等国际平台，广泛开展城市品牌形象推介和宣传。积极拓展"国际友好城市—友好合作交流城市—友好城区（县、市）—友好单位"的立体国际交往网络。二是积极利用好现有国际交流平台。香港投洽会、廊坊经洽会、厦洽会、西博会、深圳文博会、北京文博会和科博会等国内知名招商平台，开展城市形象和招商引资宣传推介。在崇礼、张家口和承德主城区规划建设若干国际文化风情区，创造国际化的生活和服务条件，为各类国际人士和机构提供高效服务。三是构建高层次的国际化科技产业平台。主动争取与新加坡、欧盟等建立经贸合作联系，力争引进国际先进园区建设理念，探索推动共建中欧产业园、中瑞合作低碳经济示范园、中新（张家口）生态科技城和节能环保科技产业园等发展新平台。

（五）加强组织保障，构建符合新理念的考评奖惩机制

牢牢抓住考核评价体系建设这个"牛鼻子"，应在张承地区率先建立体现新时代、新思想、新理念要求的目标体系、考核办法、奖惩机制，以高质量的标尺引领和驱动张承地区绿色崛起。一是坚持系统思维，建立实现绿色崛起考核评价体系。在建设考核评价体系中，不仅要五大发展理念贯彻始终，还要按照办奥运、后奥运时期的特点设计指标体系，切实把各级班子和干部的心思和

精力引导到借力实现绿色崛起上来，加快提高发展的"含金量""含新量""含绿量"。二是要改进和创新推动高质量发展的考核方式。推进分类别、精准化、差异化考核，建立分级分类考核评价制度，实行差别化与综合性评价相结合的评价方式，立体化多维度考核评价干部实绩，引导各级干部在推动绿色崛起上下硬功夫。

第三节　着力打造西渤海大湾区协同开放新标杆"京张体育文化旅游带"

2021年1月20日，习近平总书记在视察冬奥筹办工作时，首次明确提出加快建设京张体育文化旅游带，不仅为深入实施京津冀协同发展战略注入新的内涵，而且从国家层面上围绕释放冬奥效应、推动奥运新城张家口崛起、构建张北之"翼"等给河北省部署了新的任务，同时，对于探索建设新时代国家新型文体旅深度融合示范区也具有重要意义。本节详细分析了京张体育文化旅游带建设面临的新形势，研究提出了其地理范围、功能定位、产业发展重点、空间布局、重大载体、重点平台、重要场景试验等，以期为编制相关规划、谋划和推动工作时参考。

一、把握京张体育文化旅游带建设面临的新形势，抢抓多重叠加的战略新机遇

（一）　后疫情时代文化体育旅游产业数智化趋势已势不可当

新冠疫情对以线下为主的文化、体育、旅游等传统业态造成巨大冲击的同时，也催生了三大趋势。一是文化产品批零及制造业将加速数智化嵌入，大数据、智能化、移动互联网和云计算将大量应用融入文化体育产品制造与批零业中。二是文化旅游、会展节庆、体育赛会、线下娱乐演艺等现场体验型文化体育旅游业依托虚拟现实（VR）、数字云服务、区块链、5G和8K视频等技术向非现场的"身临其境"和"互联互动"的新体验模式发展与创新。三是可穿戴文化体育智能设备和新业态虚拟化数字终端的研发、生产和制造将进入大发展时期，不可避免地催生文体旅融合发展模式、发展业态、发展渠道的创新。

（二） 构建新发展格局进程中加快推进文化体育旅游产品供给侧改革和文体旅深度融合发展是大势所趋

当前，我国正加快构建以国内大循环为主体、国际国内双循环相互促进的新发展格局，以旅游痛点和难点问题为导向，转变发展思路，适应日益个性化、潮流化、年轻化、时尚化、国际化、多元化市场需求，开发文化体育旅游深度融合、产业链条相互嵌入的产品才是提振内需的关键，也是未来提增旅游消费容量和能级的主要方向。

（三） 冬奥经济加持下依托科技赋能推动文旅景区（园区）转型升级已成为必然趋势

国内依托科技赋能将文化和旅游融合较好的园区典型是方特文化乐园，但其只是一种初级模式。随着文化科技平台跑马圈地式快速发展和科技奥运的新理念、新技术在北京冬奥会的推广应用，人工智能技术平台、大数据平台、云计算平台、动作捕捉技术平台、云 VR 平台等公共技术平台的搭建必将推动重塑文旅景区（园区）和场景，以文体旅"新基建"为主的文化高科技平台赋能传统文化体育旅游园区（景区）转型为新一代智慧文旅园区（景区）、打造大型国际化文体旅新类型景区和"数字人文空间"正逐渐成为潮流。

二、适应新形势深化顶层设计，突出京张体育文化旅游带对张北之"翼"的支撑作用

深刻理解习近平总书记关于冬奥经济和"京张体育文化旅游带"的指示，从北京和张家口各自发挥冬奥功能和已有的产业基础、资源禀赋出发，不宜将京张体育文化旅游带地理范围界定过大，较为理想的地理范围可界定为"如意"形状，即包含河北省的张家口市桥东区、桥西区、万全区、宣化区、下花园区、崇礼区、张北、怀安、涿鹿（部分）、怀来和北京的延庆区、昌平区、海淀区、朝阳区（部分）、门头沟区、石景山区，在京张大地上镶嵌出一个巨大的"雪如意"经济带，带动辐射冀西北全域发展。

（一） 功能定位

从当前新形势以及科技、文化、旅游发展大趋势出发，京张体育文化旅游

带更应体现新时代赋予其的历史使命，在扩大内需链接"双循环"、辐射带动张北地区、打造奥运经济新高地、文体旅产业数智化融合等功能方面加快规划布局，大胆先行先试，因此，其战略功能可定位为国际体育文化旅游目的地、河北省北冀崛起核心支撑带、京津冀都市圈奥运经济样板带、国家级数智化文体旅产业融合创新示范区。

（二）空间布局

从空间布局看，大体可划分为"两核一廊多区多点"结构，即："北核"指张家口主城区—崇礼，"南核"指北京奥林匹克中心区—首钢园区，"一廊"指京张交通轴线奥运经济走廊，"多区"和"多点"指规划布局文化、体育和旅游融合发展的大型标志性景区、产业园区和重大载体。

三、规划布局标志性重大载体，推动冀京携手共建文体旅大商圈

重大载体是推动京张体育文化旅游带建设的关键抓手。从河北省实际出发，在河北省辖区超前谋划、加快规划布局体现最新理念的重大载体（基地）、平台和场景试验，积极主动推进与北京合作，借力冬奥共同打造国际知名的文化体育旅游大商圈。

（一）重大载体

1. 文体科技融合示范基地

考虑在张家口城区或怀来谋划创建国家"文化和科技融合示范基地"，推动成为国内外知名的文化体育科技研发创新中心。可布局试验以下几大场景：一是 AR、VR、MR 等技术在文艺演出、体育赛事中的应用；二是大数据和人工智能技术在内容创作中的应用；三是区块链在版权服务、赛事服务的应用；四是 AR、VR 等技术在文物保护、文体展览、展示领域的应用；五是全息影像技术在体育比赛、运动健身、演艺领域的应用；六是 3D 打印技术在文体创意产品制造上的应用。与此同时，遴选建设 2~3 个省级文化和科技融合示范基地，培育国家文化和科技融合示范基地的后备力量。

2. "串珠状"冰雪文旅产业链集群

沿重点交通轴线，在张家口辖区超前规划布局冰雪体育旅游产业链，选择重点县（区）谋划开发适合当地民俗特色的特色冰雪体育健身项目群，打造"一地一品""一地多品"的冰雪运动休闲旅游品牌。错位布局开展"冰雪健身＋旅游""冰雪健身＋传媒""冰雪健身＋科技""冰雪健身＋影视""冰雪健身＋制造"等新项目集群，创新陆地冰壶、陆地滑雪、陆地冰球等仿冰雪项目。鼓励社会力量举办冰雪运动俱乐部、训练营、轮滑场馆建设等，参与冰雪项目开发。打造集冰雪旅游、健身休闲、冰雪科研、教育培训、竞技表演、装备器材制造等于一体的冰雪产业链条。

3. "京北奥运不夜城"主题公园

借力北京冬奥和夏奥两张名片，围绕张家口的草原、冰雪、养生、民俗、物产等文化元素，融合杂技武术等燕赵文化和北京的庙会文化、皇城文化、时尚文化，设计推出大型实景演出、冰雪大世界主题晚会、文化主题庙会、主题歌舞大巡游、百老汇剧场、民俗杂技剧场、动物马戏场、童趣游乐园、异国文化风情街、温泉水疗馆、世界美食汇等项目群，规划并推动夏季和冬季项目转换衔接，在全国率先建成京张两地共同规划设计、共同招商引资的重大标志性旅游合作项目，打造体现奥运符号、京冀历史文化和民俗风韵等主题的国际知名文旅主题乐园，以期树立一个依托文体旅游重大区域载体建设辐射带动奥运城市崛起的标杆。

4. 抖音（短视频）创作创新基地

积极主动争取北京字节跳动公司在张家口辖区布局建立"短视频内容创作大本营""抖音网红育成基地"，撬动国内短视频创作需求，谋划建设拥有世界一流视听制播数字技术的"抖音网红大厦"，建设一大批标准化的带货直播工作间（室），为数智化文化体育旅游产业发展开启新业态集成空间。

5. 文体旅城镇综合体

推动"文体旅＋城镇"建设，聚焦重点县城和城镇，建设 10 个左右集特色展示、文化体验与旅游服务于一体的文体旅综合体，构建"新型＋高精尖"文旅产业结构，打造一批休闲度假、会展会议、文化娱乐等不同主题的文体旅新业态集聚区。

6. 高科技文体企业"梦想小镇"（双创孵化和中试基地）

探索布局打造文化体育高科技中小企业、文化独角兽企业、"小巨人"企业的孵化器、加速器集群，探索创建京冀文化体育投资联合体（私募基金群），率先在全国建成文化体育产业高端科技成果孵化、中试和转化的综合性基地，成为文体高科技产业发展中最新业态展示、最新技术交易、最新信息交流的"策源地"。

（二）重点平台

1. 文体旅游"智慧服务平台（1＋10）矩阵"

构筑"一心"，即利用5G、人工智能、云计算、物联网等技术打造文体旅游信息化智慧服务中心。推动建立10个智慧服务平台：数字图书馆、数字博物馆、数字美术馆、文化馆云项目、"文献港"数字平台、"i 游张垣"平台、文体通和文体云平台、4K/8K 超高清制播平台、智慧文体旅游市场监管平台、智慧广电监测平台。

2. 节庆赛展七大活动平台

谋划创办张家口国际冰雪产业博览会、京冀奥运文化艺术节、国际青年艺术嘉年华、沃尔沃时尚体育中国公开赛、京张体育文化创意设计双城展、京冀体育文化博览会（体博会）、武城（张家口的另一称谓）健康养生禅修院七大平台，塑造符合新时代特征的张家口体育文化旅游新形象。

3. 冰雪产业服务平台五大中心

谋划建设冰雪器材研发展示中心、冰雪可穿戴设备展示中心、冰雪医疗救护培训及救护器材交易中心、冰雪产业投融资股权交易中心、冰雪产业互联网应用研发中心，占领冬季运动冰雪装备和冰雪运动服务新兴市场。

（三）重要场景试验

1. 冰雪运动 VR 创新试验场

按照世界一流、全国领先的标准，重点开发冰雪 VR 技术产品，将布局全球最高水平的 VR 体验设备，建设含冰雪主题体验区、小型沉浸式剧场等内容的冰雪 VR 主题体验中心；重点建设冰雪产品 VR 交易平台、冰雪产品 VR 展示中心、VR 云中心，同时积极推进 VR 资本平台、VR 教育平台、VR 标准平台的建设。

2. 智能化文体产品应用示范点

依托城市社区、开发区、旅游景区和大型文体建筑设施，创建一批"智能化"文体产品应用示范区域，开发一批文体旅游"智造"产品应用公共示范项目，为加速发展新智造文体产品提供试验场景。

四、借力冬奥催生新业态、新模式、新机制，努力创建国家文体旅数智化融合创新试验区

"文化和旅游融合发展"这一战略任务虽然早已提出，但从全国范围看，目前许多旅游景区、文化园区仍呈现鲜明的"旅游拼加文化"特征，演艺观赏、文旅纪念品等机械叠加，在景区中非常缺乏冲击游客心灵的"融文化"产品，且景区的体育健身业带动效应不强，文化、体育和旅游三位一体融合发展的项目和景区更加少见，迎合数智化改造的着力点只是购物体验、网上支付、旅游产品宣介等消费端，绝大多数景区均未能充分利用数智化技术开发出具有文体旅融合特征的高端产品。"十四五"时期，数智化技术对文体旅融合发展具有划时代的变革作用，后疫情时代文化体育旅游产业数智化趋势和科技赋能文化旅游景区的潮流，将倒逼国家"文化产业和旅游产业融合发展示范区"创建进入升级版。值此关键之际，"京张体育文化旅游带"理应勇立潮头、开拓创新，为全国体育文化旅游三业融合提供数智化创新的试验和示范。具体思路如下。一是率先推动建立文化体育旅游"新基建"试点示范体系。深刻认识并把握住"新基建"时代的文化体育旅游之变，探索在标志性景区、重点文化体育产业园区布局新建一批采用 CG、VR、互动装置、全息成像、云平台等手段实现感官沉浸式体验的公用基础设施，将重大文体旅游区域载体打造成为精致的小"智慧王国"。二是以数智化方式新建或改造升级一批文化体育旅游公共服务设施。加快博物馆、美术馆、文化馆、图书馆、体育馆、旅游服务中心等公共文体旅游设施数智化改造，在文体旅游设施中注重嵌入 5G 网络设施和 VR、AR、人工智能等智能化配套设施，探索新科技沉浸式体验。三是通过数智化方式构建新文创内容体系。研发数智化特色文体旅产品，让好的创意及故事能以虚拟现实的形式实现和客户交流。在数智化新文创体系下，通过数智化平台能力、制作能力及流量再造，实现让文物"动"起来、经典

"活"起来。四是引育数字龙头文体企业和数字创意型文体中小企业孵化平台。充分释放奥运名片效应，在新闻信息服务、内容创作生产、创意设计服务、文化传播流通、文化新型业态等领域引育一批具有全国竞争力的龙头数字文化企业和孵化创新等公共服务平台群体。五是开创数智化管理新机制和新模式。以标志性景区、文体旅游园区等为载体，开发数智化全流程管理系统，推进管理体制机制的数智化，从而在全国率先探索一条贯穿文体旅游"新基建"、新设施、新产品、新内容、新体验、新企业、新孵化、新管理等的数智化全产业链开发之路，努力探索建成国家文体旅数智化融合创新试验区。

第六章

西渤海大湾区协同创新共同体
建设及其政策支撑体系

习近平总书记指出，京津冀协同发展根本要靠创新驱动，建立健全区域创新体系，整合创新资源，以弥合发展差距，贯通产业链条，重组区域资源。这一重要论述指出了推进京津冀协同发展的战略选择和根本动力，明确了京津冀协同创新的努力方向和基本任务。① 站在西渤海大湾区的战略视野看，京津冀最大的资源就是科技创新资源，打造大湾区协同创新共同体，放大和激活创新要素，就能实现区域经济由要素驱动向创新驱动的跨越，就能形成引领全国、辐射周边的创新发展战略高地。本章将在这一指导思想下展开深入研究分析。

第一节　西渤海大湾区协同创新共同体的
概念内涵及发展基础

党的十八大以来，习近平总书记提出一系列"共同体"的概念。从创新的维度，习近平总书记在 2014 年 2 月"京津冀协同发展座谈会"上的讲话中，

---

① 赵克志. 抢抓战略机遇 勇担历史责任——深入学习贯彻习近平同志关于京津冀协同发展的重大战略思想［N］. 人民日报，2016－07－19.

首次提出了打造"京津冀协同创新共同体"的重要任务。"京津冀协同创新共同体"的概念开始流行。2015 年中共中央、国务院印发了《京津冀协同发展规划纲要》，纲要文本中首次提出"京津冀协同创新共同体"的概念，这是官方文件中首次提出此概念。自此以后，京津冀三地出台的实施意见、规划纲要以及各地领导讲话等都纷纷引用此概念，将其作为创新发展的一大目标，据此提出各地发展方向和部署任务。然而，直至目前，国家层面的官方文件中并没有具体阐释"京津冀协同创新共同体"这一概念的内涵、具体形态、关键指标和目标状态，究竟形成什么样的状态才算是建成京津冀协同创新共同体？协同创新共同体所包含的具体领域是什么，主要以科技创新为主还是体制机制创新为主？协同创新共同体建设推进中具体落在什么地方，是行政区域、是小的平台载体还是产业领域抑或是体制机制等内生因素？这些都没有权威的说法或定论。因此，三地针对"京津冀协同创新共同体"这一概念的应用出现了"因地制宜""按需而用"的现象，比如，发改部门与科技管理部门的理解就不一致，而领导讲话中应用这一概念的角度又与相关部门理解的角度有相异之处。学术界也从不同角度出发理解或阐述这一概念，出现了诸多针对"协同创新共同体"概念的解释创新，从而导致了基层在推进工作中摸不着头脑和无从下手。目前，作为一个区域的协同创新共同体，是强调共同体中创新主体来自不同行政区域，还是强调创新主体分属不同类型，都没有界定。

　　从西渤海大湾区这一特定区域概念出发，笔者认为，与"京津冀协同创新共同体"的概念应有所区别，西渤海大湾区协同创新共同体不能只局限于京津冀三个不同省级行政区所属的创新主体的协同合作或共建共享，更应体现开放包容之内涵，因此，从智库研究的角度，开展"西渤海大湾区协同创新共同体"概念与内涵、目标形态、平台载体表现形式的界定是非常必要的。本节首先从概念内涵入手进行学术界定，再据此开展深入研究探讨。

一、西渤海大湾区协同创新共同体的概念界定及其建设意义

（一）概念内涵理解

　　共同体是凝结人们共同意识、共同利益、共同诉求的载体。那么，创新共同体是指什么？较为共识的观点认为，创新共同体的概念应界定为"能够推动

实现共同创新的体现多方利益和诉求的载体"，具体来说，就是凝结共同创新意识、带来共同创新利益、融合共同创新模式的一种载体。"区域协同创新共同体"又在"创新共同体"概念的基础上进一步延伸和拓展，它表示的是能够在多区域（行政区或功能区）之间通过协同合作的各种方式或措施，协同推进形成的创新共同体。

"西渤海大湾区协同创新共同体"的概念究竟怎样理解？笔者认为，其实质是在京津冀协同发展背景下，以大湾区这一非行政地理区域为承载，凝聚科技与经济互融共进、体制机制改革创新、政策先行先试的载体。"西渤海大湾区协同创新共同体"这一概念中的具体关键词内涵释义如下。第一，协同。这一关键词应包括以下内涵：一是所涉及的大湾区内部不同行政区的行政公权力的协同推进；二是所涉及的大湾区内任意一地或多地的企业、机构、个人之间的合作与共赢；三是所涉及的体制机制之间的协同配合；四是不同产业领域之间的融合、配套与共进。第二，创新。这一关键词应包括三方面的内涵：一是科技创新；二是管理体制与运行机制上的创新；三是意识、理念与方式模式上的创新。第三，共同体。这一关键词应包括以下内涵：一是利益分配上形成一个公平、激励的组合体；二是风险分担方面要体现"团体性"，形成一个合理有序的整体；三是在行为方向和行动步调、力度方面要体现一致性，形成统一合力。

（二）研究界定

笔者认为，"西渤海大湾区协同创新共同体"这一概念所依托的平台载体也将与一般的跨行政区的创新平台载体不同，首先它应分成广义和狭义两个层次，广义的"平台载体"应不仅仅指高新区（园区）之类的狭义的物理区域平台，而是包含一切容纳创新的有形载体和无形载体，比如，协同创新的某一领域或综合性的"京津冀高层峰会"或"论坛"，京津冀形成协同一体化的"大数据平台"（可以是产业大数据、人才大数据、城市管理大数据、交通大数据、生态环保监测与治理大数据等平台）。狭义的"平台载体"应是具有物理意义的有形的区域概念，比如高新区（开发区）、创业园、共建的科研综合体或院校、创新资源共享平台及攻关平台等。

本章将研究范围界定在狭义的平台载体概念，将按照区域平台构建、创新链构建两条主线进行分类，大体可分为以下三种拟研究的平台载体。

（1）协同发展战略功能区。按照国家出台的《京津冀协同发展规划纲要》的要求，"2 + 4 + N"是协同发展的重要平台载体，协同发展的战略合作功能区理应成为科技创新和体制机制协同创新的战略功能区，应该纳入本项目研究范围内。

（2）协同创新经济功能区。包括大湾区地理范围内不同行政区域合作共建的各类经济技术开发区、产业集聚区、高新技术产业开发区等功能区。这类综合性的经济功能区实质上也是科技创新和体制机制协同创新的焦点与前沿区域，必须纳入研究范围内。

（3）协同创新科技攻关和成果平台。包括共建的科技大市场、创新创业孵化中心、重点实验室、联合攻关研究院、创新成果中试基地、创新成果转化基地、创新创业大赛等。这类以科技创新链为主线延伸发展出来的平台载体，体量虽小，但对科技创新协同的意义重大，也须纳入研究范围。

（三）重大意义

1. 有利于确立西渤海大湾区区域协调发展目标导向和区域协调发展路径

西渤海大湾区协同创新共同体是在京津冀协同发展国家战略实施的背景下，适应国内大循环为主体、国际国内双循环相互促进的发展新格局所提出的，以湾区对内对外开放融通为主线的区域创新共同体。它的诞生具有强烈的政治治理含义和目标导向。从政治治理的角度看，它明确了大湾区内部城市群协调发展的关键环节，即协同创新，也阐明了湾区协调发展的总目标——打造创新共同体。从路径选择的角度看，"西渤海大湾区协同创新共同体"的概念明确指出了湾区内城市间需要联手合作在科技创新、体制机制创新、发展模式创新等方面着力推进，摆脱原有的各自封闭为主的路径依赖，将发展理念、发展道路和发展方式统一到"协同创新"上来，从而真正实现协调发展的最终目标。

2. 有利于探索全国其他不同行政区域打破创新要素恶性竞争的束缚和构建区域创新协调机制的经验模式

当前，我国大都市及其相关城市群的发展都或多或少地处于高端高新产业和人才等创新要素的激烈竞争状态。这也是世界其他国家至今难以破解的区域发展中必然发生的难点问题。西渤海大湾区协同创新共同体概念的推出，对于全国大都市以及其为核心的城市群内部行政区域打破既定的创新要素恶性竞争局面，探索一种能够促进城市群内部不同行政区域之间科技创新良性竞争和创新要素合理顺畅流动的新模式具有重要示范意义。

3. 有利于区域之间制度创新统筹配套改革，为不同行政区域形成以创新为纽带的发展共同体提供了具体抓手

国内外经验表明，一个区域实施"创新驱动发展战略"若想成功，关键在于必须制定出促进科技创新的统筹配套制度或政策体系。西渤海大湾区协同创新共同体概念的推出，将从载体层面提供一个制度或政策体系创新落实的具体抓手，有利于不同区域之间形成创新合力，推出共同的创新导向，实现在科技创新层面上的互补共赢。

二、西渤海大湾区协同创新共同体的发展基础

（一）整体科技实力雄厚，培育科技协同创新共同体的基础较为扎实

西渤海大湾区创新资源丰厚，无论是以国家实验室、技术创新中心等为代表的狭义的战略科技创新平台，还是大学、科研院所、高新技术企业、重大科技基础设施等广义战略创新主体和创新载体都具有明显的比较优势。以北京为例，北京拥有 90 多所大学、1 000 多所科研院所（其中包括中科院、清华、北大等一批全国顶尖高校和科研机构）和近 3 万家国家级高新技术企业（高技术制造业企业市值排在全球第五位），还拥有一批世界顶尖的科学家和工程技术专家，全国近一半（47%）的两院院士。与此同时，布局有 128 个国家重点实验室、68 个国家工程技术中心和 20 多个国家级重大创新平台（如新能源汽车技术创新中心、国家动力电池创新中心、国家先进计算产业创新中心等），再加上已经具有成熟科技创新发展经验的中关村和正在加速建设的北京怀柔综合性国家科学中心以及 2020 年国家首个综合类技术创新中心"京津冀国家技术创新中心"的成立，更是强化了这一实力。① 与此同时，京津冀尤其是北京的高质量创新成果突出，每年的国家科技奖励一等奖和每年的全国十大科技进展中约有一半来自北京。相对雄厚的发展实力奠定了大湾区打造全国科技协同创新共同体的基础。

---

① 北京将在光电子、区块链等领域布局新型研发机构. 光明网，2021 - 01 - 20.

（二） 内部平台载体实力和能力落差巨大，协同合作共建协同创新共同体的制约因素较多

大湾区内部，北京相对于冀津两地的科技创新平台载体的实力及能力有显著优势，尤其是河北的科技创新平台载体建设水平还不如中部地区。以科技创新平台载体为例，截至 2020 年，大湾区共有国家重点实验室 154 家，国家级技术创新中心 85 家，但其中 80% 以上分布在北京，呈现出单核集中的态势。大湾区创新能力相对薄弱的河北，截至 2020 年国家级重点实验室仅有 12 家，国家级技术创新中心仅有 5 家，分别仅占大湾区平台数量的 7.8% 和 5.9%。国家级创新平台仅占河北省全部创新平台的 1.41%（截至 2020 年，河北省省级以上科技研发平台数量为 1 206 家，其中重点实验室 273 家、技术创新中心 792 家、产业技术研究院 141 家）。[①] 与此同时，教育部学位与研究生教育发展中心（学位中心）公布的全国第四轮学科评估结果显示：在全国 7 449 个学科中，河北省进入 B 档及以上档次的仅有 17 个学科，排在全国第 22 名，仅为北京的 1/25；获得 A 档的只有燕山大学的机械工程学科（A-），仅为北京的 1/213。优质科技创新平台载体的高度集中于北京，导致湾区内部行政区域之间科技创新资源及平台载体建设存在巨大落差，与此同时，高新区、开发区等综合创新平台载体也同样存在着能力和水平区域之间落差巨大，且还在不断加剧的态势，这使得大湾区推进创新平台载体协同合作共建共享面临着阻力。

第二节　西渤海大湾区协同创新共同体建设的难点问题与隐性障碍

虽然北京、天津和河北省在构建各自的协同创新平台载体方面都有一些成就可圈可点，尤其是北京市的科技协同创新在全国占据优势，但是，从西渤海大湾区这一整体区域的视角出发，协同创新共同体建设发展仍然存在突

---

① 资料来源：河北省科技厅发布《2020 年河北省科技创新平台综合统计年报》《2020 年河北省重点实验室年度报告》《2020 年河北省技术创新中心年度报告》《2020 年河北省省级产业研究院年度报告》。

出问题，其背后也反映出制约发展的隐性障碍。

一、西渤海大湾区协同创新共同体建设中显性突出问题

（一）动力机制效用不佳问题

动力机制问题是区域协同创新共同体建设推进过程中的源头问题，如果从上到下都没有发展的动力，协同创新共同体也不可能发展壮大起来，如果动力机制有缺陷，就会出现"高层领导有干劲、职能部门走形式、基层工作疲于应付"的现象。因此，动力机制效用问题是区域协同创新共同体建设的先决条件。从调研中反映的情况看，当前大湾区内部协同创新共同体建设实践中动力机制构建方面不符合高质量发展的要求，存在着以下几个问题。一是除雄安新区以外的"协同创新战略功能区"大多依赖外部力量推动发展，以内部改革形成内生发展新动能的目标还远远未达到。比如，曹妃甸协同发展示范区主要靠与北京分享税收红利等合作政策来推动北京市政府鼓励企业项目落户曹妃甸的积极性，其自身的营商环境及创新积累并不能形成源源不断的创新项目投资落地发展的动力。截至目前，也未真正引进代表"协同创新"的地标性项目。张承生态功能区虽然主打奥运牌和生态牌期望形成内生发展的新动力，但借力奥运发展当前只在个别产业领域内有一些起色，从协同创新的角度仍然严重不足，生态环境好的客观条件并没有充分转化成发展优势。北京新机场临空经济区正在着力于基础设施建设，探索不同行政区交界区协同创新途径、方式和模式的任务还未有实质的进展。河北省沧州渤海新区是战略功能区中协同创新做得较好的区域，但由于内部管理体制机制改革创新长期停滞不前，导致目前内部体制束缚协同创新的力量很强。二是协同创新的经济功能区向"创新"方向转型升级的动力不足，"创新"与"协同"的味道较淡。除了个别地区的高新区在协同创新中有不俗的表现以外，其他绝大多数经济功能区在"腾笼换鸟"（替换高端产业）方面表现得力不从心。三是科技创新攻关与成果平台发展壮大的扶持能力较低，政策支持形成的动力与先进地区相比差距较大，客观上造成了高质量、高水平的科技创新攻关与成果平台建成少、能力低、效果差。产学研用之间共同协作组建攻关或成果平台的积极性不高，已建成的平台层次较低，提升层次的动力不足。

（二）　协同创新活力不足与不顺畅问题

协同创新的活力实质上是区域之间合作共赢的方式方法和操作机制的灵活度的表现。从不同区域之间、不同领域之间及不同层面之间协同的角度看，各类主体均存在着协同创新活力不足或不顺畅的问题，主要有以下几方面表现。一是除雄安新区以外的战略功能区和经济功能区推进协同创新过程中缺乏联盟式的发展，协同创新的方式和手段局限于类似园区招商引资或人才引进的模式，缺乏像中关村建设河北分园的协同模式推动发展。二是在科技协同创新平台建设中，协同创新的方式方法主要停留在技术转让、合作开发和委托开发等较低层次的合作上，而共建的以经济实体为合作载体推动科技工贸一体化开发的模式发展得较为滞后，此外，大多数的产学研协同创新平台中产学研的合作都集中表现为"高校院所提供科研成果，企业转化为产品"的交钥匙方式。这种合作方式在很大程度上造成了产学研三方协作是基于金钱关系而非基于信任或战略层面的低层次合作。三是无论是功能区还是科技平台，河北省在与京津或其他省外区域开展协同创新的合作中，都遇到了许多在操作中的不顺畅的问题，这些问题虽然细小，却很关键，它们制约着协同创新的深度和广度。四是各类平台在推进协同创新过程中都缺乏共建机制，尤其是各类科技平台在协同支持重大关键课题研究、协同建设成果转化、人才培训、科技基础条件等创新平台等方面，还没有促进创新资源合理配置、开放共享、高效利用。

（三）　承接盲目、产业同质化及无序竞争问题

承接不同区域的产业转移或功能疏解实际上就是一次新的产业规划和重构，需要做好顶层设计，同时必须强化产业分工与区域合作。然而，从调研掌握的情况看，大湾区内的各类产业或科技的承接平台载体在推进协同创新过程中存在以下几个问题。一是同一产业领域布局碎片化严重。大多数承接平台各自为政甚至饥不择食，树立的是"捡到篮子都是菜"的"鲸吞"思维，导致承接的产业协作项目十分庞杂，难以形成规模化的优势，碎片化严重。有些地区过于看重引进承接的产业项目数量和签订意向的投资额度，实际上，产业项目过于零碎，数量虽然庞大，却无法打破以往零散的低关联度投资格局，无法通过承接产业转移形成协同分工的专业集群优势，实现结构质量转型。二是产

业结构同质化严重。除了碎片化外，产业结构同质化也很严重。比如，从河北省近年来承接京津落地的产业项目清单中发现，项目基本上都集中在能源、原材料、轻工、食品、医药、装备制造业、物流、建材等行业，传统产业和一般加工业项目居多，多个地区、平台载体的承接产业链条重叠，产业互相"克隆"。碎片化和同质化容易造成承接地区一味地接受传统产业的转移而缺乏创新，使得产业结构一直处于低附加值化，延缓产业升级的时间。同时也会使承接地区的产业结构继续固化在"杂而同""小而散"状态，导致"产业撞车"。随着产业转移的延续，形成的结构刚性会使产业结构升级的成本不断上升，难以通过产业协同创新发展缩小经济水平的差距，也无法通过区域分工和产业合作形成专业集群优势。三是协同创新平台与载体的建设及招商中的无序竞争问题。在推进协同创新过程中，大湾区内部各平台载体存在着无序竞争现象。政府间的协调和考虑并不清晰，产业方面的重复建设同质化竞争则很明显。各地都处在单打独斗的状态，投入的力量不小，但是收效不明显。

（四）要素瓶颈制约更加突出的问题

协同创新共同体的建设与发展必须要破解发展要素的瓶颈制约。当前，在新时期，协同创新的战略功能区与经济功能区都面临着严重的要素制约，主要表现在以下几方面。一是土地制约出现新情况。比如，河北省在建设用地和工业用地方面的指标并不少，但是，从平台的角度看，存在着"苦乐不均"和"有土地指标没有土地"的现象。有些好的平台载体土地空间严重不足，虽然全省还有土地指标，然而在土地新政面前需要解决"先占补平衡后用土地"的问题，所以在操作中出现了即便有土地指标，也没有土地可用的情况。此外，以前老的开发区中经济效益不佳、有一定污染的工业企业腾退用地的情况并不理想，亩均产出及效益均非常低下，也客观上造成了土地利用效益不高的后果。二是平台建设与发展的融资困难越发严重。近年来，国家限制地方债务以及高强度"去杠杆"，以平台为单元的信贷越来越困难，成立的融资公司等经济实体频频出现坏账和失信状况，使得各类共同体建设资金和发展资金都十分紧缺。三是人才要素制约严重。由于经济发展形势不好和平台创新发展能力不足，河北当地人才大量流失北京及长三角或珠三角，外地人才引进困难，平台发展急需的管理人才、金融人才、经营人才、招商引资人才等都严重缺失，有开拓精神和实干能力的党政干部也存在流失现象，平台建设和发展僵化。这些都对协同创新的平台建设发展带来负面的影响。

（五）　制度性交易成本高居不下的问题

制度性交易成本高居不下最主要的表现是审批过程中耗费的时间过长、报批准备的材料繁杂难办、审核许可环节与事项多且重复。通过近几年的"放管服"改革，审批改革中的"城乡居民生活事项审批"改革有了长足的进步，"商事审批"改革最为彻底，得到的好评最多，然而，"涉及用地的投资项目审批"一直是审批改革中最难啃的硬骨头，也是短板。当前，西渤海大湾区在这块短板上与南方先进湾区存在着巨大差距。从调研中发现，差距主要有以下几方面。一是浙江等先进省份在涉及用地的一般工业项目审批中，通过"最多跑一次"和"标准地"改革后，可以在 3 个月左右完成所有前置审批。而同类的项目，河北通过下放大批审批事项权力后却没有大幅缩短审批时间，仍然在 1 年左右。有的项目反而耗时更长。二是以浙江为代表的先进省市在审批体制改革中总是能以重点区域承载平台（开发区、集聚区、特色小镇）为载体，尽可能地在同一投资空间内以"取消、归并或许可共享"为重点，协同突破现有审批流程制度框架，做到了"事实上的大幅减少审批事项"，而不是以"下放审批事项权限"为重点。而反观河北省，虽然以前也曾学习借鉴江苏浙江等地经验，期望依托开发区等载体大幅归并、共享一些审批许可事项或结果，但推进得并不理想，原因在于投资审批改革中仍然没有以重点承接区域平台为载体在省级层面出台允许突破传统投资项目审批流程和制度的文件，没有建立起协同多个职能部门重塑审批流程与操作制度的常态化机制，以"下放审批事项权限"为重点的审批改革无法做到避免多头审批、非重要许可事项的拖延和同一投资空间、同一许可事项不同投资项目的重复审批。

（六）　协同创新共同体支持政策不足与过时僵化的问题

虽然京津冀三地政府也分别出台了诸多有关促进协同创新共同体发展的政策措施，各地方政府也出台了一些创新政策措施，政策实施也收到了一定的效果，但是与国内外先进地区相比，有很多不足之处。集中表现在以下几方面。

1. 政策笼统，操作性差

近年来，京津冀三省市层面及市县级政府虽然制定出台了一些促进协同创新共同体方面的政策文件，但是文件中政策条款表述较为笼统，优惠或支持的明确性不够，尤其是河北省出台的文件最为明显，且有很多政策条款设置了不少需要满足的前置条件。因此，从文件表面看，似乎政策支持力度很大，但有很多政策基本上没有企业、机构、平台或共同体能够满足前提条件，所以，也不可能得到政策支持。此外，还有很多政策条款表述往往只提出了政策支持的方向和要求，却没有政策实施细则或实施方案。即便有一些政策被制定了实施细则，而细则中要想享受这些政策所需要的手续繁多、流程复杂，制度性成本居高不下，工作人员对政策把握的标准也不统一。

2. 缺乏研究，科学性差

当前，各地政策文件的出台数量不少，但针对性不强，有不少政策条文并没有真正解决企业、机构遇到的问题，而是"打偏了靶"。从 2019 年园区科技型企业负责人、科技平台高管人员和基层党政干部的抽样调查问卷可以看出，针对协同创新共同体改革创新和支持政策作用的评价结果并不尽如人意，认为"作用非常大"的只占 1.2%，认为"作用较大"的占 5.6%，认为"作用一般或作用较小"的占比重达到 59.3%，"基本没作用或根本没作用"的占 33.9%。

3. 缺乏配套，系统性差

政策体系必须要讲求协调配套、组合协同，切忌改革单兵突进或政策不协调。协同创新共同体建设发展支撑政策体系构建中的突出问题具体表现如下。一是科技政策与经济发展政策不协调，科技政策往往挺"给力"，但具体实施时需要经济职能部门的各项审批、核准和备案，而经济职能部门在审批制度中并没有相应的配套政策细则，导致科技政策在落实方面遇到具体的难题。比如，财政、审计、发改、工商、土地等重要经济职能部门对科技改革创新政策的出台支持不够或不愿意支持，并没有出台配套组合政策或实施细则，从而形成了科技创新政策的"单兵突进"。二是不同部门、不同行业、不同类型的政策不协调甚至矛盾，科技政策与经济政策、产业政策、社会政策等缺乏衔接，往往这个政策条文要求这样，可那个政策条文却正好不支持这样。三是政策服务体系不健全，政策种类繁多，但就企业、机构或团队而言，基本上都是点对点的获得服务，没有一个或几个综合并相对集中的整体性政策协调服务体系，往往企业按照这个政策的流程手续跑办时，却遇到另外的政策规定的阻碍。

4. 壁垒突出，适用性差

协同创新共同体跨区域的统一通用政策比较缺乏，地方政策行政壁垒与特色不突出并存。一方面，受行政区划的影响，许多财税、科技、人才、投融资等支持政策的标准不一，资质认定的标准也不相同，人为地设立壁垒或不敢突破现有规章制度。另一方面，政策的地方特色不突出，不同地方出台的各类支持政策，在内容上基本雷同、恶性竞争，不能很好地反映当地协同创新的重点、不能很好地破解当地难题等。

5. 急功近利，前瞻性差

当前，大多数协同创新共同体政策的出台制定存在着急功近利的问题，眼光往往局限于现在出现的问题，没有战略眼光，缺乏前瞻性、长期性和预测性，对未来可能出现的问题和矛盾考虑不周，在政策制定中并没有做出应对准备。比如，鼓励发展高新区，在大拆大建的同时，对未来发展的能源问题、土地问题、环境问题等缺乏系统考虑和前瞻布局，缺乏相应的政策措施来引导企业布局、规避未来可能出现的重大矛盾，从而导致了许多园区协同开发不足、科技协同创新与产业协作落后，但资源和环境开发过度。

6. 宣传不够，知晓性差

政策出台前后的宣传力度均不够，主要表现为：一是对政策本身的宣传解读不够，政策条文出台了很多，但企业、创新机构、人才等知情的不多。二是对政策操作流程、实施细则和注意事项的解释说明不清楚、不规范，导致很多单位和企业不知道如何操作，也不知道如何享受政策红利。三是宣传的形式单一僵化，多局限于讲座、发册子、发传单、发资料，或在网站、公众号发布一下，而没能充分利用现代网络信息技术进行深度解读、细化阐释和说明。

7. 评估弱化，纠正性差

政策体系的评估机制不健全，存在着不同形式的评估弱化现象。一是政策评估主体缺位和组织评估主体走偏，没有将被作用主体（实施对象）作为政策评估的主体。组织评估的主体不应是政府监督考核部门或职能部门自身，应主动委托或采取政府购买服务方式做第三方评估，让第三方评估机构担当组织评估的主体，而且评估的程序必须科学且被监督。二是评估信息反馈渠道不畅。政策实施的受体不能及时有效地将对政策的反馈意见反馈到政策制定者，政策制定者无法及时获得政策执行中的真实信息。三是缺乏相应的纠正机制。如何有效地纠正政策制定中存在的问题，目前还没有一个制度性的方案。

二、显性问题背后的深层次隐性障碍分析

（一）以"重心下移、改革创新"为主线，推动协同创新共同体建设发展的顶层设计缺失

从调研情况看，协同创新的战略功能区、经济功能区及科技创新平台这三类共同体的建设发展普遍缺乏高级别的顶层设计。一是从战略功能区来看，除雄安新区顶层设计由国家主导以外，其他几个战略功能区虽然也做了总体规划、产业规划等，但是，这类主体却都没有得到管理体制机制改革权力、政策制定的支配权、投资审批等一揽子组合权力的实质授权，没有实质上的政策自主制定权。二是从经济功能区来看，北京和天津的经济功能区改革创新的支持较为具体和有力，但河北省以省政府名义出台的关于开发区改革创新的文件，真正落实到位的政策措施较少，很多地区在整合开发区方面就遇到了不少困难。以开发区为主体的协同创新经济功能区近年来的实权不但没有增加，反而不断收缩。三是从科技创新各类平台看，一直存在着各自为政现象。比如，创新创业大赛由科技、人社、共青团、科协、教育等诸多部门各自开办，但同一项目或同一团队为获奖"一女多嫁"，重复获奖的现象不仅浪费了大量财政资源，而且助长了各部门轰轰烈烈走"形式"的不良风气。综上所述，从大湾区整体看，协同创新共同体建设与发展缺乏以大湾区为着力单元的顶层设计思路和改革重大举措，所以才导致了协同创新共同体建设与发展的动力机制效用不佳。宏观上产业同质化恶性竞争现象频出，承接定位重复、承接产业盲目和无序，应出台文件，具体明确地以不同类别协同创新共同体为载体展开实质性放权改革，同时在宏观上明确各类平台的特色定位，指明支持方向。

（二）以协同创新共同体为载体的投资审批改革严重滞后

审批制度改革尤其是投资项目审批制度改革是决定重点承接平台交易性成

本高低的关键一环。基于对各类重点平台及其企业、公司等调研得知的情况，先谈一谈对以"放管服"为导向的审批制度改革的认识。"放权"应是以"重心下移"为手段的决策权、政策制定权和执行权的下放，而以"放"为主的审批权重塑机制并不符合我国行政管理和经济管理体制的国情，从调研中看，已出现严重的"中梗阻"、基层"接不住"和错位问题，形成推进发展的巨大障碍。党的十八大以来，"放管服"改革虽然取得了一定的成效，然而，从实体经济调研的情况看，审批时效缩短、制度成本的减轻等方面却并不尽如人意。为什么会出现这样的反差呢？其深层原因有以下几个方面。第一，虽然取消下放行政审批事项的总量较多，但取消的少，下放至基层政府的多。取消的事项大多是收费事项，这些事项原本就不该存在，取消也是必然之举。而关键的审批事项并没有取消。原本实体经济从投资设立到开工建设到建成投产，最主要的"跑断腿"事项就是规划、土地、消防、环保、检验检疫、房产证办理、电力、水暖供应等，这些审批都不会取消，最好的情况也就是部分事项审批权下放。第二，下放的很多审批事项，基层"接不住"。我国行政管理的体制和运行机制决定了省级、市级机关和行政部门编制多、分工细，而到县级及以下行政部门编制少、人员少、任务重，有的基层部门一个人所管辖的事项对口省级、市级行政部门多个职能，日常工作疲于应付。目前的行政管理运行职能设置及其运行机制本身就很难"接住"下放的繁重、复杂的审批权力。第三，单纯的"放权基层"出现了招商引资的乱象或投资项目批准的不公平问题。掌握审批和引资权利的县级政府在对待外来商户时，很容易堕入"贪大求洋"的困局，即招商引资时只看大企业、洋企业，而忽视了本土有活力的中小企业。从目前调研情况看，省级权力除了报国家部委审批的以外，都已下放到市级或县级，但招商引资的效果并不理想，有很多具有环境压力的项目也被招引进来，这在以前省级把握权力时是绝不允许的。此外，县级政府视野只能顾及自身县域，各县之间产业项目雷同并出现恶性竞争，而省级审批往往容易权衡省域各类项目的布局，更能科学把握产业发展，不容易出现县域的过度竞争或恶性竞争。第四，在数字化、信息化高度发达的今天，国家各级各类行政审批部门仍然没有在工作运行中采用远程信息分享、审批材料数字化上传、申报审批一站式信息化处置等措施。综上所述，审批管理体制的改革只能有两条路可走，一是全部实行一站式集中信息化（无纸化）申报审批处置系统，不必再下放到基层部门。下放审批权到基层的初衷是减少企业跑腿和部门之间繁杂的资料文件周转，减轻企业报批的负担，提高项目投资和实施的效率。但下放到基层后，情况并没有出现好转，尤其是有用土地需求的制造业实体经济，反而承担了比原来更加费时费力的制度交易成本。实行网上信息化申报审批将彻底解决这一问题，而且网上申报可实行法人（负责人）和专报人共同指纹与密码申报程序，比盖红章、比对章印更安全、更精准。二是取消几乎所有的前置审批环节和手续，企业自行在网上备案，但事后的督查和严厉的违法必究使企业不敢越雷池一步，如违法将面临刑事责任和巨额的民事损失。这才是真正解决制度性交易成本高居不下的对策。

综上所述，当前，面向协同创新共同体的审批制度改革应借鉴浙江经验，在职能部门对相关审批事项不取消只下放的前提下，以协同创新共同体为基本行政单元，建立起包含"在标准地范围大幅归并审批事项并统一报批、部分关键审批事项申报主体由企业转变为平台职能部门、以平台为依托建立起横向部门审批协调机制"三个关键要素的新型投资审批改革制度。这里还要解释一下浙江创立的基于平台的横向部门审批协调机制的经验。实际上，当前各地政府也建立了不少"部门协调联席会议"或"领导小组办公室"等议事机制，协调解决一些方向性、原则性的大问题。然而，这种议事或决策机制做出的决策往往没法落实，因为被各自职能部门已出台的文件规定卡住了。但浙江省在重点平台载体（开发区、集聚区、特色小镇）层面却建立起一种横向的多部门协调机制，专门商议如何破解政策之间配套实施的"细小问题"，比如，协调"某个公章如何盖"的问题，商议如何才能在管辖区内变更一个具体事项的办事流程和手续，真正实现"最多跑一次"的目标等。因为这些"细小问题"往往决定着政策落实的成败和营商环境的优劣。我们可以把这种建立在重点区域平台层面的协调机制叫作"基层体制机制创新协同突破机制"。为此，建议借鉴浙江杭州余杭区行政审批中心的经验，建立起横向贯通各职能部门的体制机制改革协同突破机制，以再造营商环境和提升群众办事效率为着力点，以解决群众和企业关心的"关键小问题"为抓手，检验新型协调机制的效能。

从以上分析可以明确两点隐性障碍。一是缺乏允许以不同类型协同创新共同体为行政单元突破现有审批管理具体流程、制度方面的常态化的顶层设计。由于审批事项的合并与流程简化是一个不断持续的改革过程，投资环境优劣是相对的，如果北方地区落后，就必然导致南方先进地区始终能够引领审批改革，保持更优的投资环境。二是还没有以协同创新共同体为单元建立起审批执行部门操作运行中的横向协调机制。

（三）财政、科技、人事、投融资等体制方面的弊端是要素制约的深层原因

资金和人才要素的瓶颈是协同创新共同体建设发展的最紧迫制约。这反映出财政管理体制、投融资体制和科技管理体制的弊端。一是财政预算科目设置的僵化与"一刀切"，只要是体制内单位，都会使用党政机关或一般事业单位的预算科目设置，都会按照一成不变的科目设置及其配套管理办法来实行支出管理和监督，这是当前科技协同创新的严重阻碍，因为这些既定的管理办法和科目设置并不符合创新平台载体的运行特点或不同主体协同创新的要求，不能发挥有利于协同创新的作用，应当予以改革。二是财政管理制度中体制内科研单位的财务管理体制严重阻碍科技协同创新。财政管理科研单位大体参照党政机关财务的管理办法，不符合科研单位科技创新的性质与特点，不利于科研单位出精品成果、培养人才。虽然科技项目或是课题经费方面有一些改革小举措，但在监督或管理经费支出时仍然不执行改革措施，还按照原有的管理办法来实施。最近几年，中共中央办公厅、国务院办公厅接连发文在科技创新、人才管理、科研经费使用方面大胆突破，其中也不乏财政支出制度、预算科目制度的改革措施，但具体进展不大。

第二，人事管理相关制度不适应科技创新发展要求，已成为阻碍创新的一大障碍。我国体制内科研单位仍然是国家战略科技力量的主力军，但是无论是军队还是地方的科研单位，目前都是参照党政机关管理人事的办法来管理的。科研单位对科研人员的考核也是按照机关的特点实行年度化考核，有的地方实行的量化记分考核，基本上不顾及科研的属性和科技创新的规律，每年都有科研成果的"硬性"考核要求。实际情况是，越是划时代的科技创新成果越不可能是短时间内取得的，有些基础性科研项目要历经十几年的时间才能取得成果。此外，基层科研单位的进人权和用人权基本上也被各种人事、干部管理制度限制了，这些都直接或间接地导致了科技创新和建设协同创新共同体的制度束缚。

第三，投融资体制及金融创新规制的弊端成为协同创新平台及科技型企业融资的障碍。一是协同创新平台的建设发展资金的融资渠道单一，在体制机制

改革中仍然没有较大的突破。比如，平台融资一般是"老三样"：以财政担保向银行借贷；发行区域性债券；成立建设经营实体公司吸收民间资本并以此为载体向银行借贷。但是，目前这三种措施都面临重大难关，地方债务风险已经较高，国家严格限制地方财政担保借贷行为；平台成立的经营建设公司大多存在不良资产或债务高风险，资金链条已经相当脆弱。因此，以平台为法人实体上市或到二级市场融资的改革思路应提到议事日程。实践中迫切需要在区域平台投融资体制改革方面走出一条新路。二是不同所有制企业获取信贷资本的难易程度不同，实际利率也不相同，国有企业与国有银行之间存在着相互的"刚性依赖"，民间借贷成本远远高于国家规定的借贷成本，导致了资本价格扭曲。三是我国金融体系还存在着大量抑制资本市场和金融市场的管制措施，如利率管制、信贷规模控制、存贷比考核、限制民营企业创办银行、个股涨跌停板限制等。对资本市场不恰当的管制同样扭曲了资本价格。总之，以加快利率市场化、资产证券化以及直接融资等为重点的全方位金融体制改革是避免金融服务偏离协同创新的客观要求，只有真正疏通社会资金在金融体制内外的循环，才能真正实现金融体系建设从资金筹集型向资源优化配置型转变的目标。

（四） 与时俱进、有利于干事创业的监管机制还没有建立起来

河北省作为西渤海大湾区的地理主体，在经济社会发展先行先试政策创新与体制机制创新方面一直较为滞后，除北京以外，津冀与先进省市相比，在政策创新能力和效果上均有较大差距。根据调研情况分析，除了思想观念和能力方面的差距外，还有以下关键原因。

一是部分业务垂直管理部门的规制已不适应发展需要，却仍在执行，逐步演变为新政策执行时的"绊脚石"，大大降低了新政策的效用，有时甚至起到了反作用。例如，河北各级政府出台的财政奖励或补贴政策中，奖补资金的支配权受上级文件规定的约束较多，从政策制定时的奖补资金额度、开支范围到比例设置都有许多规定，即使出台的政策条款中明确写明是"事后奖励多少资金"，操作中仍然不能作为奖金，只能按照规定的几个开支范围用"发票"报销，且支出后还要接受财政和审计部门审查，严重挫伤获得奖补的平台载体、项目、企业、人才和团队的工作热情。许多有实力的上市公司或新三板的高科技企业比较忌讳"被查账"，因为担心按要求披露情况后

被竞争对手利用，影响公司发展，所以宁愿放弃奖补政策，并吐槽奖补政策"资金少得可怜、报销约束太多、用后反而麻烦"。反观南方先进省市，深圳出台的《关于促进科技创新的若干措施》中规定，"事后资助项目、股权投资项目资金不再限定具体用途，由承担单位自主用于研发活动。"而深圳和青岛等地对"创新创业大赛"决赛获奖项目或企业给予的"奖金"真正就是奖金，是不需要报销的。

二是"一刀切"式的监管行为对区域或平台的经济发展造成打压。当前我国正在经历新一轮的宏观调控和环境保护限产"风暴"并存的阵痛，面临这样的外部环境，各地各部门在环保监管机制"一票否决"的前提下不可避免地采取"一刀切"式区域停产限产措施，打乱并影响了协同创新平台招商引资和科技创新政策的实施。

从以上差距的分析可以明确几个问题。一是"不求创新、只求无过"导向的监管行为将抵消各地方、各部门政策创新的效用，压制改革创新政策出台的冲动，逐步形成保守僵化的思想观念和办事作风。二是部分业务垂管部门约束系统内下级单位的规制确实存在"老化、不合时宜"的问题，如不改革规制或相应放松管制，就会打压各地的政策创新效果，阻碍先行先试政策实施。三是财政、审计、纪检监察、环保、土地等监管职能部门在监管方式方法上不能与时俱进，出台有利于自身职能强化或管理的监管行为，使监管机制从整体上看混乱无序，给协同创新共同体的建设与发展带来实质上的损害。

（五）　基层党政干部干事创业的激励机制缺失

基层工作人员干事创业的激励机制与地方经济社会发展较脱节，激励机制的设计并没有将行政部门工作人员干事创业的效率、效果与单位、地区发展情况挂钩，导致人浮于事。协同创新平台载体要真正做大做强，必须营造有利的外部环境，这就离不开对基层工作人员全面系统的激励机制的构建。必须探索一套符合中国国情的行政人员激励机制及相应的治理机制，在保证行政人员廉政的前提下将其事业发展、个人需求、薪酬需求与地区经济发展结合起来。

三、西渤海大湾区协同创新共同体建设中政策创新的共性难点问题及其原因剖析

（一）现有的相关法律法规体系不健全及不适应政策创新的大形势，一定程度上制约了协同创新共同体组合配套政策的出台和运行

协同创新共同体各类平台建设与发展的动力、活力及效率与制度环境密切相关，而完善、有促进力的法律法规体系对于制度和政策创新是至关重要的。尽管近些年我国也完善了一些促进区域协同创新的法律法规，这些政策措施对促进区域协同创新共同体平台体系的建设及运行发挥了重要的作用。但是，这些法律法规在推动共同体平台制定与政策创新时仍暴露出很多问题，比如，某些单独领域的法律法规限定了某个领域的投资项目审批权限、职能及部门，这对协同创新共同体共建共享共营方面有一定的束缚，而有些涉及科技创新的法律法规存在明显的漏洞，已不完全适应现在经济、科技发展的新形势。从总体上看，我国面向协同创新共同体各类平台建设发展的财政、税收、投融资、区域合作、知识产权保护以及技术转让等方面的法律法规都需要进一步健全和完善，涉及区域协同创新平台体系发展与运营的一些经济类法律法规也需要做出调整。此外，地方人大对于区域内协同创新共同体平台体系建设发展的相关地方立法还基本上是空白，这也不利于共同体政策支撑体系中主辅政策措施的配套组合。理论上讲，地方立法大于部门规章，地方政府如果能够解放思想、敢于大胆创新，就应拿起"地方立法"的"武器"，对"陈规陋习"的管理体制"开刀"。例如，湖北省人大在科技人员及科技成果转化方面率先出台的地方立法破除了多年来科技部等相关部委出台的不合时宜、阻碍发展的部门规章，引起全国的热烈响应，并推动了国家部委出台新规改革弊端。

（二）现有的对于协同创新共同体平台体系的行政管理体制机制不完善与不适应创新需求，导致出台政策创新配套组合的难度加大

当前，西渤海大湾区协同创新共同体平台载体中，除了以企业（公司）自办的科技平台以外，绝大多数区域平台载体的管理机构及运行机制都是体制内管理。然而，现有的行政管理体制机制本身就存在多头管理的弊端，不

同主管或职能部门站在自身部门推进发展的角度，出台了大量的系统内规章制度，要求共同体各平台载体遵照执行。这种将管理市县等行政区域的管辖方式照搬在管理协同创新共同体上的做法，不适合协同创新。能否在协同创新共同体的各类平台载体上营造出适合协同创新和建设发展的行政管理"小气候"，决定了协同创新共同体各类平台载体能否顺利、有效地构建政策支撑体系。

与此同时，协同创新共同体平台体系中以企业为主体的平台载体的管理体制机制也并不完善，还处于摸索和完善的过程中，企业、大学和科技机构共建的平台、产业技术创新联盟、研发平台载体及科技孵化器、公共服务平台载体等总体上还没有形成有利于协同创新的运行机制、促进协同创新有效运行的协调机制和经营机制。这些平台载体的治理机制、协同创新机制和协调运行机制等的不完善，一定程度上也制约了针对这类平台载体的协同创新政策支撑体系的构建与实施。

（三）　现有的对协同创新各类平台的监督和评价体系不完善，导致各类平台发展过程中"以平台为载体"汇聚创新政策或机制改革的动力不足

对协同创新各类平台的考核、监督、评估与评价，决定着平台载体发展的导向、动力和活力。协同创新共同体的平台体系构建中评估、监督与考核机制需要进一步健全，尤其是评估的主体、评估的过程、评价的指标体系及评价模型的构建等都需要进一步科学化和导向化。这对于各类平台载体能否主动作为，能否构建适应自身实际、以破解难题为导向的政策支撑体系或实施推进机制起到关键作用。如果评价考核的导向不准确，很容易导致平台内部出台形成以约束平台发展为"首要目标"的制度体系，在这方面，河北省有不少教训。因此，平台发展绩效的评估、考核与综合评价，必须脱离以"任用干部"为核心目标的考评体系，转变为以"平台进步"为核心目标、以"第三方评估＋当事者评价"等体制外因素为主的考评体系。这些问题事关组织人事、机构编制、办事机制等领域的改革，需要进行专门研究，提出整体解决方案。

（四）　涉及各类共同体平台建设发展的各政策归口职能部门的内外交流机制建设不完善，导致在政策创新组合配套过程中缺乏学习借鉴能力

当前，京津冀三地各职能部门在推进工作中与先进地区同行之间还未建立

起真正的学习经验机制和对口交流机制。虽然也有职能部门被要求与先进地区同行对标、找差距，各部门也去江浙鲁闽等先进省区开展工作调研，但一般是学习借鉴部门工作推进方面的先进做法（比如，先进地区相关部门内部人、财、物的调配、使用和机构职能的调整等），而不是寻找有关经济社会发展政策、法律、制度上的差距以及先进经验。因此，未建立起适用协同创新要求的学习借鉴机制和对口机构交流机制，较大程度地影响了相关职能部门解放思想、对标创新的能力，导致各职能部门出台真正管用、"接地气"的配套组合政策的能力不足。

（五） 在协同创新共同体建设中，部门利益导致的同类平台多头建设影响配套组合政策体系的出台或实施

当前，协同创新共同体各类平台载体建设中，有一些同类平台载体的建设与发展是由不同部门根据各自部委的要求分别出资建设或分别支持发展的，这就导致了同一类平台多头建设问题。那么，如何把这一块蛋糕做大，各个部门站在各自立场和"部门利益"的角度，会提出针对各自能吃到的"这一小块蛋糕"的各自的支持政策，且其他部门管辖的同类平台载体是不能享受到这些支持政策的。最典型的一个例子就是创新创业大赛，可以把这种大赛平台看作一个较为微观的协同创新共同体。创新创业大赛从开始的科技部门主办，到后来的工信部门、人社部门、教育部门、共青团、科协等各自主办，各个部门都发文办大赛，到了基层，都是发给了同样的企业、高校、团队、园区等单位，同一基层单位"一样东西多头申报""东方不亮西方亮"。而从省级层面的角度看创新创业大赛，本来可以省级层面出台一个针对鼓励"创新创业大赛"决赛获奖项目投资落地的一整套政策体系，但各个大赛多头举办、多头管理，评出来的项目质量和技术水平参差不齐，各个办赛职能部门各自出台的政策又互不认同，想从省级层面统一出台一个支持政策体系就有较大难度。这也是当前协同创新共同体政策支撑体系构建中亟须破解的一个难题。

第三节　协同创新共同体建设过程中可借鉴的国内外先进经验分析

本节将分析美国、欧洲、日本、韩国、新加坡等创新型国家（地区）以及长三角、珠三角等国内先进地区的经验与启示，总结京津冀地区在构建协同创新共同体过程中已经发育出的较为成熟的可推广的模式与路径，为后面提出相关对策建议提供理论铺垫。

一、协同创新共同体建设中的国际经验总结

严格来说，在实践中，国外并没有名称叫作"协同创新共同体"的平台载体，但在推进不同区域、不同类型主体的协同创新方面，先进国家的确有很多经验可供借鉴。

（一）美国协同创新共同体建设中的经验总结

1. 高度重视协同创新战略规划和前瞻性政策部署

美国在政府层面高度重视协同创新的战略规划，对协同创新共同体（科技园区、产学研联盟等）的支持重点不断地进行调整，使其紧跟技术进步的潮流和形势，并对未来协同创新做出超前的战略部署。前瞻性地支持政策体系与战略决策为美国协同创新共同体建设发展指明了道路，在少走弯路的基础上实现协同创新的目标。

2. 高度重视法规建设，为协同创新合作提供法律保障

美国政府在促进协同创新共同体的支撑体系中应用法律法规较为典型。1933 年的《购买美国产品法》、20 世纪 60 年代的《政府采购法》、1980 年代的《股票期权激励法》和《拜杜法案》、1991 年的《美国技术优先法》等，使协同创新各主体和共同体建设获得前所未有的发展，这些政策规范了产学研过程中的利益分配、知识产权等诸多问题，规范了协同创新的秩序，为协同创新共同体建设与发展提供了坚强的法律保障。

3. 充分发挥经济政策对区域协同创新平台体系的支持作用

协同创新是一项具有一定风险的合作，协同创新各方必然想在合作中获得相应的利益报酬和补偿，风险的存在加大了协同创新合作的难度，因此，美国政府采取了相应的经济政策，通过财税、融资等手段进行引导和支持，政策的施行有力地推动了协同创新的发展。比如，第一，美国出台的优惠政策中比较早的有 1981 年的《经济复兴税法》，规定研究开发投资的税收比例

由原来的49%降低到25%，1986年又对此法进行了修订，进一步将该比率降低到20%；同年美国国会还颁布了《税收改革法》，为企业的科研活动提供了更大的税收优惠。美国法律规定研究资金不具有累计的特性，政府给予一定的税收优惠，企业有更多的资金投入到大学的科研中去，从中获取更多的隐性利益。在《税制改革方案》《经济复兴税收法案》中规定：凡是与大学合作的企业给予一定的税收优惠，减免相应的税负，此外还规定免征科研机构等非营利机构的税费。第二，在财政支持政策中，美国主要采取了针对协同创新主体、企业和人才的支持政策。比如，在财政预算规划时就给予协同创新主体大力支持，通过财政的支持来加速科技成果的产业化，这些支持也缩短了产品的产业化周期。对科技企业与大学、科研机构的合作也采取了补贴政策，规定"以合作为前提"的科技企业获得2.5%的科技研发补贴。此外，美国政府高度重视协同创新的人才支持政策，这不仅体现在财政投入上，还体现在人才的引进上，其中美国的公共教育支出始终保持在GDP份额的5%～6%，出台各种人才政策，吸引各种高素质、高技术的人才，增加科技型人才储备。第三，注重为协同创新主体特别是中小创新型企业营造良好的融资环境。美国的风险投资对于科技企业的发展起到很重要的推动作用，其风险投资占到世界风险投资的50%以上，硅谷的风险投资又占据整个美国的50%左右。美国各地都遍布着各种各样的风险投资公司，为高新技术产业的发展提供了丰富的资金来源。美国鼓励银行向风险投资企业贷款，并且有政策为这些贷款提供担保。1993年，美国还出台了一项法案，规定银行为风险企业提供贷款可以占其项目总投资的90%。同时增加了一项保障制度，如果该风险投资企业破产，政府要负责赔偿贷款的90%，并且可以将风险投资企业的资产拍卖。①

4. 美国的协同创新政策支持体系注重协同创新的主体与协同创新的平台载体之间的协同

从美国当前协同创新政策支撑体系看，主要的支持途径是以市场为主导，通过政府的政策引导，建立企业、科研机构、大学、孵化器等组织的联系，其中政策的着力点主要是支持、沟通、引导以及为各组织提供信息上

---

① 刘助仁. 国外促进科技园区发展的政策法规及其借鉴［J］. 中国高新技术企业期刊，2001(5)：12-14.

（不仅是支持，还有引导者的角色），从而有力地支撑了协同创新平台载体的发展，这对我们推进协同创新共同体政策支撑体系的建设具有一定的借鉴意义。

（二）　欧洲协同创新共同体建设中的经验总结

1. 鼓励科技资源在不同国家（地域）中流动，通过组建协同创新共同体来攻克技术创新难题

欧洲国家中英国、法国、德国的科技实力较强，欧盟组织一直重视区域协同创新，出台了系列相关科技政策来推动协同创新，其着眼点在于鼓励科研机构、大学、科技企业、政府以及各方的产业化平台、公共服务平台进行深度合作，全力营造协同创新的氛围。从欧盟的《马斯特里赫特条约》《罗马条约》中可以看到"资源开放"的理念，欧盟努力进行公共资源共享平台建设，增加资源的开放性，进而促进了资源的充分利用。此外，也充分关注人才的共享平台建设，为各个成员国人才的流动和发展提供政策支持。

2. 通过制定法律为协同创新共同体的重要平台提供资金支持

欧洲各国都十分注重协同创新建设，努力为协同创新的平台载体提供相应的便利和优惠政策。比如，奥地利政府通过制定法律、成立基金会和提供低息贷款等方式为协同创新平台载体的科研活动提供资金支持。奥地利还成立了多种形式的基金机构，有政府直接投资参与管理的工业研究基金会和科研基金会，也有由政府、银行和商会共同以持有股份形式参与成立的技术创新中心，还有由一些私人企业参与运作的 ERP 基金会等，通过多种形式来促进协同创新的发展，此外，奥地利还制定政策措施鼓励政府、大学、科研机构等形成产业创新联盟，成立财务担保公司，为协同创新的平台载体或各类主体提供贷款担保和风险投资担保，并取得了较好的成果。[①]

3. 政策体系构建中注重促进科技园区建设推动协同创新

随着美国硅谷成功后，欧洲在促进协同创新共同体发育过程中明显开始倾向于科技园区为载体的政策制定模式。其中，比较典型的是剑桥大学工业园和伦敦科技城。1970 年，在原有剑桥地区自发形成的中小科技企业集群

---

① 杨春妮. 国外高科技园区的成功经验与启示 [J]. 云南财贸学院学报，2001（3）：72 - 75.

的基础上，英国开始着力建设剑桥大学工业园；20 世纪 90 年代，对剑桥大学工业园实施了欧盟最低的税负标准，加大了工业园内科技中小企业税收优惠力度，向外资提供同等国民待遇。与此同时，制定了更加优惠的政策鼓励企业与园区合作，完善孵化器功能，形成了工业园加速发展的持续动力。而伦敦科技城的崛起也是由于政策体系的创新带来的成果。伦敦科技城形成的初期由一批新兴互联网公司集聚而成，具有高度的自发性。2010 年英国政府出台一项发展计划，将奥林匹克公园在内的东伦敦建成高科技产业中心，命名为"东伦敦科技城"，投入了 4 亿英镑支持科技城的发展，制定了不少促进政策。其政策的着力点主要如下：一是确保把新建筑中的部分空间用作孵化区；二是促进科技城与英国大学和研究机构建立学术合作伙伴关系；三是大幅度改善园区投融资环境。政策体系的效用很快显现，思科、英特尔、高通、谷歌等大型公司因此而开始进驻科技城，金融机构针对创业企业开展了特殊融资服务。

（三）　日本、韩国和新加坡协同创新共同体建设中的经验总结

1. 制定宏观规划、法律法规和优惠政策促进协同创新共同体建设

日本、韩国和新加坡都非常重视协同创新共同体的各类平台建设发展的总体规划，比如，日本政府建立了筑波科学城，编制出台了科学城的《建设计划大纲》，由内阁亲自出面进行了总体规划，严格规定了筑波科学城的性质、构成、建设计划、实施步骤、合作地区与部门、建设与运作资金来源。制定了世界科技产业园区中最完备的法律体系和优惠政策体系，形成了推进宏观调控构建工作中相关必要工作之间的协作，并对科学城中的土地用途进行了明确的规定。韩国在协同创新的宏观调控方面出台了许多的法律法规，比如《科技革新特别法》《科技文化法》《联合研究开发促进法》。新加坡在协同创新的宏观调控方面也有许多值得我们借鉴的地方，政府制定了宏观调控的法规《科技工业园区设置管理条例》。从优惠政策看，日本政府专门设立金融机构和基金会为协同创新的主体或共同体提供优惠的信贷，并且出台了《日本高新技术工业密集区开发促进法及其政令、施行令》。日本银行为园区内高新技术企业提供了巨大的资金支持，被支持企业可以享受银行为其提供的贷款长达 25 年，并且利率要低于普通利率。新加坡政府制定了许多优惠政策鼓励为协同创新提供服

务与支持的企业或主体。[①]

2. 构建激励协同创新的体制机制是一条重要经验

先进国家之所以拥有诸多世界级科技创新中心，始终保持强大的创新能力，就在于形成了发达的市场机制，孕育了包括公司制度、风险投资体系等在内的制度创新。日本、韩国和新加坡等亚洲后发地区在赶超美欧发达国家的过程中，主要在体制机制改革创新方面形成了激励协同创新的新体制机制。一是构建了高效的政府管理体系。一方面，通过政府机构改革，强化创新体制保障，比如，日本中央政府部门从 2000 年从 1 府 22 省厅减少到 1 府 12 省厅，从小部门金字塔结构的管理模式向扁平化结构的大部制政府管理模式转变，旨在提高运行效率，减少部门协调难度。另一方面，制定针对性政策来促进创新企业的成长。比如，新加坡通过资助补贴、投资税收减免等措施降低创新企业成本，实施办公室租金封顶等优惠措施，对石油化工、电子和清洁能源等支柱产业采取相应的税收优惠政策，签订自由贸易协议、避免双重课税协议、投资保障协议、相互承认协议等多个双边和多边贸易协议，为新加坡企业以更低成本、更广范围开拓海外市场提供便利。二是完善了科技成果转化的制度体系。科技成果产业化是有效发挥大学、科研机构资源的重要途径之一。日本在研发成果转化中形成了创新分工体系，大型企业侧重基础性的制作技术，而中小企业则在相对具体的技术如切削加工等方面不断钻研，因此，在日本，大型企业的技术创新是创新体系的重要支撑，而中小企业逐步形成了以技术水平、产品质量和多品种小批量生产体制为特点的竞争力。在价值链上下游的企业间，合作也十分紧密，带来了巨大的技术扩散效用和经济利益。整机厂商与零部件厂商、母子公司通过设备制造的发包、承包纽带，进行联合研发，促进企业间的交流。

3. 以重大项目为纽带推进区域协同创新共同体建设与发展

为了在区域协同创新的科技竞争中立于不败之地，先进国家纷纷依据本国实际情况和要求，制定一系列相关计划，实施了一系列重大协同创新项目，使其成为促进本国创新发展的引擎。比如，新加坡制定了《科学、技术与企业计划 2015》，该计划将在 5 年内投入 63.9 亿新元支持科技研发，涉及几个领域

---

① 刘助仁. 国外促进科技园区发展的政策法规及其借鉴 [J]. 中国高新技术企业期刊, 2001 (5)：12 – 14.

的重大项目实施。一是聚焦吸引和锚定四个大的经济集群的跨国公司，包括生物医药科学、电子学和信息通信、工程、化学与能源等领域的重大科技项目。二是聚焦新加坡领先全球的商业地位以及亚洲的创新中心的重大项目。三是利用生物医药、物理科学以及工程学科的整合能力，在诸如医疗技术、营养和个人护理产品领域找到新的发展项目。四是聚焦建立全球领先的研究基础设施项目。通过以上几方面的重大科技项目的实施，来整合、联结协同创新各个主体，为协同创新的发展奠定坚实的基础。

二、协同创新共同体建设中的国内经验总结

（一）深港创新核心圈与泛珠三角（9＋2）创新圈的经验总结

1. 构建起推进协同创新共同体建设的工作机制与组织体系

深港两地在产业基础和科技资源等方面的互补性是促进深港创新核心圈形成的重要条件。深港创新核心圈是指深港两地政府与民间力量共同促成的，由两地城市创新系统、产业链以及创新资源互动、有机连接而形成的跨城市、高聚集、高密度的区域创新体系及产业聚集带。[①] 从经验上看，深港创新核心圈一是从政府层面建立起督导机制（1＋1工作制度），双方建立了深港创新及协同创新（深港创新圈）督导会议工作机制（简称"协商督导"），统筹及督导两地在创新及协同创新上的工作安排，审议有关合作计划的进度。二是建立了联合开展推进深港创新圈发展的重大研究的机制。两地政府科技部门通过联合制度、联合确定承担单位，开展深港创新圈战略规划研究，为深港创新圈中长期建设提供决策依据；成立珠三角创新战略研究院，开展针对深港创新圈在珠三角地区改革发展中的战略定位、发展方向及实现途径等课题，深入研究深港创新圈作为珠三角创新的引擎带动整体区域产业发展；主动开展专项提升行动，推进深港创新圈创新环境建设。三是建立了联合招商的新工作制度。双方联手在国际国内市场举办推介活动，比如，在德国慕尼黑举办"香港与深圳：您在中国的科技业务伙伴"研讨会，在香港举办"科技创新，合作共赢——

---

① 冯邦彦，段晋苑. 深港创新圈：理论基础、运行机制与合作优势［J］. 特区经济，2008（5）：19－23.

深港合作交流会"，引起了国际社会的广泛关注。①

2. 制定共建协同创新共同体各类平台的制度体系与破解束缚的改革政策

联合共建各类协同创新共同体的平台载体是深港创新圈的又一成功经验。近年来，在双方政府的引导下，建立了深港产学研基地、深圳虚拟大学园、深港生产力基地、深港创新圈互动基地等公共服务平台，通过集聚一批区域内外知名的高校、科研机构和高技术企业等进行科技成果的研发、孵化和转化，推动两地协同创新和产业升级。比如，香港科技大学和北京大学联合与深圳市政府共同出资在深圳高新区建立深港产学研基地等。具体经验做法如下。一是建立了针对平台载体的完备的服务体系，包括高技术项目服务体系、人力资源服务体系和相关政策服务体系。二是制定政策措施建立起有利于协同创新的投融资体系。比如，制定政策措施促进共建创新创业风险投资渠道，确保孵化种子基金的投放，确保入孵企业与风险投资机构之间进行顺畅的联络与合作，建立起针对深港产学研基地的融资担保体系，发起设立了深港产学研科技发展有限公司、深港产学研创业投资有限公司两家创业投资公司，加大对在孵企业的资金支持。三是整合内外资源，建设强大技术支撑平台。制定扶持政策大力支持引进北京大学、香港科技大学的若干国家重点实验室等技术平台，设立并落实了深港产学研合作基金，大力支持各类技术平台发展。四是创立了虚拟孵化与专业孵化相结合的新模式。深港产学研基地与深圳市招商局合作，设立了北科创业孵化基地，并按照"不求所在、但求所孵"的原则，与兄弟单位联合孵化，虚拟孵化的企业广泛分布在深圳市留学生创业园、深圳软件园、南山创业中心等多个孵化器中，起到了良好效果。

3. 扶持政策体系的制定着眼于共同营造促进创新合作的环境

深港双方从各自的科技研发资金中安排专项资金用于支持深港创新圈建设，主要用于资助深港创新圈创新环境的建设，并实现了双方"共同评审、共同资助、共同验收、共同跟踪评估"，实现了深港合作历史上的重大制度创新。一是共同出资建立了"深港创新研发基金"，用于创新平台建设和资助两地企业合作开展创新研发等。二是双方合作建立统一的人才信息库，鼓励和支持相互培训和招收学生，建立绿色通道，为创新合作所需要的人员、物流、资金等创新要素的流动提供便利。三是成立"深港科技社团联盟"，并实施"深港全

---

① 陈颖. 深港创新圈：五大亮点，可圈可点 [J]. 广东科技，2012 (16)：38 – 39.

民科学素质交流与合作行动计划"，加强深港全民科学素质交流与合作技术。

4. 推动科技资源开放与共享，实现科技资源效用最大化

泛珠三角各省区市加强各类科技资源共建共享，在全国走在前列。一是共享技术创新平台。泛珠三角区域积极推动国家级和省级重点实验室、工程技术研究中心、中试基地、大型公共仪器设备、技术标准检测评价机构相互开放。实施了"泛珠三角区域大型科学仪器协作共用网建设"，取得明显成效。广东、广西、福建、海南四省区已签订《泛珠四省大型科学仪器共享管理办法》，建立了区域大型科学仪器协作共享平台资源数据库，开发了共享平台资源应用服务信息系统。二是共建网上技术市场和技术交易中心，泛珠三角9省区搭建统一的信息网络和服务平台，建立统一的信息披露标准、交易统计标准、加强联系人机制和项目推介等方面开展合作。三是共享人才资源。广东、广西、云南共同签署了《广东、广西、云南共享专家资源的协议》，在三省区内率先建立专家资源共享机制，合作实施人才培训培养计划。①

（二） 长三角协同创新圈

1. 建立了三地协同创新的组织协调机制

建立了由两省一市主管领导组成的长三角区域创新体系建设联席会议制度，共同研究决定有关区域创新体系建设和协同创新的重大事项；共同设立相应的专项资金，引导、推动长三角创新体系建设；共同研究制定协同创新项目、科技资源共享、合作资金等管理办法。在科技部的指导协调下共同编制协同创新的发展规划和行动计划。从2004年起，两省一市共同设立长三角区域联合科技攻关计划，联合科技攻关计划的实施，极大地激发了区域科技创新的积极性，进一步密切了两省一市的协同创新，提高了区域科技创新能力。

2. 设立并强化了区域协同创新的资金保障机制

设立由两省一市政府共同出资的长三角自主创新共同资金。建立区域性创业风险投资协作网，鼓励跨省区开展科技风险投资活动；建立高科技融资担保体系，制定政策鼓励政策性银行、保险公司和证券公司参与长三角协同创新投

---

① 武汉市科学技术协会. 借鉴泛珠三角科技合作经验 加快中四角区域技术创新体系建设 [J]. 政策，2014（11）：42 – 45.

资，鼓励设立区域性的科技型中小企业信用担保机构。①

3. 探索破除人才开发一体化的制度性障碍

长三角区域先后共同发表了《长三角人才开发一体化共同宣言》，签署《关于建立高层次人才智力共享机制的协议》等十个制度层面的合作协议，并将人才一体化工作纳入各级政府工作议事日程，共建长三角网上人才市场，共同开展长三角紧缺人才培训、资质和证书互认等合作。

4. 加强知识产权协作服务，维护产业发展环境

长三角区域联合加强知识产权制度建设。联合发表《长三角 16 城市加强知识产权保护倡议书》，建立"长三角知识产权工作联席会议"制度，并创建"长三角知识产权保护联盟"，联通专利技术交易网络，实现异地举报、案件转办和移交，开辟跨城市维权的快速通道。长三角地区 27 家知识产权局共同签署《长三角地区专利行政协作执法协议》，主要内容包括网上信息交流、区域案件移送、协助调查取证和重大案件协作办理等。

5. 加强了区域科技政策对接与资质互认

研究制定相互认可的、由两省一市科技行政管理部门认定的有关科技资质，经两省一市科技部门认定的科技企业、产品、机构等资质，均予以互认，并享受本地同等优惠政策。开展联合认定长三角自主创新产品，制定技术创新产品目录，并推进其在长三角区域内政府采购、重大工程招标中优先购买。

（三） 京津冀协同创新共同体建设发展较为成功的几种模式分析

西渤海大湾区的协同创新共同体建设并不仅仅局限于京津冀三地跨行政区的创新协同与协作，其开展协同创新面向的地域范围涵盖国内外，是以"双循环"新发展格局为战略视角的协同创新载体。众所周知，京津冀协同发展国家战略实施以来，京津冀协同创新共同体建设一直在理论和实践中不断探索，从效果上看，虽未见可圈可点的实践经验，但从建设的模式角度，各类平台载体通过承接产业转移和功能疏解来实现协同创新，已探索出几种空间创新模式可供总结推广。

---

① 林思达. 基于区域创新体系的长三角科技合作思路研究［J］. 宁波大学学报（人文科学版），2010（1）：80－84.

1. 总分模式

总分模式包括：总部—制造基地、总厂—配套基地、总院—服务保障基地、总校—分校等。特点是生产或服务的总部保留在北京，在河北的开发区（园区）建立生产基地、后勤服务基地或分院、分校。如北汽集团在黄骅经济开发区建立的北汽集团华北（黄骅）汽车产业基地、北京现代在沧州经济开发区建立的现代汽车沧州工厂等，都是产业基地型园区。北京 301 医院在河北涿州京南经济开发区建立的保障基地（国际健康产业园），是以医疗保健产业为特色的服务型基地。北京的大学在河北建立分院分校，使北京的教育资源与河北建立起总分关系。

2. 位移模式

生产企业或市场整体搬迁到河北。主要出于生产经营成本的考虑，北京的一些企业或低端批发市场逐步向外整体迁移。如北京新发地农产品批发市场在保定建立河北高碑店新发地物流园区；北京大红门地区服装批发市场、动物园服装批发市场分别向保定的白沟大红门国际服装城、永清开发区国际服装城、固安大清河开发区国际商贸城、沧东经济开发区的沧州明珠商贸城、石家庄的乐城－国际贸易城转移。

3. 孵化模式

以北京的高科技园区和高等院校、科研单位等创新平台为主，在河北省建立孵化基地、中试基地、产业化基地。如中关村与秦皇岛经济技术开发区合作的中关村海淀园秦皇岛分园，是河北省对接京津的首个综合性高科技项目，涵盖软件、信息服务等。通过这种模式，北京的高科技园区和高等院校、科研单位将科技研发优势与河北的产业优势相结合，实现协同创新。

4. 复制模式

北京的园区利用成功经验及有利资源在河北再造园区。北京的园区与河北省的市县以开发区为平台和载体，从中确定一定范围，开展产业园的长期互利合作。如北京亦庄经济技术开发区与河北永清合作共建北京亦庄－永清高新区，按照"政府引导、协会主导、企业主体、市场运作、多方共赢"原则，开展跨区域、全产业链布局、集群发展合作，未来有望"再造一个新亦庄"。

5. 飞地模式

按照"共建、共管、共享"原则，北京方面与河北的园区合作，在河北的园区内建设"区中园"，并成为北京市的"飞地型"园区。如北京市经信委、食药监局与沧州渤海新区合作，在河北沧州临港经济技术开发区共建北京–沧州渤海新区生物医药产业园，一批医药企业集群入驻，北京企业保留"京籍"，在产业扶持资金及药品监管等方面，享受北京生物医药企业同等待遇，有关部门跨行政区域监管。

第四节　加快推进西渤海大湾区协同创新共同体建设的顶层设计及政策创新支撑体系

在当今全球化逆动潮流导致的贸易结构调整和重新洗牌的大趋势下，面对我国实体经济发展面临的严峻形势，若想加快协同创新共同体崛起，就必须在顶层设计上有一整套宏观战略和策略安排，从战略层面设计好破除共同体发展隐性障碍的路线图，在路线图的指引下设计出各类政策和规制的创新，进而提出相应的配套措施。

一、总体方略

从前述对协同创新共同体显性问题与隐性障碍的分析中可以得出，破解难点问题及破除隐性障碍需要从内源与外源同时入手。未来西渤海大湾区协同创新共同体发展的顶层设计应为"一二三四"战略：即抓住一条主线，根植两大"基因"，改革三大体制，解锁四大工具。

抓住一条主线。即抓住"内外并重"的主线。破除协同创新共同体发展的各类障碍，内源性与外源性的障碍均不能忽视，在思想观念上要防止进入偏重于一头、一手硬一手软的误区，特别是防止将外源性隐性障碍作为制约共同体发展的唯一借口的偏见。在设计破除战略机制过程中，要始终确保"内源与外源共治"的前提，在推进过程中注重将内部"强身健体"与外部"推拿针灸"相结合。

根植两大"基因"。就是从内源性隐性障碍入手，根植激发共同体创新发展、避免外部束缚的"免疫基因"。具体来讲，就是要根植共同体发展的动力机制和适应外界变化的内部自调节机制，促成形成自我发展、自我调节、自我约束、自我奋发的共同体文化，从自身做到"强身健体"，拥有强大的"免疫"功能，从而抵御外界不良环境的侵扰和影响。

改革三大体制。即从外源性隐性障碍入手，破除制约协同创新共同体发展的科技管理体制、投融资体制和财政管理体制等三大体制中的弊端，着眼于促进共同体发展的角度，重新设计、改进或创新三大体制中的具体规制，修补原有的漏洞和不足，去除不切合实际的藩篱，重新塑造有利于共同体发展的外部性制度集成，通过外部激励或压力推动共同体不断创新发展。

解锁四大工具。即从内外两种障碍入手，在党政干部激励机制构建、新型监管机制构建、投资审批机制改革、优惠政策组合工具支持四个方面寻求破解路径，这四大工具也可以被认为是促进协同创新共同体建设发展的必备工具，这些工具在现阶段或多或少地被"锁定"，并没有充分发挥作用，有的甚至对共同体建设发展表现出负面作用。解锁四大工具，使其能够真正发挥激励和约束作用，将极大地推动京津冀协同创新共同体的健康发展。详见图6-1。

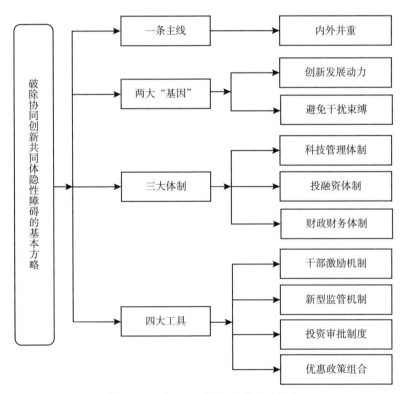

图6-1 "一二三四"总体方略示意

二、推进路径

（一）内外并举，以外促内

协同创新共同体建设发展的隐性障碍既有内源性的，也有外源性的，内外既互相影响，也互相逼迫。然而，从推进协同创新共同体建设发展的角度分析，内源性因素是根本，外源性因素是关键。比如，共同体建设的动力机制问题、激励机制问题、内部横向部门协调机制问题等的破解都是推动共同体建设发展的最根本要素。但是，动力与激励、协调与支持等又需要外源性的授权、体制改革或监管行为倒逼来推动，需要外部强有力的支持和解绑。所以，破除隐性障碍要坚持内外并举的原则，在推进过程中要内源与外源统筹兼顾的同时，要注重以外促内，如果外源性障碍破除了，外部环境会倒逼共同体走上改革创新、精益求精的道路，发展战略也会因此变得长远化和适应外部化。

（二）体制驱动，"工具"支撑

体制更带有根本性、全局性、稳定性和长期性，当前，协同创新共同体的发展既处于重要战略机遇期，又处于各种矛盾凸显期，积极稳妥地解决好发展过程中存在的突出问题，迫切需要我们适应经济体制、社会结构、利益格局、思想观念等出现的新形势，用体制来推动，用机制来促进。因此，在破除隐性障碍的过程中要把破除体制障碍作为驱动力。在体制改革顺畅的同时，党政干部激励机制构建、新型监管机制构建、投资审批机制改革、优惠政策组合工具支持等四大工具的"解锁"要迅速跟进，起到支撑和保障的"四梁八柱"作用。

（三）着眼激励，调整约束

破除协同创新共同体的隐性障碍，要抓住当前的薄弱点。协同创新共同体整体发展面临着激励严重不足、约束有余且偏的问题，破除障碍推进过程中，要把重塑激励机制作为首要任务，强化对管委会、职能部门、地方政府、企业家、党政干部的激励机制的设计，并将众多的激励机制有机地融合起来；调整当前对共同体建设发展的监管约束、经营考核约束、地方政府约束、法律法规约束等，促使其精准发力，打到促进发展的关键点上。

（四）分类分区，聚焦平台

推动协同创新共同体的建设，首先需要分类分区，不同类型的平台性质和经营方式有很大不同，需要考虑其特点，实现政策的统筹配合，不可出台笼统的"一刀切"式的政策或制度来激励或约束平台。其次，政策支撑体系的构建一定要聚焦平台载体，不能从省级层面出台"纵向"或"条条"的创新政策或改革措施，因为一是"条条"政策创新容易受制于国家各部委或相关规制的约束，很难有较大的突破或创新，最终出台的政策条款往往只是原则性的。二是"纵向"或"条条"政策即使出台，在落实中也可能会碰到流程、手续上与现有规制的冲突，导致在基层落实不足或落实不下去。正确的方法应是将政策创新或改革措施以省级文件或地方立法的形式落实聚焦在协同创新共同体区域平台或载体上，从省级层面赋予并推动区域平台载体层面的自主改革、自主政策创新。

（五）三链协同，螺旋提升

三链协同是指形成行政链—产业链—创新链三链合一的创新体系。通过体制机制的改革和内部创新战略的形成，逐步形成以政策机制为先导、以协同创新平台载体、以大学和科研院所为创新源、以企业为协同创新应用及产业化的微观主体、以投资机构和行业中介服务平台为桥梁的行政链—产业链—创新链三链合一的网络化创新体系。

（六）渐进式创新，激进式改革

协同创新共同体平台内部有利于创新和长远发展的正确战略理念的培植要按照渐进式创新的原则逐步实现，不必强求平台一步到位式的战略体系的建成。而涉及对外开放、专利制度、科技管理、人才激励、财务管理等体制机制的改革，需要采取一揽子化的组合拳模式，实现体制机制改革的联动效应，从而从根本上打通平台发展的路径阻隔。

三、重大保障措施与政策支撑体系

（一）　加快制定战略规划体系，深化体制机制改革设计

1. 制定协同创新共同体建设发展的指导意见和相关规划，从顶层设计层面避免恶性竞争并推动扩权改革

出台高规格的推进西渤海大湾区协同创新共同体建设的意见和相关战略规划，分层级明确各类协同创新平台载体的发展定位及方向、改革创新措施及扶持政策，明确提出避免恶性竞争的分类指导和宏观调控的目标、方略与手段，配套以部分"真金白银"的优惠政策。强力推动以区域平台载体为着力单元的关键领域的放权改革，适时以三省市政府层面分别制定出台"进一步推动协同创新共同体扩大改革开放的决定"等文件，下决心建立起新型权力运行机制，要使各类共同体平台载体能够自主制定扶持政策、自主决定办事流程和自主创新工作方式方法。

2. 重新审视和修订大湾区内部各县（市、区）及开发区和各类承接平台载体的战略定位、产业规划

从调研中看出，大湾区内有不少市、县（市、区）、开发区和承接平台载体在编制"十四五"规划时并未确定战略定位，有些回避了战略定位的问题，还有一些定位模糊、不准确，与周边地区雷同。当前，迫切需要重新审视设区市级、县级、开发区和承接平台载体之间的规划定位以及产业规划中的产业发展方向、重点领域，对不符合要求的或模糊雷同的，必须重新修订规划和补充战略定位的内容。

3. 推进内部不同区域之间开发共建和合作机制的改革

当前，各级各类开发区、承接平台或科技支撑平台之间正在以设区市为单位进行大范围的整合，以此为契机，可加快推进开发区之间、县级行政单元之间、不同承接平台载体之间的合作机制和整合机制的改革，以设区市为基准单元，统筹规划各类平台载体的开发重点和主体功能，统一发布对外招商政策，建立同一设区市内部各平台载体的引资合作机制和重大项目共建互助机制。

4. 着力谋划实施协同创新重大项目群

站在西渤海大湾区一体化发展的高度，谋划重大协同创新项目群的战略部

署和空间布局，以快速轨道交通重要节点城市、重点开发区为重点，谋划部署一批协同创新重大项目，积极争取"国字号"重大协同创新工程，主动对接国家部委、长三角和粤港澳大湾区科技创新平台，积极参与国家重大创新工程项目研究与实施，积极争取试点示范和成果转化项目落地大湾区。

（二）借鉴先进经验与自主探索创新相结合，下大功夫推动各类平台载体的投资审批改革

制定协同创新共同体各类平台载体投资审批改革实施意见和实施细则，试点并加快推行"标准地"制度改革和"三色清单"审批制度改革。

1. 借鉴先进地区经验，在重点平台载体全覆盖地推进"标准地"制度改革

"标准地"制度，就是带着建设规划、能耗、环境、投资强度、亩产税收等一系列标准进行出让的建设用地，企业拿地后通过"一窗受理"即可开工，建成投产后按照法定条件和既定标准进行验收。比如，一块工业土地，不仅环评、能评、防洪影响评价、水土保持方案、水资源论证、压覆矿产资源评估、地质灾害危险评估等都将以出让区域为单元由当地管委会"打包"审批提前完成，而且发改、国土、经信等部门还共同为这块地明确了各项使用标准。企业入驻接手的"标准地"，已是完成一大部分前置审批事项并具备项目开工必需的通水、通电、通路等基本条件的"净地"。这项改革试点的推进将大大节省企业制度性交易成本。浙江在全国率先实行"标准地"制度改革，全国大多数省市也正在跟进。但是，河北、天津、北京在推进"标准地"改革方面较为落后，应加快研究协调试行"标准地"改革重大事宜，建立相应工作机制，细化工作措施，合力推进改革。

2. 配合"标准地"制度改革，在全国率先探索在重点承接平台实行"三色清单"审批制度改革

"三色清单"审批制度主要是按照重点平台产业规划中产业细分领域的特点，在"标准地"供应的基础上，分别设立投资项目"黑色、金色、绿色"清单制度。黑色清单就是产业负面清单；金色清单是鼓励发展的若干类具体投资项目实施有限审批的正面清单审批制度；绿色清单是重点鼓励发展的无任何环保压力、技术含量较高、可免于审批的投资项目正面清单审批制度。"三色清单"和"标准地"制度改革相结合的探索和试行，不仅可以大幅降低协同创新平台载体的制度性交易成本，而且还可以有效避免招商引资过程中的"恶

性争抢、重复建设"，推进产业错位分工、转型升级和高质量发展。"三色清单"审批制度是对现行"负面清单"制度的大胆创新和改进，在推进过程中还需配合"放管服"改革和"市场主体社会责任承诺书"制度、诚信积分制度等一系列改革措施相配合，发挥社会监督、群众监督和事后违法严惩措施的强大作用，推进协同创新共同体中的各类市场主体在无事前审批、少事前审批的环境下遵纪守法、承担和履行社会责任。配合"金色清单"和"绿色清单"制度，探索研究推进免审批企业社会责任书公示制度和企业诚信积分制度等改革创新措施，制定出台并向社会公示违反社会责任的惩罚措施，对于社会诚信积分较高的企业在持续投资、获取补贴、融资信贷、宣传报道等方面制定一系列奖励措施和办法，鼓励企业承担社会责任，争做遵纪守法的表率。

3. 加快建设统一的电子政务服务平台

一是推动行政审批和公共服务事项网上一体化办理，构建西渤海大湾区"政务服务一张网"，能够实现省、市、县、乡四级纵向、同级部门之间横向互联互通，能够实现网上办理审批、缴费、咨询、办证、监督及联网核查各项行政审批服务功能。二是为全面、切实解决目前各自为政的部门信息孤岛问题提供统筹制度安排和顶层设计，制定电子证照、数据共享、网上身份认证相关的地方性法规和规章，出台一系列旨在促进信息资源共享的整合措施、管理办法和实施步骤。三是构建政府统一数据开放平台，充分利用已有设施资源，盘活各个部门的信息数据库资源，推动平台资源整合和多方利用，逐步推进各级共享交换平台对接，支撑政务信息资源跨部门、跨层级、跨区域互通和协同共享，切实做到"证件联用、信息联通、服务联动"，力促"群众跑腿"向"数据跑路"转变、"条块分割"向"整体联动"转变、"群众来回跑"向"部门协同办"转变。四是强化网上统一监督考核。以办事对象"获得感"为第一标准，对政务服务效率和服务质量进行在线评价和监督，并注重"互联网＋政务服务"实际应用成效评估，运用技术手段对平台系统运行中的相关数据进行实时信息监测。

（三）以平台载体为单元，建立起体制机制创新协同突破的工作机制和共建机制

1. 着力完善协同创新共建机制

首先是京津冀三地的科技管理部门加强工作对接，共同研究制定有关西渤

海大湾区协同创新工作方案，建立健全科技部与京津冀"1＋3"共建机制，吸引京津创新资源支持河北相关示范区建设，着力推进京南国家科技成果转移转化示范区建设。其次是以开放包容、借鉴学习的心态推动与长三角、粤港澳大湾区以及欧盟、俄罗斯、韩国等先进地区在科技创新方面的协作谋划，聚焦"2＋4＋N"平台体系和重点战略方向，着力打造科技成果转化战略协同创新的试点示范平台。

2. 着力构建"武装到平台载体"的横向部门办事协调机制

当前，各类协同创新共同体区域平台载体的管理体制机制的设计难以避免出现跨部门之间办事不协调、不配套的问题，尤其是一些"关键小问题"协调不好，整个大事情就可能被拖垮。在这方面，浙江经验独步全国。因此，借鉴并延展浙江经验，在园区或平台等行政单元中均设立一个常设部门"跨部门横向协调领导小组办公室"，以再造营商环境和提升群众办事效率为着力点，以解决群众和企业关心的"关键小问题"为抓手，建立起贯通管委会、区中园、乡镇（街道）三级务实的跨部门横向协调机制，是十分关键的保障举措。基层跨部门横向协调领导小组办公室协调解决不了的事情应立即向上级跨部门横向协调领导小组办公室报告，请求上级协调解决，充分发挥新型协调机制的效能。

3. 以监管行为导向转变为抓手，倒逼党政干部解放思想、勇于创新

财政、审计、纪检监察、考核督查等部门应转变思想观念，首先检查自身部门或系统中是否存在阻碍基层单位改革创新的内部规制，在此基础上，以"鼓励改革创新、查处贻误拖延"为导向，结合中央巡视组整改要求，再制定出台相应的核查措施，逐一对照近年来中央和省级政府出台的各项鼓励改革创新和先行先试的文件，全面盘点清查各级职能部门是否存在寻找各种理由拖延未办的、以文件落实文件假装办的或贯彻不实没效果的情况，监管部门要通过广泛开展第三方评估或政策实施对象评估的方式，对全省出台的重要改革创新政策措施进行评估，对评估效果较差的要对制定措施的职能部门提出限期整改要求，全面建立通过监管行为倒逼各级职能部门加快改革创新的新机制，使监管行为推进全省改革开放的作用得到充分发挥。

（四） 立足重点平台聚焦"六大机制"，构建组合配套支持政策工具箱

制定出台促进协同创新共同体重点平台建设发展的政策支持体系，通过制

定规划、标准地供应、投资审批新政策以及财政奖补、土地指标、税收减免、人才招引、信贷优惠等来推动市场主体加快形成产业链条，促进平台内企业之间的相互合作及发挥协同效应，从而开发形成聚焦产业集聚机制、产学研用政合作机制、风险投资机制、协同创新激励机制、人才资本形成机制、创新服务机制这六大机制的组合配套政策工具箱。

1. 探索科技合作新政策措施

在现有的京津冀三地协同发展工作机制的基础上，把加强国内外科技合作、推进西渤海大湾区科技协同创新体系建设工作纳入各级党政领导科技进步目标责任制考核内容。推动建立国家部委和京津冀的会商制度，密切与国家相关部门的联系。组建大湾区科技创新专家咨询机构，探索制定区域性科技合作法规条例，促进京津冀三地科技规划计划、科技政策等相互衔接。

2. 探索协同创新的财政新政策措施

建议由国家主导、京津冀三地共同设立西渤海大湾区科技合作与协同创新专项资金，首期启动资金 20 亿元，科技部、北京、天津和河北各出 5 亿元，围绕国家战略和京津冀经济发展与科技创新的重大需求，联合组织力量，积极承担新一代信息技术、新能源、生物医药、高端先进制造等重大科技专项，支持中小型科技企业创新能力的提升。

3. 探索人才优化配置和高端人才的共享与引进的新政策措施

建立西渤海大湾区一体化的人才公共服务网络信息平台，建设共享的标准人才信息库，定期发布区域人才市场供求信息制度。推动共同组建国际人才市场，探索与国际通行做法相衔接的人才评价方法和职业资格认证体系。建立科技专家库，建立和完善高层次人才和智力共享新机制，加大推行京津冀三地与长三角、福建、安徽等先进地区科技干部互派、互相挂职力度，形成干部相互学习交流的制度。

4. 探索科技创新载体一体化建设与发展的新政策措施

探索省（市）政府与科技部、京津冀共建创新载体的新政策，支持相关企业、高校、科研院所联合建立一批国家级高新技术的公共研发平台和产业化基地，率先在电子信息、生物医药、纳米技术、新能源等领域共建具有国际水平的研发平台和产业化基地。积极与科技部、商务部协商，探索国家级高新区、国家级经开区跨区域建立"飞地"分区的认定政策。

5. 探索协同创新投融资新政策措施

积极探索成立西渤海大湾区产业投资基金，以集合投资的方式，向社保、保险、商业银行、政策性银行、投资公司等募集成立专门的资金管理公司，实行市场化运作，所有权与经营权分离，募集资金主要投向高新技术产业和创业初期的科技型企业。积极探索设立大湾区科技创新风险投资引导基金，采取"母子基金"方式运作，吸引国内外创业投资机构进入大湾区，探索设立科技贷款担保风险准备金，健全银行对科技企业和项目贷款的风险补偿机制，拓宽中小科技型企业的融资渠道。

第七章

西渤海大湾区推进高质量
一体化公共服务便利共享
与区域治理体系创新

　　基础设施、生态环境、医疗、教育和养老等基本公共服务体系的持续完善及区域治理能力与水平的不断提升，是人民日益增长的美好生活的需要。加强大湾区区域基本公共服务标准和制度的衔接，提高基本公共服务均等化水平，提升跨区域公共服务的便利化程度，推进大湾区区域治理体系现代化等不仅是大湾区高质量一体化发展的重要内容，也是京津冀协同发展的重要保障。

第一节　推进西渤海大湾区高质量一体化
基本公共服务便利共享

　　跨区域基础设施体系协同布局和医疗、教育、养老等基本公共服务体系的完善，是大湾区人民群众日益增长的美好生活的需要。提升跨区域公共服务的便利化程度、均等化水平和区域基本公共服务设施的功能，加强区域基本公共服务标准和制度的衔接，是大湾区提高区域内民众幸福感、获得感和安全感的前提条件，也是大湾区各城市协同发展的重要内容。

一、协同建设跨区域基础设施体系

以高速铁路、高速公路、港口和机场为代表的交通基础设施的网络化整合，以新一代信息网络为代表的新型基础设施的互联互通，将扩大西渤海大湾区人流、物流和信息流的活动范围，增进社会交流和信息互通，促进不同城市的资源合理配置和公共服务的一体化共享，所以，推进基础设施的跨区域协同布局，将是西渤海大湾区高质量一体化发展的重要保障。

（一）交通基础设施

经过多年发展，大湾区已经基本形成集铁路、公路、水运、民航等交通运输方式于一体，连接东北、华北与中部地区，沟通内陆与沿海的"东出西联、贯通南北"的综合交通运输体系。

1. 现状与基础

经过多年的努力，截至 2020 年，大湾区高速公路总里程和铁路总里程双双突破 1 万公里，普通干线公路超过 2.5 万公里，农村公路超过 20 万公里，港口生产性泊位达到 300 个以上，运输大型机场 12 个，通用机场 20 个，高速公路实现县县通，"轨道上的京津冀"基本形成，便捷程度和通达深度进一步提升，"京津雄"及环京津 1 小时交通圈得到强化，多层次现代轨道交通网络广泛覆盖。从大湾区整体看，普通干线公路、农村公路和高速公路网络均已完善，实施较大提升的空间不大，高速铁路仍有较大提升的空间，港口、机场也有进一步完善功能的潜力。

2. 难点问题

（1）快速轨道交通发展较为滞后，内部互联互通水平较低，市域（郊）铁路、城市轨道发展滞后。总体上看，大湾区轨道交通发展，特别是铁路运输基本适应经济社会发展需要。但从世界级大湾区高质量一体化发展需求来看，轨道交通发展还存在一定差距。一是外出通道仍需进一步提升。部分出省通道仍需进一步完善。石太客专能力接近饱和，不能满足石家庄与太原之间的城际客流以及昆明方向的长途客流需求；京广客专能力饱和，不能满足石家庄至郑州及其以远地区的客运需求；京沪高铁能力饱和，不能满足华东及沿海地区客运需求；邯郸市与中原城市群的高铁联系有待进一步加强；秦沈客专对于进出关通道存在瓶颈制约，京山线和津秦客专的客车汇合至秦沈客专，秦沈客专动普混跑，能力利用率达到 98%，几近饱和，待京沈客专全线贯通后，将分流部分北京方向出关客流，但随着客流增长，哈大－秦沈－津秦高铁通道的能力瓶颈依旧存在。二是内部互联互通水平较低，亟须优化完善。城际间铁路交通供给不足，京沪、京广、津秦、石济等既有高速铁路均以服务中长途客流为主，主要承担通道功能，难以根本保障大量城际客流的运输需求，河北省域内部大中城市之间高铁互联互通水平较低。河北省会石家庄与张家口、承德、廊坊、沧州等市之间尚缺乏快速铁路便捷联系，铁路对县级行政区的覆盖程度有待进一步提高；雄安新区作为新生重要节点，与大湾区内各节点城市的沟通联系还有待加强。三是市域（郊）铁路、城市轨道发展滞后。目前只有北京、天津、石家庄市开展城市轨道交通建设，邯郸市批复线网规划，秦皇岛市完成滨海地区有轨电车线网规划，保定、承德、唐山、廊坊等市正在开展线网方案前期研究，工作开展不够充分。

（2）沿海港口功能布局、集疏港运输结构仍需优化，港口战略支撑能力和国际影响力有待提高。港口建设发展成效显著，已经进入转型发展新阶段。但在发展过程中，比照世界级大湾区高质量一体化综合交通运输体系建设的战略要求，沿海港口发展仍存在一些亟须解决的问题。一是港口功能布局、集疏港运输结构仍需优化。煤炭、矿石接卸量占到总吞吐量的比重过大，代表着先进港口运输方式的集装箱，仅占全国集装箱吞吐量的 6.8%，且主要集中在天津港，与世界级湾区进出口贸易的要求差距很大。主要货种比例以过路运输为主，支撑带动腹地经济发展能力偏弱。同时随着港口后方城市的建设发展，港区功能与城市发展需求应进一步协调融合，秦皇岛港西港区等与后方城市地理区位关系紧密的港区，局部功能布局调整需求相对迫切。疏港铁路支撑能力尚不全面，港口后方铁路主要以大秦、朔黄、唐呼等煤运专线为主，铁路运能难以承接矿石疏港需求，不能形成"钟摆式"运输。二是港口战略支撑能力和国际影响力有待提高。津冀港口间的分工协作，港口码头的共建共享，水域资源、货物信息共享共用都有待进一步优化完善，河北雄安新区由规划期转入建设期，输运需求逐步放大，随着新区高端装备制造、医药、高新科技产业的快速发展，对外贸集装箱运输能力的需求将不断提高，大湾区港口对应的支撑能力尚显不足。三是港口现代服务发展程度不高，航运发展亟待加速。冀津港口总体上正处于第二代向第三代港口转型期，港口枢纽功能尚未充分发挥，与以商贸、物流为主的长三角、粤港澳大湾区现代化港口群相比还有较大差距，金融、仲裁、咨询等高端航运服务业发展要素尚未集聚，综合港口服务能力也不强，增值服务占比较低，带动产业发展能力偏弱，急需发掘支撑高速发展向高质量发展转变的新动力。

（3）跨区域综合交通基础设施协同建设与一体化布局仍然存在制约因素，难以构建更为紧密的联动协作关系。跨区域综合交通基础设施网络体系建设格局基本成型，服务经济全球化能力不断提升，但仍存在一些难点问题。一是交通基础设施规划、标准、运营和服务等协同衔接不足，交通运输、路网联通、港口协同、机场协调等并不通畅，无法更好地服务西渤海大湾区高质量通勤化交通需求。二是港口群、机场群等结成更为紧密的联动协作关系方面缺乏纽带，资本在其中发挥作用不够，单纯靠行政手段协调难以为继。陆海空港口及口岸联盟建设还未提上日程，港口与机场功能完善及合作开发等还未形成共识。三是高等级综合交通枢纽和专业性交通枢纽的发展和布局仍是短板。西渤海大湾区只有北京、天津、石家庄市能够称得上是综合交通枢纽，其他城市或港口都未达到枢纽的等级，与长三角和粤港澳大湾区的多枢纽、多中心相比，有很大差距。

3. 跨区域协同建设的对策

未来 30 年，西渤海大湾区综合交通基础设施跨区域协同建设的总体思路应是：以铁路先行发展为方向，以高速、城际铁路建设为重点，以优化路网布局、提高运输效率为目标，着力完善高铁城际网、加密高速公路网，提升港口群功能，积极发展机场群，强化综合交通枢纽，扩充专业性交通枢纽，着力构建覆盖广泛、结构合理的现代综合交通网络，着力形成高效便捷、信息智能、绿色安全的交通运输服务体系，打造大湾区现代综合交通运输体系新优势。

（1）完善高速铁路对外通道，加密京津冀城际铁路网，优化提升信息化、智能化发展水平。

一是在既有京沪、京广、秦沈、石太、石济、张呼、张大等对外高铁通道基础上，加快建成京沈客专，研究新建秦沈第二高铁，消除出关瓶颈区段，加强西渤海大湾区与辽中南城市群的便捷联系；推进津潍高铁建设，研究新建石济第二高铁，加强西渤海大湾区与山东半岛城市群的便捷联系；加快建成京雄商高铁，推进长邯聊铁路建设，研究新建邯郸－安阳－郑州铁路、太原－邯郸－徐州铁路，加强与中原城市群的便捷联系；加快建成雄忻高铁，研究新建石太第二高铁，加强与太原城市群的便捷联系。

二是加快建成京唐城际，推进津承城际建设，研究新建环北京、津沧、环渤海城际等项目，加强京、津与河北省主要城市的便捷联系，同时疏解北京过境客运交通；加快建成京雄城际，研究新建津雄城际，加强雄安新区与京津冀主要城市的便捷联系；加快建成城际铁路联络线、廊涿城际、津兴城际，提升大兴机场对外辐射能力；加快建成石雄、石衡沧港城际，研究新建石邯城际、石张铁路，加强河北省省会与省内其他城市的直联直通。

三是提升铁路旅客服务智能化水平。研究应用购票、进站、候车、乘车、出站（换乘）等全过程旅客智能出行服务技术，研发站内智能导航系统、站台引导标识系统，实现旅客安全、快捷、舒适、绿色出行。提升铁路货物运输智能化程度。开发具备智能化识别、分拣、分单、仓库管理功能的现代化立体仓储系统，提升仓储和物流效率。全面应用地方铁路机车电子添乘装置，保障地方铁路运营安全。

（2）深入推进港口资源整合和机场群合作，拓展完善海空港集疏运体系。以大湾区港口"一盘棋"为思路，不断创新体制机制，整合港口要素资源，进一步优化资源配置，横向整合港口企业，纵向延伸港口物流产业链，扎实推进港口一体化发展。

一是坚持政府推动与市场化运作相结合，以市场为导向，以资产为纽带，推动大湾区内国有资产不同管理层级的国有港口企业整合。积极引进战略投资者和社会资本，采取市场收购、股权置换、资产划转等多种方式，整合央企、省市属国有企业以及其他主体的港口股权，组建西渤海大湾区港口水务集团公司，统筹大湾区港口开发、建设、品牌、管理、运营、投融资等发展战略，提高经营集约化水平，避免同质化过度竞争，构建股权多元、机制灵活、运营高效的港口协同发展新格局。

二是纵向打通上下游物流产业链。构建纵向联系港口集团和上下游物流产业链的企业联盟，打通集疏运生产链条，通过签署长期合作协议共同建立稳定持续的物流价格体系，由整合后的港口集团提供货源保障，合作企业提供价格支持，促进全链条产业收益的科学分配，有效降低供应链整体成本，从而吸引更多的货源，拓展港口腹地。以供应链合作的方式提升港口对上下游企业的融合能力，通过联动机制放大整合后的规模效应，以协作的方式提升效率，为增强港口枢纽功能，强化港口的核心竞争力提供有力支撑。

三是以津冀港口协同合作为突破，引领大湾区交通一体化向纵深发展，津冀港口携手共建北方国际航运中心，通过资本合作、信息共享等方式，继续深化津冀港口企业合作。建立津冀港口协同发展协调机制，推进津冀港口由"朋友圈"升级为"生态圈"，实现由竞争向竞合，再向一体化协同转变，有力助推沿海经济带高质量发展。积极拓展在集装箱码头、航线等领域合作的广度和深度，积极探索津冀港口在干散货、邮轮、LNG、液体化工等货类运输的合作。鼓励津冀港口企业共建共用港口设施、集疏运通道及内陆无水港，共享货运信息资源和联运网络。统筹区域深水资源的开发利用，优化监管模式，实现航道、锚地等公共资源的优化配置。继续推进公共水域资源共享共用。

四是以提升港口公共基础设施保障能力为基础，以提升港口码头等级和专业化水平为方向，加强整合、有序建设和强化监管相结合，提高港口设施集约化、专业化水平，重点支持集装箱、散杂货、LNG、油品码头建设，稳步推进件杂货、商品汽车滚装、邮轮等码头建设，拓展现代物流等服务功能。

五是协同京津冀三地的机场群，拓展北京、天津、石家庄国际航空枢纽面向华北地区和全球的辐射功能，加快建设邯郸、承德、秦皇岛、沧州等地的国际机场，依托首都机场集团在国内领先的国际机场建设与运营经验，通过服务输出、委托管理、投资管理等市场化方式，加强与周边地区机场合作，推动形成与航空枢纽相配套的喂给港。

六是完善现有港口集疏运体系，发挥各种运输方式比较优势，优化运输组织，大力发展多式联运，推动铁路、水路承担的大宗货运运输量显著提高。构建陆海双通的集疏运大通道。大力发展国际集装箱班列，加强对俄罗斯、蒙古国、中亚等"一带一路"沿线国家和地区的运输通道建设，积极推进国际班列增点扩线，完善跨区域陆海联运体系，构建"冀蒙俄、冀俄欧、冀亚欧"三大中欧（亚）陆路运输通道。加密秦皇岛港—二连浩特—蒙古班列和唐山港—二连浩特—蒙古班列开行频次，积极拓展黄骅港、阿拉山口至哈萨克斯坦、俄罗斯等国班列线路。大力发展国际航运网络。坚持"走出去"，积极扩大对外贸易，以发展东北亚、东南亚近洋航线为重点，努力培育扩大航运服务网络。

（3）整合各类交通基础设施，提升综合交通系统对区域高质量一体化发展的支撑作用。交通基础设施一体化在实现区域一体化过程中具有先导作用，因此推进大湾区交通基础设施的深度协同将助力区域高质量一体化发展。为此，应着力推进北京国际性综合交通枢纽，天津、石家庄、唐山等全国性综合交通枢纽，以及邯郸、张家口、承德、沧州、秦皇岛等区域性综合交通枢纽的建设和完善，通过综合交通枢纽的互联完善促进区域内各类基础设施的整合和体系化发展，最终构建以北京为核心、分工合理、高度融合、差异化、多层次的综合交通网络，形成网络覆盖全球主要国家和城市，连通国内主要城市和重要枢纽、干支线的强大综合交通运输体系，强力支撑大湾区高质量一体化发展。

（二）　新一代信息基础设施

新一代信息基础设施以高速宽带、泛在移动、天地一体、智能敏捷、综合集成为特征，在国家信息化发展中的战略性、基础性和先导性作用日趋突出，成为信息化驱动现代化和网络强国建设的战略基石。

1. 现状与基础

西渤海大湾区新一代基础设施的发展在全国位居前列。近年来，大湾区抢抓京津冀协同发展、京张合办冬奥会、雄安新区、北京通州副中心、北京大兴机场建设等重要机遇，重点聚焦工业能源、交通物流、医疗教育、农商旅游行业大力拓展行业客户，形成"云－管－端"一体化的多行业解决方案。以提升设施水平、加强数据汇集、推动创新应用、推广普及服务为重点，推动和实现重点突破，推进高速泛在安全的新一代信息基础设施建设，形成技术先进、模式创新、服务优质、生态完善的总体布局，有效支撑经济高质量发展、人民高品质生活、城市高标准管理。

一是在教育行业推行"教育云"。依托专线、IDC、云计算等基础设施，结合 PaaS、SaaS 能力，面向教育主管部门提供教育云平台、资源平台、管理平台、人人通、教学应用等服务，实现教育均衡化和教育信息化。

二是在医疗行业大力建设远程医疗平台。推进医院上云。以地市级医院为依托建立远程会诊中心、远程教学培训中心、双向转诊管理中心，形成市、县、社区/乡镇，多级医疗卫生机构分工协作和转诊机制，上下联动的区域远程医疗服务体系，实现远程会诊、远程心电、远程影像、远程病例、远程教育等功能。充分发挥通信企业的 IDC、专线等优势，整合行业合作伙伴的软件设计与售后服务能力，将医院核心系统部署在 IDC 机房，为医院提供大数据存储、安全、分析等服务。

三是在交通行业推进智慧物流的发展。打造了"新型智慧物流"服务平台，提供从员工管理平台、快递人员及车辆定位、平台 App 流量分发到办公网络搭建及全国客服语音专线接入一揽子的全面解决方案，包括联合营销、企业成员统付、语音客服中心、手持把枪终端、云 MAS 实时短信平台等。

四是在旅游行业大力建设智慧景区。助力景区建设通信网络等信息化基础设施，在提供景区管理、游客服务等基础信息化服务保障的同时，结合通信企业在 4G、NB-IOT 物联网等领域的优势，创新探索无人机、人工智能等新技术在旅游业的应用，为景区信息化发展注入新的活力。

2. 难点问题

（1）培育经济新动能的作用发挥不足。新一代信息基础设施建设的根本作用，应该是促进培育经济新动能，不断推动云计算、大数据、人工智能、物联网等产业的快速发展，催生出数据服务、云平台等新业态，带动智能穿戴设备、智能硬件等新产品的生产制造，创造出更多更新型商业模式，不断为经济发展创造新的增长点。但目前来看，现状布局还远未发挥出引领或激发新经济动能的作用。

（2）面向未来的前瞻性不足，跨代际的创新性不够。大湾区应聚焦"连接、枢纽、计算、感知"四大内容，加快构建技术多样、主体多元、模式创新的新一代信息基础设施供给格局。应以建设若干个世界级信息通信枢纽、世界级大湾区数据信息港和内容交换中心为目标，打造国际直达链路、信息交换流量密度最高的地区。但是，目前大湾区在新一代信息基础设施建设布局仍然局限于开发应用较为成熟的技术信息设施，新技术、新产品、新网络的开发储备和布局明显不足。

（3）大湾区内部布局建设不均衡，难以发挥在产业转型、公共服务供给均等化、一体化社会治理创新的作用。大湾区内部北京的新一代信息基础设施要明显领先于天津与河北，尤其是河北在新一代信息基础设施布局方面滞后较多，从而导致以下问题：一是难以支撑传统产业向信息化、网络化、智能化方向发展，推进智能制造、绿色制造、柔性制造等新型生产方式发展较为缓慢。二是难以提升教育、医疗、安全、养老等公共服务的可获取性、供给数量和质量，为广大人民群众提供更加优质、开放、共享的公共服务资源。三是难以推动社会治理模式创新，通过更高效的信息化服务，优化精简公共服务流程，聚集整合社会治理资源，提升行政管理能力。

3. 跨区域协同建设的对策

未来5年，西渤海大湾区应率先实现新一代信息基础设施的更新升级，推动大湾区5G和6G网络、内容、存储、计算一体化发展，协同推进制造业资源与物联网平台深度对接，加快建设世界级信息通信枢纽、智能感知城市群、全球数据物联网区域中心、全球边缘计算核心节点。

（1）打造"双千兆宽带城市"。实施5G先试先行及深度应用，开展外场技术试验，稳步推进试商用，打造5G移动网络千兆和光纤宽带网络千兆的"双千兆宽带城市"加快提升基础网络供给能力。推动"5G＋光网"双千兆能力，在西渤海大湾区构建高速、智能、泛在的应用生态圈，推进城市精细化管理、美丽家园、智慧家庭等领域的智能应用。

（2）推进5G融合应用。统筹5G三大典型场景，以智能雄安、智慧冬奥建设为契机，以4K/8K超高清视频直播、自动驾驶、AI、VR/AR、云端机器人管理、工业互联网、大数据与云计算、安防监控等应用需求为切入点，立足基础，发挥优势，突出特色，重点组织实施5G融合应用重点工程，大力推动5G在制造、农业、交通、医疗健康、教育、文化旅游、城市管理、政务、环境治理、应急救援等领域的融合应用，建设张家口智慧冬奥、承德智慧旅游、保定智能车联网、秦皇岛智慧康养、邯郸智慧政务、衡水智慧教育、沧州智慧城市、唐山智能制造、邢台智慧社区等5G创新应用示范市，以网络建设支撑5G融合应用向纵深发展，以5G融合应用带动网络建设，形成建设与应用双向驱动的发展格局，探索形成可复制、可推广的5G应用新业态、新模式，培育新的经济增长点。

（3）创建深度感知的新型智慧城市群。以用户体验为核心打造全新的智慧家庭服务体系，推出以千兆宽带为基础连接的智能宽带、全屋智连、智能门锁、家庭云等智慧家庭产品体系。推动新一代信息技术与大湾区城市群规划、建设、管理、服务和产业发展的全面深度融合。有效提升城市综合承载力、竞争力和居民幸福感，促进新型城镇化和新型智慧城市群的高质量发展。

（4）构建新一代云网运营系统。优化架构、提升能力，做好专业协同，打造简洁、高速、集约的承载网络，推进智能云改与云网协同，按需布局云网络，提升端到端智能化网络能力。一是推进IPv6规模部署，推进典型互联网应用IPv6升级，聚焦新型智慧城市、工业互联网、人工智能等领域，强化基于IPv6网络的终端协同创新发展，网络、应用、终端全面支持IPv6。加快接入设施软件定义网络、网络功能虚拟化（SDN、NFV）改造，建成智能、敏捷、安全的新一代网络，信息通信服务实现按需供给，信息网络应用实现个性定制、即开即用。二是在5G时代和云网一体化背景下，有序推进网络重构工作，结合技术演进、云网融合等因素，加大通信机房DC化重构力度，推进以DC为核心的云化网络架构的建设，提升现有基础设施承载能力，逐步实现传统局房平滑过渡为数据中心。

（5）积极推进大湾区新一代通信基础设施共建共享。在5G加速发展的背景下，继续深挖共享潜力，力争让5G建设成本更低、效率更高、服务更好。积极推动通信企业与国家电网、物业公司等社会各方合作，着力促进公共资源和社会资源的开放共享，推动"一杆多用"，实现"社会塔""通信塔"相互转化，实现资源共享、环境友好型的通信基础设施建设。推动通信基础设施建设更好融入城市环境，服务智慧城市发展，积极协调公安、市政、交通运输、电力等部门与通信基站塔（杆）资源双向共享和相互开放，统筹规划建设集照明、监控、监测、通信、信息发布等多种功能于一体的"智慧灯杆"，满足5G基站建设需求，实现城市通信基础设施集约高效部署。

二、推进医疗教育等基本公共服务一体化便利共享

医疗、教育等基本公共服务体系的持续完善及公共服务水平的不断提升，是人民日益增长的美好生活的需要。加强区域基本公共服务标准和制度的衔接，提高基本公共服务均等化水平，提升跨区域公共服务的便利化程度不仅是西渤海大湾区高质量一体化发展的重要内容，也是大湾区人民群众幸福感获得感提升的重要保障。

（一）大湾区基本公共服务便利共享的现状及问题

从整体来看，西渤海大湾区目前拥有着全国最强大的医疗、教育资源和发展基础，尤其是北京和天津，集聚了全国医疗水平最高的大多数医疗机构，聚集了全国顶尖的高等教育机构，拥有较为发达的养老体系和社会保障体系，这是全国公认并具有高度共识的。然而，河北与京津之间、河北内部各市县之间、不同领域之间、城乡之间的公共服务保障水平与便利共享水平均存在明显差异，这是大湾区公共服务便利共享需要必须面对的现实问题。所以，不应单

纯讨论大湾区整体医疗教育等基本公共服务体系的基础及优势，而应站在公共服务的均等化、一体化的属性来讨论现状及其问题。

1. 医疗卫生事业投入和优势资源配置极不均衡，难以满足新时代健康中国的要求

多年来，西渤海大湾区卫生服务体系建设趋向完善，服务能力显著增强，城乡居民健康水平持续提高，卫生健康事业取得新进展，但与"长三角"和粤港澳大湾区相比，与健康中国的要求相比，与新时代人们日益增长的医疗卫生需要相比，一体化、均等化方面还有很大差距。一是北京、天津与河北省在医疗卫生事业的投入方面有巨大落差，2019 年，每千人床位数、注册护士、公共卫生人员，每万人全科医生数、医护比、床护比等 6 个指标，河北低于全国平均水平 7%～36%。[①] 二是城乡和区域医疗优质资源配置极不平衡。当前医疗优质资源仍过分集中于特大城市及大型医院，城市医院仍有"航母式"扩张趋势，对县域医院和基层卫生机构的虹吸效应削弱着县域医院和基层卫生服务能力，制约着分诊医疗制度的落实。从"国家级"临床重点专科分布看，绝大多数都分布在北京，北京是河北的 43 倍，天津是河北的 6 倍。[②] 基层和县域优质资源短缺是导致病人流向聚集省会和京津大医院的主要原因。三是面向新技术革命的智慧医疗发展非常滞后，信息化标准程度不够，下游布局不足。投入不足或阶段性投入、协调指挥不够、监管不到位，造成信息化建设存在多系统、非标准、难兼容、碎片化、孤岛化现象，需要加强顶层设计自上而下制定统一卫生健康信息化标准和规范。现有县、乡两级信息化支撑不够，多限于数据传输，开展智慧医疗、智慧健康显得信息不畅。整体看，重建轻管、重数据采集轻分析使用、"叫好不叫座"的现象比较普遍，难以形成全业务、全流程数字化、网络化、智能化、标准化，区域协同应用数据难以共享，互联网＋医疗健康有待进一步提升拓展。

2. 高等教育资源共享水平较低，义务教育城乡落差较大，促进教育公平的热点难点问题亟待破解

教育资源均等化及共享水平是全面增强教育质量、办好人民满意的教育事业的关键所在。大湾区的教育资源在全国始终保持领先地位，但是，均等化和

---

①② 资料来源：根据国家卫生健康委《中国卫生健康统计年鉴 2020》（中国协和医科大学出版社）相关数据计算得出。

共享化却是多年来始终未破解的难点问题。一是北京、天津两市高等教育资源优势极为突出，尤其是北京市，集聚了中央部属院校、部队院校等全国顶尖教育水平的高校，而河北省地方所属高校只有一所高校进入全国"211"高校。二是义务教育的城乡差别较为严重，农村义务教育管理体制由乡镇负责转变为"以县为主"，实行县级教育行政部门、乡（镇）中心校（总校）和学校三级管理的体制。但在发展过程中，部分乡镇人口少、生源少、优质师资少，中心校校点分散、设施不全、质量不高。同时，数量过多的乡镇中心学校不利于教育资源的集中分配，很难较大程度提升每所学校办学条件和师资力量，不利于农村义务教育的均衡发展。三是促进教育公平的热点难点问题有所缓解，但仍然"治标不治本"。防止和纠正幼儿园小学化、特殊教育提升、进城务工人员子女义务教育、中小学有偿补课和师德失范、校外培训机构综合治理、高等教育学历证明证书办理等群众反映突出的堵点问题在一定程度上有了新的突破，然而，总体上，教育治理体系和治理能力现代化仍然任重道远。

3. 推进基本公共服务便利共享存在体制机制障碍，急需构建一套制度体系

当前，西渤海大湾区教育、医疗卫生、社会保障等基本公共服务存在制度分割、利益协调机制不完善、共享机制不健全的问题，严重阻碍了公共服务便利共享进程。一是普遍存在着制度分割和区域壁垒。就社会保障体系来说，京津冀三地、不同的社会机构及群体、不同性质的工作单位、户口的差异等都有不同的参与条件、保障待遇和发放方式，一方面会引发一系列社会矛盾，另一方面，众多迥异的社会保障制度是分别建制和独自运行的，从而直接加大了整合协同的难度。二是利益协调机制不完善。由于行政区划格局和财政体制的因素，各地政府通常以当地利益为主，这不可避免产生博弈现象，对现有的公共服务合作体系构成威胁。比如，在人才服务方面，各地相互竞争，人才新政"抢人"力度提升，在教育领域，存在为地方利益而进行的无序竞争问题。利益协调机制的不完善导致不同行政区域公共服务便利共享机制难以统一实施，无法达到合作共赢。三是共享机制不健全。比如，在社会保障方面，养老资格认证工作等信息共享方面存在障碍，京津冀三省市相关公安、民政等部门的信息共享程度还难以实现异地认证。失业保险转移接续、网络招聘等工作也没有建立统一的信息平台来实现信息共享。在教育方面，优质教师人才等教育优质资源流动因行政区域的分割，也难以建立常态化的共享机制，加剧教育资源的分配不均问题。

（二）跨区域基本公共服务便利共享的对策

稳步推进公共服务的便利共享，需要从各类公共服务的自身特点出发，寻找制度和机制的突破点。

1. 协同打造健康大湾区

（1）推动优质医疗资源共建共享。一是以建设国际医疗基地和国家区域医疗中心为龙头，全面加强京津冀三地优质医疗资源的对接合作，在保持北京、天津建设国际医疗基地的基础上，推动雄安新区谋划建设国际远程医疗基地，推进保定、石家庄、张家口、秦皇岛等地区域医疗中心建设。二是积极促进京津冀优质医疗资源合作，采取合作办医、设立分院、委托管理、组建医联体等形式，开展深度合作，河北省应积极承接、分流和服务北京市及外地转诊北京的患者。三是推进京津冀专科联盟建设，开展医疗、科研合作，创新区域性分级诊疗和远程医疗医联体模式，建立优质高效的整合型医疗卫生服务体系，探索一体化智慧医疗发展，规划共建医养结合服务设施。四是加快全民健康信息平台建设，加快发展"互联网＋医疗健康"，加强信息互联互通，开展远程医疗服务，逐步实现疾病诊断标准、治疗方案、质量控制、数据归集、疗效分析"五个统一"。五是扩大三地医学检验、医学影像等检查结果互认和影像资料共享范围。扩大异地就医备案医疗机构数量，逐步实现三地定点医疗机构全部互认。优化异地就医流程，积极利用"互联网＋"等方式，推进异地住院、门诊医疗费用直接结算，加快医保支付方式改革，逐步取消异地就医患者增付、报销比例降低等政策，实现与本省医保报销同标准、同待遇。

（2）构建一体化公共卫生服务与应急管理体系。一是河北、天津要积极承接北京部分医疗卫生功能疏解，以雄安新区、廊坊北三县、保定、张家口北部区域和秦皇岛为重点，相对集中承接北京卫生健康功能的疏解。织牢一体化公共卫生防护网，在公共卫生技术、公共卫生服务、疾病联防联控、人才合作培养等方面，开展全方位、多层次、宽领域的合作交流，共同构建信息互联互通、资源共享共用的一体化公共卫生服务体系。二是加强大湾区卫生应急领域深度合作，构建统一高效、响应迅速、科学精准、联防联控、多元参与的公共卫生应急管理体系，健全重大突发公共卫生事件统一指挥调度系统，探索形成统一高效的联防联控联动机制和应急救援机制。三是健全大湾区区域公共卫生监测预警机制，共建智慧化预警多点触发机制，在口岸、机

场、火车站、长途客车站、学校等场所建设完善监测哨点，构建农村社区公
共卫生预警"哨兵"机制，构建以哨点为单位的多病种综合监测网络和症状
监测网络。联合完善基层卫生防疫体系，完善常态化新冠肺炎疫情防控机
制，推进三地信息资源共享。

（3）加快拓展大湾区区域养老合作。一是联合构建多元化养老服务体系，
搭建区域养老信息咨询、信息发布及行业服务管理平台，推进区域养老服务机
构设施、服务标准和照护需求评估标准、养老护理员从业资格互认互通。二是
统筹规划养老产业布局，支持环京津等地开展京津冀区域一体化养老试点，建
设一批健康养生基地，扩大康养产品供给，完善全周期康养产业链条。三是在
环北京 15 县（市区）谋划一批高端护理专科医院和医养结合机构，构建集医
护养学研于一体的环京津健康养老产业圈，形成养老产业集群。四是河北和天
津要加强与北京相关部门的沟通协调，推进北京优质养老服务资源向环北京区
县延伸，在廊坊"北三县"先行先试，实现政策衔接、资质互认、标准互通、
监管协同。

（4）共推公共体育事业协同发展。一是统筹体育资源，促进京津冀联合
创建国家体育产业基地、国家级运动休闲基地、国家体育公园和大湾区城市体
育服务综合体。二是借助冬奥会联办的契机，促进京津冀联手打造一批体育服
务业重点项目和环京津顶级赛事密集区，鼓励京津冀体育科研院所、体育高科
技企业联合开展技术研发、中试和产业化生产。三是共同推动建立大湾区体育
产业联盟，积极申办大湾区体育产业大会，筹办大湾区运动休闲体验季活动、
世界体育舞蹈大赛、铁人三项大赛等系列活动，推动大湾区体育产业协作发展
迈向"更大、更优、更活"。

2. 提升教育资源共享水平

（1）建立大湾区基础教育合作机制。一是河北要积极引进京津优质学前
教育、中小学资源，通过教育集团、学校联盟、结对帮扶、委托管理、开办
分校等方式开展跨省域合作办学，推进义务教育优质均衡发展。二是联合构
建区域基础教育质量评价指标体系，试点三省市教师资格、职称职务互认，
协同开展评估监测。三是联合实施教师教育振兴行动计划、教师队伍素质提
升计划，共建大湾区基础教育教师长效交流机制，推进中小学和幼儿园校
（园）长挂职交流，推动三地教师轮岗，协同提升教师业务素质和学校管理
水平，建设一批省级实验教学示范中心、虚拟仿真实验中心和教学实践基

地。深入推进"通（州）武（清）廊（坊）"基础教育共同体建设，实现三地基础教育均衡发展。

（2）共同推进高等教育协同发展。一是鼓励京津冀优质高校全面合作，探索共同打造大学联盟，共建一流大学、一流学科联合体，探索培养方案互通，开展课程互选、学分互认、教师互聘、学生交流和短期访学。二是建立高校产学研协同基地，探索建立跨区域联合实验室，开展协同创新攻关与成果转化应用。三是加强京津冀"双一流"学校建设合作，聚焦重点学校和重点学科领域，加大政府投入，联合培养一批满足国家重大战略需求的学科领军人才和高水平创新团队，产出一批在国内外具有影响力的标志性研究成果。四是协同改进高校办学水平评价体系，推动形成同新发展格局相适应的教育结构、学科专业结构和人才培养结构。

（3）共同培育智慧教育新业态。一是支持互联网教育公共服务大数据云平台优化建设，广开线上教育教学渠道，形成覆盖大湾区、互联互通的数字教育资源云服务体系，促进大湾区教育资源的互联互通、信息共享和协调发展。二是联合建立互联网教育产业投资基金，扶持互联网教育企业创新创业发展。支持建立大湾区互联网教育产业联盟，共同打造具有国际、国内影响力的互联网教育论坛，创新发展路径，实现协同发展。

3. 推进大湾区区域社会保障一体化

（1）合力促进充分就业。一是搭建大湾区公共就业统一服务平台，加快推进就业信息公共服务"一网通"建设，建立大湾区统一的人力资源市场供求信息系统，确保就业信息及时准确。二是共建就业公共服务体系、劳动关系协调机制、终身职业技能培训制度，完善集体争议跨区域调处机制，健全就业服务与就业管理制度，建立区域一体的失业人员登记和免费就业服务、职业技能培训、公共就业服务统筹等管理制度。

（2）完善社会保障协作机制。一是充分利用国家社保工作信息平台，推进社会保障领域信息化工作对接、技术链接、标准衔接，加快推进跨地区、跨领域的业务协作。二是完善一体化的基本医疗保险制度和政策体系，深化大湾区医疗保障领域协同发展，进一步扩大异地就医住院联网结算医疗机构和就医人员范围，推进京津冀异地就医门诊费用直接结算试点。三是推动落实基本养老保险关系跨区域转移接续，完善失业保险关系转移接续制度，推进基本医疗保险、失业保险、工伤保险省级统筹，落实异地就医结算，健全重大疾病医疗保险和救助制度，稳步建立长期护理保险制度，积极发展商业医疗保险。四是加强工伤保险工作协调机制和服务联动机制建设。建立健全社保经办服务协作发展工作机制，在全民参保、生存认证、风险防控乃至数字化转型等重点工作中持续开展区域间深度合作。

（3）统筹完善社会救助制度体系。推进大湾区社会救助信息区域一体化互联互通、区域内救助政策统筹衔接，推进对象认定、救助标准、信息系统等方面合作共享、协同发展。推进救助事项协同办理、资源统筹聚合，实现精准救助、高效救助、温暖救助、智慧救助。

第二节　推进西渤海大湾区区域治理能力现代化

西渤海大湾区区域合作虽已呈现出多领域、多层次、广覆盖的良好态势，但依然面临着生态环境和营商环境参差不齐、区域治理能力和水平不高等短板，其背后反映的是区域一体化的制度创新不够，区域治理体系尚不完善等深层次矛盾和问题，为此，大湾区高质量发展必须通过有效的制度供给弥补缺失，并且更加注重疏通政策落实的堵点，才能实现区域协同发展和协调共进的能力，提升区域整体发展质量。

一、构建大湾区生态共同体治理体制和机制

良好的一体化的生态环境是西渤海大湾区打造全球经济发展和科技创新强引擎的必备条件，也是实现"青山绿水"向"金山银山"价值转换和社会福利优化的关键保障。西渤海大湾区一直是生态环境受到严重破坏的区域，虽然近年来生态环境污染治理成效明显，但是，区域联防联控、协同共治无疑是生态文明示范区建设的关键一环。

（一）大湾区区域生态联防共治现状与特征

近年来，在京津冀协同发展国家战略深入实施的背景下，京津冀三地联合签署《京津冀区域环境保护率先突破合作框架协议》，编制《京津冀战略环境评价报告》，推动建立生态环境保护统一监测、协同治污、联动执法、联动应

急和环评会商等工作机制。探索实施横向生态补偿机制，签署引滦入津上下游横向生态补偿协议、密云水库上游潮白河流域水源涵养区横向生态保护补偿协议等。

1. 大气污染防治虽然取得阶段性成效，但空气质量改善成果不稳定

大湾区内部工业化、城镇化、农业现代化任务还没有完成，产业结构偏重、能源结构偏煤、交通运输以公路为主的现状还没有根本改变，污染物排放量仍处于高位，大气环境压力巨大，大气污染综合治理任重道远，一些区域空气质量恶化风险还较高。以河北为例，2019 年河北省 PM2.5 浓度 50.2 微克/立方米，超国家二级空气质量标准 43.4%，除承德、张家口市 PM2.5 浓度达标外，其余市均未达标；臭氧污染日益突出，超标 18.8%；[①] 4 个市空气质量综合指数排名全国 168 个城市中的后十位，改善空气质量的任务艰巨。

2. 生态环境质量改善明显，但结构性污染依然突出

近年来，京津冀三地有序推进各项规划任务及重点工程建设，将区域空气质量提升和推进水生态环境改善作为落实京津冀协同发展国家战略和建设京津冀生态环境支撑区最实际的行动，综合施策，系统施治，强力推进，人民群众对优美生态环境的获得感、幸福感、安全感明显增强。2019 年，耕地保有量、用水总量、万元工业增加值用水量、湿地保有量、自然岸线保有率、二氧化硫总量减排比例、PM2.5 年均浓度、城镇生活垃圾无害化处理率、城区人均公园绿地面积 9 项指标均达到或优于 2020 年底规划目标任务。但是，煤炭消费仍占大湾区能源消费总量 70% 以上，比全国平均水平高 10 个百分点。[②] 化学制品、医药制造、制革、造纸、焦化、化学纤维制造、石油加工、纺织印染等项目环境风险仍然较高。地下水超采综合治理、北戴河近岸海域受损沙滩修复等重点规划任务，实施进度较慢。

3. 环境监测监管能力建设取得新提升，但协同监管和联防共治还有待进一步破除难点

近年来，京津冀三地在全国率先完成省以下环保机构监测监察执法垂直管理制度改革，建立生态环境监察专员制度，成为全国实现基层环保所全覆盖的

---

① 2019 年河北省生态环境质量状况公报. 河北省政府新闻办，2020 - 06 - 05.

② 资料来源：河北省生态环境保护厅. 河北省生态环境治理与保护"十四五"规划前期研究报告［R］. 2020（8）.

地区，形成覆盖省、市、县、乡、园区（港口）监测体系。安装秸秆禁烧视频监控和红外报警系统，基本实现重点涉农区域监控全覆盖。加强环境保护督察，深入开展大气执法检查专项行动，解决了一批危害群众健康的突出问题。但是，精细精准管理不到位。社会精准治理呼声和要求日趋迫切，部分区域交办问题整改有时还存在"一刀切"、重污染天气差异化管控不到位、扬尘和无组织排放精细管理不够等问题。防治工业点源污染、加强水环境污染防治、区域流域联合监管等联防共治方面亟待在体制机制和制度建设方面有所突破。

（二）大湾区区域生态联防共治的难点问题

从总体上看，联防联治取得了明显的进步，但是，站在世界级大湾区生态文明发展示范区的视角看，三地在生态联防共治方面仍然有很多不足和难点问题，还存在着治理效果不稳固、结构性问题突出及区域生态协同治理缺乏法律保障及治理措施实施不到位等问题。

1. 大湾区跨区域生态环境协同保护缺乏法律支撑

目前，在京津冀协同发展生态环境联建联防联治方面，三地一般通过会商形式研究解决问题，在重大事项上通过签署框架协议达成共识。会商、协议的模式在协同发展初期实施起来相对简便，也更易实现，但未对现行的立法体制作出改变，也未使现行的组织机构形态在制度层面发生变化，缺乏明确而有力的法律供给，对三地环境治理合作刚性约束不足，地方保护主义难以破除，利益协调机制难以推进。

2. 京津冀发展不均衡影响生态环境关键领域的协同推进

北京作为首都，在政治资源、政策优势、公共服务、环境资源的调配方面拥有得天独厚的优势，三地功能定位以及经济发展存在差异，客观存在环境治理政策法规、标准体系、治理能力、污染结构等方面的不同。河北还承担着承接北京非首都功能的政治任务，在污染产业转移过程中，河北省需要投入更大的精力治理新的污染，一些政策、标准如果与京津完全统一，在承接转移产业方面可能存在瓶颈制约，实现科学的统一协调还有较大差距。

3. 环境资源市场化配置机制不健全一定程度上影响生态环境协同治理的主动性、积极性

在建立跨界流域生态补偿机制方面，下游受益地区要求上游地区所做工作

与其给予的补偿不均衡，补偿资金、路径和范围远远不足以全面弥补上游地区的投入。以引滦入津生态补偿为例，天津市 3 年共给予河北省 3 亿元的补偿资金，仅在滦河流域潘大水库网箱养鱼清理整治一项工作上，河北省、市、县三级财政就投入 10 亿元以上，补偿资金远远不能满足生态环境治理的实际需求。《京津冀协同发展规划纲要》确定的京津冀生态环境保护基金尚未建立。

4. 综合执法体制机制改革滞后，导致落实措施难以真正到位

生态环境治理的综合执法体制机制存在一定问题。市级执法机构的规格尚未统一。县级生态环保分局无法独立开展行政强制、行政处罚等工作，县级生态环境部门成为市级生态环境局的分局后，不再具有独立执法资格，无法单独开展行政强制、行政处罚等工作，目前，县级分局办理的行政处罚案件，只能由市局委托县分局开展生态环境执法，之后以市局名义开展行政处罚工作。整合履行职责，其他部门人员并未划转，且技术支撑较弱，在省级生态环境保护综合执法改革层面，自然资源、农业农村、林草、水利等部门均无相关技术支撑和人员配备，无法满足综合执法要求。

（三）　构建大湾区生态共同体治理体系的对策思路

1. 促进大湾区生态环境区域共同立法，推进生态环境治理的协同联动

西渤海大湾区生态环境治理与生态建设要做一些协同立法的有益探索，采用地方立法协调途径，全面拓展生态环境治理与保护的立法合作。在不改变各地独立制定地方法律的前提下，由地方人大常委会建立协同立法的协调机构，统一协同推进生态环境治理与保护的基本法规制度的整合、协调和保持一致性。加快梳理和修改现有地方法规中不利于一体化治理的条款，针对大气污染、水体污染等具有很强跨区域联动的环境污染问题，应探索实施共同立法，在形成区域生态环境法案后，要加强对其他相关区域立法的对接，确保新法能够顺利实施。加强完善农村生态文明法律体系，从立法层面对农村环境保护、资源节约、污染治理等方面进行规定。积极构建以环境公益诉讼案件处理为核心的法律体系，改革和完善环境司法制度。

2. 加快构建生态环境监测信息一体化平台和集成共享体系

加快西渤海大湾区生态环境监测一体化的大数据平台建设，并与国家生态环境监测大数据平台对接，形成国家、省、市、县四级逐级贯通的生态环境监

测数据传输体系。逐步落实各级环境保护、国土资源、住房城乡建设、交通运输、水利、农业、卫生、林业、气象、海洋等部门开放数据接口，建成汇集各级各类生态环境监测数据的大湾区生态环境监测数据库；依托大数据、云计算、物联网、地理信息系统（GIS）等技术，实现对生态环境监测数据的有效控制，海量数据的深入挖掘分析，生态环境监测信息的实时发布与共享，为生态环境保护决策、管理和执法提供数据支持。

3. 聚焦生态环境治理的难点领域扎实推进协同攻坚任务

（1）大气污染联合防治。继续推进钢铁、焦化、水泥等重点行业压减产能，替代关停火电产能 200 万千瓦。落实产业结构调整目录，全面淘汰落后产能和不达标工业炉窑，淘汰热电联产供热管网覆盖范围内的燃煤加热、烘干炉（窑），淘汰化肥行业固定床间歇式煤气化炉。逐步将不符合城市功能定位的钢铁、水泥、平板玻璃、化学合成和生物制药、有色、化工等重污染企业清退出城市建成区。根据区域环境容量，引导企业迁入合法设立、符合区域环境特点和长期规划、符合产业定位的工业园区。推进水泥、平板玻璃、陶瓷行业超低排放改造，加强工业炉窑有组织和无组织排放治理，实施铸造、砖瓦、陶瓷、玻璃、耐火材料、石灰、矿物棉、独立轧钢、铁合金、炭素、化工、煤炭洗选、包装印刷、家具、人造板、橡胶制品、塑料制品、制鞋、制革、玻璃钢等特色产业清洁化生产改造，建设清洁化产业集群。深化石化、化工、焦化、制药、印刷等重点行业有组织排放和无组织排放治理，加强 VOCs 排放浓度和去除效率双重控制，大幅削减行业 VOCs 排放量。

（2）水污染联防联治。西渤海大湾区内各大水系干流沿岸、重要饮用水源地补给区，需要严格控制化学制品、医药制造、制革、造纸、焦化、化学纤维制造、石油加工、纺织印染等项目环境风险。积极推行清洁生产和工业用水循环利用。对重污染企业按规定实行强制性清洁生产审核，开展清洁化改造，新建、改造、扩建项目实行主要污染物排放等量或减量置换。对区域内所有重点企业、饮用水水源地及生态监控点加强网上监管，开展实时监控，对各类入湖排污口开展排查监测和重点治理，建立溯源追查机制，依法取缔污水直排。实施联合调度协同补水工程，积极开展河流生态水量研究，合理确定地区生态用水指标和水资源调度计划，探索制定河道生态水量分配方案。完善南水北调、引黄入冀及重要跨界补水工程，加大河湖淀水系连通工程建设力度，健全域外调水补水机制，增强保障补水供水保障能力。加强大湾区各大水系、湖库及湖库与河道互动互通，开展疏浚清淤、水库防渗、地下水回补等工程，建立域内联合调度协同补水机制，有效增加河流生态水量，逐步恢复河流湖库生态功能。

（3）土壤污染防治攻坚。实施重点区域土壤污染综合防控。围绕京津冀协同发展、雄安新区规划建设、冬奥会等国家重大战略区域发展要求，研究设定重点区域土壤环境安全保障与综合防治试点、示范任务。加强重点区域土壤污染治理修复与风险管控。依据大湾区土壤污染状况详查结果，识别土壤环境问题突出的重点区域、重点行业和优先管控污染物，强力推进重点重金属总量减排与管制、污染源头预防与风险管控等。

4. 依托深化改革提升生态环境治理体系和能力

以推进环境治理体系和治理能力现代化为目标，以建立健全领导责任体系、企业责任体系、全民行动体系、监管体系、市场体系、信用体系等为主要内容，落实各类主体责任，构建导向清晰、决策科学、执行有力、激励有效、多元参与、良性互动的环境治理体系。一是研究建立大湾区生态环境保护委员会组织议事制度，落实领导干部生态文明建设责任制，建立生态环境保护工作长效机制。二是建立大湾区统一标准的环境治理企业责任体系。推动排污许可与环评审批、总量控制、排污权交易、环境税征收等有机结合，不断强化以排污许可证为核心的固定污染源管理制度，对固定污染源实施全过程管理和多污染物协同控制，实现系统化、科学化、法治化、精细化、信息化的"一证式"管理。三是健全环境治理全民行动体系，强化社会监督，加强环保宣传。把建设美丽中国转化为全体人民的自觉行动。四是健全环境治理市场体系，构建统一规范开放的市场，推进市场导向的绿色技术创新，鼓励环保企业参与绿色"一带一路"建设。推行环保"领跑者"制度，加大推广绿色产品。五是健全环境信用体系，推进大湾区规范统一的生态环境决策、执行、管理、服务、结果信息公开机制，按照"谁公开、谁负责"的原则，严格落实政府信息公开的审查程序和责任，依法依规推进政府信息公开工作。建立环境信用修复与行政处罚信息修复的联动机制。强化信用监管，推进完善"互联网＋信用监管"。推动大湾区守信联合激励试点示范等特色信用服务重大战略。

5. 依托建立统一规范的生态补偿机制打通"绿水青山"向"金山银山"转化路径

探索生态补偿多元化、系统化、市场化、法治化的改革方案，形成主体多元化的区域合作和利益分配机制，寻求由单一的资金补偿向产业共建、多元合作转型。推进市场化生态补偿与推动区域绿色发展深度融合，以生态补偿资金池的形式建立流域上下游生态保护共同体，以产业、技术、人才等多元化市场化生态补偿建立流域高质量绿色发展共同体，推进上下游之间形成有效的利益补偿机制。加强河北、北京、天津三省市之间及其与邻省（市、区）跨界河流横向生态补偿机制，根据流域生态环境现状、保护治理成本投入、水质改善的收益等因素，合理提高补偿标准；通过提高均衡性转移支付系数等方式，逐步增加流域重点生态功能区的转移支付。

二、合力打造具有世界一流水准的营商环境

拥有世界一流水准、一体化的营商环境是西渤海大湾区克服和消除要素自由流动障碍、促进市场公平开放的前提和保障，也是体现区域治理体系和能力现代化的重要标志。

（一）当前打造一体化优质营商环境的现状特征与难点问题

与世界一流水准对标看，西渤海大湾区内部的营商环境水平差异明显，北京最优，天津居次，河北最差。与世界级先进大湾区相比，西渤海大湾区内部自由流动的各种壁垒一定程度存在，政府职能的转变、公平规范和无差别的市场环境与法治环境的构建等均存在较多难点问题，打造一体化优质营商环境的共性难点问题与隐性障碍可以总结如下。

1. 民营经济发展的制约因素仍然较多

大湾区的民营经济创造了近70%的GDP，贡献了60%以上的财政收入，提供了近80%的就业岗位，是拉动经济发展的强大引擎，创业就业的主力军。当前，无论是营商环境较优的北京、天津，还是差距较大的河北省，在民营经济发展中均遇到了一些困难、体制机制问题和制约因素，主要表现为：一是仍然不同程度地存在着对民营企业的歧视问题，"一刀切"式的停工停产、不当征税导致正常运行的企业停摆等现象也时有发生。二是融资难、融资贵的"老大难"问题仍然没有缓解，金融支持民营中小企业存在着"空转"问题。三是对于构建亲清新型政商关系的尺度拿捏不准，帮忙不添乱、切实做到亲而有度、清而有为、清上加亲等还远远不够。四是维护民营企业家合法权益方面仍

有不足，换领导就变政策的现象时有发生，政府诚信履约的意识还不够强，依法依规对企业财产或企业家财产受损进行补偿还没有做到位。

2. 法治化营商环境的政策体系还不够完善

一是立法质量还需进一步提高。法律法规的立改废释工作滞后于社会经济发展的形势，为营造营商环境提供法治化保障的成效还不显著。立法的公开度与社会参与度还不够，市场主体参与立法、关注立法、呼吁立法的热度普遍不高，围绕民营企业发展，对规范性文件的公平竞争审查有待加强，立法后评估机制还不健全。二是依法科学民主决策仍需进一步加强。有的地方在落实《重大行政决策程序暂行条例》方面做得不够好，没有制定重大行政决策目录清单，决策程序不规范，重大行政决策程序中公众参与、专家论证、风险评估等环节执行不够好，尤其是公众的参与度和企业诉求没有得到足够的重视，公众参与度、知晓度、关注度普遍不高。三是公平竞争规则还未完全覆盖。一些地方和领域不同市场主体享有的权利、机会不平等。地方保护、指定交易、市场壁垒等现象还不同程度存在。例如：有的在工程项目招投标方面存在故意在招投标文件中设定不合理的条件，以排除可能参与招拍挂的民营企业、外地企业的现象；有的在行政监管中，存在对不同市场主体设定不同的监管标准，以保护与政府关系密切的企业；有的在制定产业发展或金融、税收政策方面，存在给予国有企业、本地企业、大企业优惠，却给民营企业、小微企业、外地企业享受相应优惠待遇设置门槛或制造障碍的现象。四是信用体系建设需进一步加强。目前，还存在体系建设不完善，联合奖惩机制落实不到位的问题，信用体系的评价结果推广运用不到位，尤其是在营造营商环境、服务民营企业发展方面发力不精准、不够狠。

3. "放管服"改革的协同性仍需加强

营商环境建设涉及部门多、事项广，一些部门和单位提升政务服务水平方面，与经济社会发展的目标要求还不相适应，仍存在协同性不足的问题，简政放权还有不同步现象。主要表现有："互联网＋政务服务"大数据手段运用水平还需要进一步提升；行政审批仍有消减空间，办事拖沓、效率不高等问题解决仍不够彻底；部分审批事项的设立依据、审批标准和前置要件还需进一步清理规范；行政审批运行模式的法律支撑还需加强；政务服务标准化建设相对滞后，行政审批流程不优、效率不高，统一的网上政务服务平台仍存信息壁垒等；由于人员素质和数量不足、相关设备技术欠缺，有的地方对下放的部分审批事项在承接上还有一定困难；市场主体对"放管服"改革成果的获得感不强。

4. 法律法规与标准规范的协同面临深层障碍

西渤海大湾区各地方在法规制定与标准一体化方面进行了长期合作探索，但由于局部利益冲突以及行业地区分治等因素，法规、标准规范的协同方面仍存在着不少障碍。在信用、金融、产品质量、公共服务、食品安全、产业创新等领域的法律法规与标准规范的协同，还需要各地方进一步解放思想、破除主观障碍，建立起合理、完善的跨区域法律法规和标准制度的对接机制。

（二） 合力打造具有世界一流水准的营商环境的对策思路

1. 深入推进支持民营经济发展的各项改革

（1）破除隐性障碍和壁垒。坚持权利平等、机会平等、规则平等，废除不利于民营经济发展的各种规定和隐性壁垒。全面落实《中共中央国务院关于营造更好发展环境支持民营企业改革发展的意见》，进一步放开民营企业市场准入，鼓励和支持民营企业涉足电力、电信、铁路、石油、天然气等重点行业和领域，全面落实鼓励民营企业发展的各项政策，破除招投标隐性障碍，千方百计解决民营企业面临的各类难题，积极营造公平竞争的市场环境和制度环境。建立完善信用修复机制和异议制度，规范信用核查和联合惩戒。

（2）促成新型亲清政商关系。探索以地方立法形式保护民营企业家的财产权和创新收益，进一步激发和弘扬优秀企业家精神。京津冀三地人大可考虑共同出台西渤海大湾区《民营企业发展促进条例》，用法律调整规范新型亲清政商关系，杜绝各种形式的"乱监管、乱查处"现象。确定每年11月1日为"企业家日"，各地可因地制宜搞企业家节庆活动，提升民营企业家素质，培育新生代民营企业家。建立规范化机制化政企沟通渠道，完善涉企政策制定和执行机制，建立政府诚信履约机制，推动民营企业守法合规经营，积极履行社会责任，引导民营企业深化内部改革，完善内部激励约束机制。

（3）推进有利于民营经济降成本的配套改革。实施更大规模的减税、减费，鼓励采取市场化方式，妥善解决融资平台到期债务问题，不能搞"半拉子"工程。鼓励符合条件的民营企业发起设立和参与组建民营银行等金融机构。加快转变金融机构的经营和服务理念，引导商业银行加大金融创新力度，建立符合民营企业特点的信贷管理制度、风险控制制度和风险补偿机制。规范融资中评估、审计、保险、登记等金融中介服务收费，构建政府主导的融资担保体系。推进多层次资本市场建设，深化"创业板"和"新三板"改革，鼓励符合条件的民营企业在"科创板"上市，规范新型互联网金融业态，拓宽民营企业直接融资渠道。健全民营企业增资增信支持体系，推进动产质押融资，鼓励第三方建立供应链综合服务平台，建立统一的动产和权利担保登记公示系统，研究推出民营企业增信示范项目，发展民营企业债券融资支持工具，以市场化方式增信支持民营企业融资。组合出拳降低民营企业成本，要落实好"营改增"等减税清费政策，降低税费负担；规范和清理贷款中间环节收费，引导金融机构合理控制存贷款利差，降低融资成本；继续适当降低"五险一金"有关缴费比例，降低用工成本；进一步降低用地、用能、物流成本和其他制度性交易成本。

2. 深化资本、人力、土地、价格等要素配置市场的改革

（1）探索建立数字化、网络化新型要素交易平台，支持多层次资本市场体系建设。当前京津冀三地的产权交易市场非常不活跃，主要原因是经营理念保守僵化、不合时宜，对新兴交易方式不敏感、不投入，应借力雄安新区建立区域性数字化股权交易市场和金融资产交易市场，规范发展各类权益类交易市场和私募股权市场，完善交易场所统一登记结算体系。加快发展大湾区一体化的数字化、网络化的技术市场和知识产权交易平台等专业化交易平台。深化技术市场制度改革，完善有利于技术市场发展的地方法规、制度体系。加强各类技术、文化产权和知识产权交易一体化的服务平台、技术转移中心建设，健全技术转移和成果转化机制，完善风险投资机制，切实增强技术市场服务能力。

（2）推动形成城乡一体的人力资源市场。统筹建设统一的大湾区公共就业和人才服务体系，完善人力资源跨区域、跨行业流动的社会保险转移接续机制。积极发挥市场促进就业创业作用，坚决破除人力资源市场的城乡、地区、行业分割和身份、性别歧视，维护劳动者平等就业权利。

（3）稳步推进城乡土地出让、利用、管理和增值收益机制的改革。根据国家部署安排积极稳妥推进农村土地制度改革，完善农村土地产权管理制度体系，逐步实行农村集体经营性建设用地与国有建设用地同等入市、同权同价。改革完善土地征收制度，缩小征收范围，规范征收程序，健全完善土地增值收益分配机制，完善和规范土地租赁、转让、抵押二级市场。探索高度城市化地区土地利用管理机制，促进土地资源市场化配置，建立分类分步推动原农村土

地和建筑物确权的机制，深入探索原农村集体经济组织经营性建设用地入市机制，推进原农村集体工业用地入市交易，保障安居型商品房、养老院、中小学、医院等民生领域用地。探索土地使用弹性年期、差别化土地供应、土地资源资产资本一体化运作等土地供应方式，进一步加强土地资源的节约集约利用。探索兼顾国家、集体、个人的土地增值收益分配机制，完善城市更新、土地整备等土地二次开发利用机制。

3. 以"大智移云"审批模式改革为依托探索智慧政务管理新模式

当前，京津冀三地的行政审批、投资项目审批和群众日常事务审批等相关职能部门都建立了自己的网站，在政务信息公开和服务方面也做出了很多尝试，但这距离利用互联网和大数据构建服务管理动态平台，实现即时动态管理还有很长一段路要走。很多部门并没有实现跨行政区域并贯穿省、市、县三级数据管理平台，有的虽实现了层级的动态管理，但管理数据却只是放在一边，并没有应用到进一步推进管理和实现动态绩效考核工作中，没有形成管理—数据—考核的良性循环机制。考虑到未来我国5G信息化全面实施、政务信息一体化共享建设加快推进、区块链技术在政务管理和企业信用管理等方面逐步应用等大背景，推动智慧政务的全面信息化一体化管理是大势所趋。因此，西渤海大湾区未来智慧政务的重点应从四个方面着力。一是全面实行"大数据应用管理、智慧化审批核准、移动互联网上办理、云平台政务服务"的"大智移云"行政管理新模式。积极推进大湾区跨省域统一的电子政务管理公共服务平台建设，充分利用现代网络、信息化技术成果，推行电子化审批和审批信息共享，提升审批效能。二是加快实现网上办事大厅互联互通、部门审批由传统审批向网上联合审批转变。三是大力推广网上办税、办证、缴费、备案，积极推行企业日常报审事项网络通办。四是依托政务服务网整合各类网上受理投诉举报的渠道，建设统一的政务咨询投诉举报平台，实现投诉举报事项的统一流转、统一查询、统一督办等功能。

4. 配套实施行政监管新机制

事中、事后监管是政府职能转变的新趋势、新要求，作为政府管理模式的一种新的制度安排，发达国家在很多行业领域已形成完善、高效的监管体系，其特点可归纳为：立法保障先行、注重部门之间协调、成立单一体制的独立部门、注重发挥社会监管力量作用、建立惩戒机制、建立独立的风险评估机构、实施动态监管、注重信用监管人才培养、实施分类监管等。借鉴先进国家经验和长三角等国内先进地区经验，加快形成事中、事后监管的制度框架和有效运行机制。一是注重顶层设计。要从政府、市场、社会等综合因素考虑，构建顶层制度安排，确保事中、事后监管与事前审批、政府内部运行规则、市场机制正常运行、现行法律框架、社会发展基础条件等有机衔接，形成与政府行政管理体制、国资国企、社会治理、生态保护等其他相关改革联动推进的机制。二是强化统筹协调。要从事中、事后监管模式总体布局角度考虑，在区域范围确立若干监管重点领域，如市场环境建设、资源环境保护、城市规划建设等。围绕重点领域，在省级层面组建省际的相应的决策协调机构，为各专业部门实行一体联动的事中、事后监管机制提供决策保障。三是下沉监管重心。事中、事后的监管责任主体要从事前审批部门转向具体监管部门，要求进一步下沉管理重心，把监管职能、监管手段、监管人员等下沉到一线部门，完善一线部门的管理模式，探索建立监管职能的法定化、职业化机制，使事中、事后监管更专业、科学、规范、高效。四是完善监督机制。要充分发挥社会力量在事中、事后监管中的重要作用，通过提升行业协会的自律能力、组建第三方独立监管机构等方式，将政府的部分监管职能合理分担给社会组织，同时要完善政府事中、事后监管的社会化评估机制，结合信息网络技术的运用，使事中、事后监管流程留痕迹、可追溯、可问责。

5. 鼓励支持基层和职能部门的探索创新

鼓励基层或有关职能部门大胆创新，开拓新的改革路径，构建新型发展机制，改革完善管理体制，强化改革试点探索，是大湾区营造出世界一流营商环境的"法宝"。一是完善试点评估总结和经验复制推广机制，试点牵头部门及时组织试点地区开展阶段性评估和终期评估，并向本级党委全面深化改革领导小组报告。对行之有效的经验、做法，加强复制推广，由点及面形成改革总体效应，及时上升为制度成果。二是建立试点动态调整和退出机制，对内容宽泛、久试无果的改革试点，及时清理规范。三是建立"基层和部门创新"激励机制，每年定期评选出基层或部门"改革创新奖"，举办授奖仪式，宣传改革创新先进人物的事迹，给改革创新先进人物颁发奖金，或提拔重用，还可试行"基层或部门体制机制与政策创新大赛"等活动，或组建由第三方评估力量为核心、负责专门挖掘基层创新案例的研究型评估队伍，定期挖掘一批基层改革创新的先进案例，及时总结经验加快推广。四是进一步完善改革容错激励制度。建立健全制度化、可操作、真落地、见实效的容错纠错和改革激励机制，形成允许改革有失误、但不允许不改革的鲜明导向。落实"三个区分开来"要求，科学改进、完善并实施新时期容错容误机制，重点解决"不作为""不敢为"问题。制定激励广大干部新时代新担当新作为的政策文件，完善干部考核评价机制，加大对各级干部全面深化改革工作绩效考核权重，突出对中央决策部署贯彻执行情况的考核和结果运用，大胆提拔任用想改革、谋改革、善改革的干部，强化改革者上、不改革者下的用人导向。五是建立"基层创新受挫"的举报和追责制度。对于在不违反国家法律前提下，基层开展的体制机制或政策、措施的创新活动，被上级或其他部门无理叫停、阻碍等行为可以向省级有关改革部门举报，被举报者如被查实为"阻挠改革"，将给予其党政纪处分或撤职、调离等惩罚。

参考文献

［1］北京市国民经济和社会发展第十四个五年规划和 2035 年远景目标纲要［R］.国家发展和改革委员会网站，2021－03－31.

［2］北京市通州区与河北省三河、大厂、香河三县市协同发展规划［R］.国家发展和改革委员会网站，2020－03－17.

［3］边继云.新时期唐山"三个努力建成""三个走在前列"的新形势、新要求与新举措［D］.智库成果专报，2021（25）.

［4］陈璐，边继云.京津冀协同发展报告 2021［M］.北京：经济科学出版社，2021.

［5］陈璐.渤三角崛起：河北打造沿海强省研究［M］.北京：中国社会科学出版社，2008.

［6］陈璐.对比深圳特区和浦东新区的发展深度解读雄安新区未来发展的顶层设计［D］.智库成果专报，2017（7）.

［7］陈璐.关于进一步降低投资项目建设中制度性交易成本的对策建议［D］.智库成果专报，2017（24）.

［8］陈璐.借鉴先进经验 推进我省"重点承接平台"高质量引资发展的政策建议［D］.智库成果专报，2019（14）.

［9］陈璐.借力冬奥推动张承地区奋力崛起研究［D］.智库成果专报，2020（26）.

［10］陈璐.京津冀协同发展报告 2017［M］.北京：社会科学文献出版社，2017.

［11］陈璐.京津冀协同发展报告 2018［M］.北京：社会科学文献出版社，2018.

［12］陈璐．京津冀协同发展报告2019［M］．北京：社会科学文献出版社，2019.

［13］陈璐．京津冀协同发展报告2020［M］．北京：社会科学文献出版社，2020.

［14］陈璐．京津冀协同发展"微中心"区域布局方案、发展定位与破解难点问题的思路建议［D］．智库成果专报，2019（49）.

［15］陈璐．"十四五"时期全省重点产业发展新思路与空间布局战略性调整研究［D］．智库成果专报，2020（19）.

［16］陈璐．释放冬奥效应推动京张体育文化旅游带建设的对策建议［D］．智库成果专报，2021（14）.

［17］陈璐．提升我省制造业产业链现代化水平应把握的几个关键"突破口"［D］．河北智库报告，2021（2）.

［18］陈璐．雄安新区管理体制机制及配套政策的创新思路与建议［D］．智库成果专报，2018（6）.

［19］陈璐．雄安新区住房与用地管理政策创新思路与建议［D］．智库成果专报，2018（7）.

［20］陈璐．雄安新区"总体规划"创新重点及思路建议［D］．智库成果专报，2017（10）.

［21］陈璐．织密高铁网建"西渤海大湾区"［N］．新京报，2019－12－30.

［22］高国力．长三角更高质量一体化发展的新要求及上海的抓手［J］．科学发展，2019（10）.

［23］高自旺，陈璐．我省其他地区积极融入雄安产业链创新链合作载体与联动措施研究［D］．河北智库报告，2021（5）.

［24］郭晓杰，陈璐．借鉴苏、浙、粤、闽四省先进经验助推我省民营经济高质量发展的建议［D］．智库成果专报，2021（55）.

［25］郭跃文．粤港澳大湾区建设报告（2020—2021）［M］．北京：社会科学文献出版社，2021.

［26］河北省国民经济和社会发展第十四个五年规划和2035年远景目标纲要［R］．国家发展和改革委员会网站，2021－06－01.

［27］河北省交通规划设计院．"十四五"时期加快推进"轨道上的京津冀"建设研究［R］．河北省"十四五"规划前期专项研究报告，2020（8）.

［28］河北省交通运输厅港航管理局．"十四五"时期港口转型和世界级港口群建设研究［R］．河北省"十四五"规划前期专项研究报告，2020（8）．

［29］河北省生态环境厅．河北省"十四五"时期加强水生态环境保护研究［R］．河北省"十四五"规划前期专项研究报告，2020（8）．

［30］河北省生态环境厅．"十四五"时期加强生态文明体制机制建设研究［R］．河北省"十四五"规划前期专项研究报告，2020（8）．

［31］河北省生态环境厅．"十四五"时期全省生态环境监测与应急处置能力建设研究［R］．河北省"十四五"规划前期专项研究报告，2020（8）．

［32］河北省生态环境厅．"十四五"时期推进精准治霾构建大气污染防治长效机制研究［R］．河北省"十四五"规划前期重大课题研究报告，2020（8）．

［33］河北省通信管理局．"十四五"时期推进高速泛在安全的新一代信息基础设施建设研究［R］．河北省"十四五"规划前期重大课题研究报告，2020（8）．

［34］河北省卫生健康委员会．"十四五"时期河北省推进卫生健康服务体系现代化思路举措与路径载体研究［R］．河北省"十四五"规划前期重大课题研究报告，2020（8）．

［35］河北雄安新区规划纲要［R］．中国雄安官网，2018－04－21．

［36］雷佳．湾区经济的分析与研究［J］．特区实践与理论，2015（2）．

［37］李红．跨境湾区开放的理论探索［J］．东南亚研究，2009（5）．

［38］李睿．国际著名湾区发展经验及启示［J］．港口经济，2015（9）．

［39］刘艳霞．国内外湾区经济发展研究与启示［J］．城市观察，2014（3）．

［40］刘志彪．长三角一体化发展示范区建设：对内开放与功能定位［J］．现代经济探讨，2019（6）．

［41］鲁志国等．全球湾区经济比较与综合评价研究［J］．科技进步与对策，2015（11）．

［42］马化腾等．粤港澳大湾区数字化革命开启中国湾区时代［M］．北京：中信出版集团，2018．

［43］上海市人民政府发展研究中心．长三角更高质量一体化发展路径研究［M］．上海：格致出版社，2020．

［44］申勇．海上丝绸之路背景下深圳湾区经济开放战略［J］．特区实践与理论，2015（1）．

［45］沈玉芳等．长三角地区产业群、城市群和港口群协同发展研究［J］．经济地理，2010（5）．

［46］沈志敏．推动长三角地区更高质量一体化发展［J］．科学发展，2018（10）．

［47］天津市国民经济和社会发展第十四个五年规划和2035年远景目标纲要［R］．国家发展和改革委员会网站，2021－04－01．

［48］王伟光，唐晓岚．关于长三角城市群一体化协同发展的思考与建议［J］．中国集体经济，2019（19）．

［49］魏达志等．未来之路　粤港澳大湾区发展研究［M］．北京：中国社会科学出版社，2018．

［50］魏达志．重构珠三角创新圈梯度发展格局［N］．深圳特区报，2017－08－01．

［51］严文杰．促进标志性疏解项目在雄安新区落地的建议［D］．智库成果专报，2021（56）．

［52］俞少奇．国内外发展湾区经济的经验与启示［J］．金融实务，2016（6）．

［53］粤港澳大湾区发展规划纲要［R］．中国广州发布，2019－02－18．

［54］张锐．湾区经济的建设经验与启示［J］．中国国情国力，2017（5）．

［55］中共中央　国务院关于支持海南全面深化改革开放的指导意见［R］．新华社，2018－04－14．

［56］中共中央　国务院关于支持河北雄安新区全面深化改革和扩大开放的指导意见［R］．新华社，2019－01－24．

［57］中共中央　国务院关于支持浦东新区高水平改革开放打造社会主义现代化建设引领区的意见［R］．新华社，2021－07－15．

［58］中共中央　国务院关于支持深圳建设中国特色社会主义先行示范区的意见［R］．新华社，2019－08－18．

［59］中共中央　国务院印发海南自由贸易港建设总体方案［R］．新华社，2020－06－01．